趙爾巽等撰

清史稿

第一三册

卷一二〇至卷一二九（志）

中華書局

清史稿卷一百二十

志九十五

食貨一

明末，苛政紛起，籌捐增餉，民窮財困。有清入主中國，概予蠲除，與民更始。逮康、乾之世，國富民殷。凡滋生人丁，永不加賦，又普免天下租稅，至再至三。嗚呼，古未有也。道、咸以降，海禁大開，國家多故。耗財之途廣，而生財之道滯。當軸者昧於中外大勢，召禍興戎，天府太倉之蓄，一旦蕩然，賠償兵費至四百餘兆。以中國所有財產抵借外債，積數十年不能清償。攤派加捐，上下交困。乃改海運以節漕費，變圜法以行國幣，講鹽政以增歲入，開鑛產以擴財源。以及創鐵路，改郵傳，設電局，通海舶。新政繁興，孳孳謀利，而於古先聖王生衆食寡、爲疾用舒之道，昧焉不講。夫以唐、虞治平之世，而其告舜、禹也，諄諄以「四海困窮，天祿永終」爲戒。有國者其可忽哉！茲取清代理財始末，條著於篇。

戶口　田制

戶口　清之民數，惟外藩扎薩克所屬編審丁檔掌於理藩院。其各省諸色人戶，由其地長官以十月造册，限次年八月咨送戶部，浙江清吏司司之。而滿洲、蒙古、漢軍丁檔則司於戶部八旗俸餉處。年終，將民數彙繕黃册以聞。

其戶之別，曰軍，曰民，曰匠，曰竈。此外若回、番、羌、苗、瑤、黎、夷等戶，皆隸於所在府、廳、州、縣。凡民，男曰丁，女曰口。男年十六爲成丁，未成丁亦曰口。丁口繫於戶。凡腹民計以丁口，邊民計以戶。蓋番、回、黎、苗、瑤、夷人等，久經向化，皆按丁口編入民數。其以戶計者，如三姓所屬赫哲、費雅喀、奇勒爾、庫葉、鄂倫春、哈克拉五十六姓，甘肅各土司，及莊浪廳所屬番子，西藏各土司所屬三十九族，烏里雅蘇台所屬唐努烏梁海貢貂戶，科布多所屬阿爾泰烏梁海貢貂戶、貢狐皮戶，阿爾泰諾爾烏梁海貢貂戶、貢灰鼠皮戶，皆是。至土司所屬番、夷人等，但報明寨數、族數，不計戶者不與其數。

凡民之著籍，其別有四：曰民籍；曰軍籍，亦稱衞籍；曰商籍；曰竈籍。其經理之也，必察其祖籍。如人戶於寄居之地置有墳廬逾二十年者，准入籍出仕，令聲明祖籍迴避。倘本身已故，子孫於他省有田土丁糧，願附入籍者，聽。軍流人等子孫隨配入籍者，准其考試之類是也。又必辨其宗系。如民人無子，許立同宗昭穆相當者爲後。其有女婿、義男及收養三歲以下小兒，酌給財產，不得遂以爲嗣之類是也。且必區其良賤。如四民爲良，奴僕及倡優爲賤。凡衙署應役之皁隸、馬快、步快、小馬、禁卒、門子、弓兵、仵作、糧差及巡捕營番役，皆爲賤役，長隨與奴僕等。其有冒籍、跨籍、跨邊、僑籍皆禁之。

世祖入關，有編置戶口牌甲之令。其法，州縣城鄉十戶立一牌長，十牌立一甲長，十甲立一保長。戶給印牌，書其姓名丁口。出則注所往，入則稽所來。其寺觀亦一律頒給，以稽僧道之出入。其客店令各立一簿，書寓客姓名行李，以便稽察。及乾隆二十二年，更定十五條：一，直省所屬每戶歲給門牌，牌長、甲長三年更代，保長一年更代。凡甲內有盜竊、邪教、賭博、賭具、窩逃、姦拐、私鑄、私銷、私鹽、踩麯、販賣硝磺，並私立名色斂財聚會等事，及面生可疑之徒，責令專司查報。戶口遷移登耗，隨時報明，門牌內改換塡給。一，紳衿之家，與齊民一體編列。一，旗民雜處村莊，一體編列。旗人、民人有犯，地方官會同理事同知辦理，至各省駐防營內商民貿易居住，及官兵雇用人役，均另編牌册，報明理事廳查核。一，邊外蒙古地方種地民人，設立牌頭總甲及十家長等。如有偷竊爲匪，及隱匿逃人者，責令查報。一，凡客民在內地貿易，或置有產業者，與土著一律順編。一，鹽場井竈，另編排甲，所雇工人，隨竈戶塡注。一，礦廠丁戶，廠員督率廠商、課長及峒長、爐頭等編查。

各處煤窰雇主，將傭工人等册報地方查核。一，各省山居棚民，按戶編册，地主並保甲結報。廣東寮民，每寮給牌，互相保結。一，沿海等省商漁船隻，取具澳甲族隣保結，報官給照。商船將船主、舵工、水手年貌籍貫並塡照內，出洋時，取具各船互結，至汛口照驗放行。漁船止塡船主年貌籍貫。其內洋採捕小艇，責令澳甲稽查。至內河船隻，於船尾設立粉牌，責令埠頭查察。其漁船網戶、水次搭棚趁食之民，均歸就近保甲管束。一，苗人寄籍內地，久經編入民甲者，照民人一例編查。其餘各處苗、猺，千百戶及頭人、峒長等稽查約束。一，雲南有夷、民錯處者，一體編入保甲。其依山傍水自成村落者，令管事頭目造册稽查。一，川省客民，同土著一例編查。一，甘肅番子土民，責成土司查察。係地方官管轄者，令所管頭目編查，地方官給牌册報。其四川改土歸流各番寨，令鄉約甲長等稽查，均聽撫夷掌堡管束。一，寺觀僧道，令僧綱、道紀按季册報。其各省回民，令禮拜寺掌教稽查。一，外來流丐，保正督率丐頭稽查，少壯者遞回原籍安插，其餘歸入棲流等所管束。自是立法益密。

時各省番、苗與內地民人言語不通，常有肇釁之事。二十四年，定番界、苗疆禁例。凡臺灣民、番不許結親，違者離異。各省民人無故擅入苗地，及苗人無故擅入民地，均照例治罪。若往來貿易，必取具行戶鄰右保結，報官給照，令塘汛驗放始往。

棚民之稱，起於江西、浙江、福建三省。各山縣內，向有民人搭棚居住，藝麻種箐，開鑪煽鐵，造紙製菇爲業。而廣東窮民入山搭寮，取香木舂粉、析薪燒炭爲業者，謂之寮民。雍正四年，定例照保甲法一體編查。乾隆二十八年，定各省棚民單身賃墾者，令於原籍州縣領給印票，並有親族保領，方准租種安插。倘有來歷不明，責重保人糾察報究。五十五年，諭：「廣東總督奏稱，撤燬雷、廉交界海面之潿洲及迤東之斜陽地方寮房，遞回原籍，免與洋盜串通滋事，並毀椗椅灣等三十二處寮房共百六十二戶，另行撫恤安插。沿海各省所屬島嶼，多有內地民人安居樂業。若遽飭令遷移，使數十萬生民流離失所，於心何忍。且恐辦理不善，轉使良民變而爲匪。所有各省海島，除例應封禁者外，餘均仍舊居住。至零星散處，皆係貧民，尤不可獨令向隅。而漁戶出洋採捕，暫在海島搭寮棲止，亦不可概行禁絕。且人民既少，稽察無難，惟在各督撫嚴飭文武員弁編立保甲。如有盜匪混入，及窩藏爲匪者，一經查出，將所居寮房概行燒毀，俾知儆懼。其漁船出入口岸，務期取結給照，登記姓名。倘進口時藏有貨物，形迹可疑，嚴行盤詰，自不難立時拏獲也。」五十七年，諭：「據福寧所奏，山東一省海島居民二萬餘名口，各省海島想亦不少。當遵照前言，不准添建房屋，以至日聚日衆。仍應留心訪察，勿任勾結匪徒，滋生事端。」咸豐元年，浙江巡撫常大淳奏言：「浙江棚民開山過多，以致沙淤土壅，有礙水道田廬。請設法編查安插，分別去留。」如所議行。

四川經張獻忠之亂，孑遺者百無一二，耕種皆三江、湖廣流寓之人。雍正五年，因逃荒而至者益衆。諭令四川州縣將人戶逐一稽查姓名籍貫，果係無力窮民，卽量人力多寡，給荒地五六十畝或三四十畝，令其開墾。

其吉林寧古塔、伯都訥、阿勒楚喀、拉林等地方，乾隆二十七年定例不准無籍流民居住。及三十四年，吉林將軍傅良奏：「阿勒楚喀、拉林地方流民二百四十二戶，請限一年盡行驅逐。」上曰：「流寓既在定例之前，應准入籍墾種，一例安插，俾無失所。」嘉慶中，郭爾羅斯復有內地新來流民二千三百三十戶，吉林廳有千四百五十九戶，長春廳有六千九百五十三戶，均經將軍奏令入册安置。其山東民人徙居口外者，在康熙五十一年已有十萬餘人。聖祖諭：「嗣後山東民人有到口外及由口外回山東者，應查明年貌籍貫，造册稽查，互相對覈。」其後直隸、山西民人亦多有出口者。

雍正初，因陸續設古北口、張家口、歸化城三同知管理，旋移萬全縣縣丞於張家口，其古北口增設巡檢一，歸化城增設通判四、巡檢一，各按所屬民人，照保甲法，將姓名籍貫注册，逐年咨部查覈。凡民人出入關口，由原籍州縣給印票驗明放行。所有放過票張，造册報部。

其福建、廣東民人徙居臺灣者尤衆。嘉慶十五年，浙閩總督方維甸奏：「噶瑪蘭田土膏腴，內地民人流寓者多。現檢查戶口，漳州人四萬二千五百餘丁，泉州人二百五十餘丁，粵東人百四十餘丁，與生熟各番雜處，必須有所鈐制。」於是議增噶瑪蘭通判一。此外如江蘇銅、沛兩縣，自黃河退涸，變爲荒田，山東曹、濟等屬民人陸續前往，創立湖團，相率墾種。銅、沛土民因客民占墾，日相控鬬。同治五年，戶部奏：「查明容留捻匪之刁、王兩團，驅回原籍。安分良團，卽令各安生業。」凡此夷、漢之雜處，土、客之相猜，慮其滋事，則嚴爲之防，憫其無歸，則寬爲之所，要皆以保甲爲要圖。

顧保甲行於平時，而編審則丁賦之所由出也。編審之制，州縣官造册上之府，府別造一總册上之布政司。凡軍、民、匠、竈四籍，各分上中下三等。丁有民丁、站丁、土軍丁、衞丁、屯丁。總其丁之數而登黃册。督撫據布政司册報達之戶部，彙疏以聞。順治十四年，命州縣官編審戶口，增丁至二千名以上，各予紀錄。康熙五十一年，有「新增人丁永不加賦」之諭，自是聖祖仁政，遂與一代相終始。顧丁有開除，卽不能不有抵補。故康熙五十五年，戶部請以編審新增人丁補足舊缺額數，如有餘丁，歸入滋生册內造報，從之。高宗諭內閣曰：「朕查上年各省奏報民數，較之康熙年間，計增十餘倍。承平日久，生齒日繁，蓋藏自不能如前充裕。且廬舍所占田土，亦不啻倍蓰。生之者寡，食之者衆，朕甚憂之。猶幸朕臨御以來，闢土開疆，幅員日廓，小民皆得開墾邊外地土，藉以暫謀衣食。然爲之計及久遠，非野無曠土，家有贏糧，未易享昇平之福。各省督撫及有牧民之責者，務當隨時勸諭，俾皆儉樸成風，惜物力而盡地利，慎勿以奢靡相競，習於怠惰也。是時編審之制已停，直省所報民數，大率以歲造之煙戶册爲據。行之日久，有司視爲具文，所報多不詳覈，其何以體朕欲周知天下民數之心乎？」又諭：「據鄭輝祖稱，從前所辦民數册，歲歲滋生之數，一律雷同。似此簡率相沿，成何事體！所有各省本年應進民册，均展至明年年底。倘再疏舛，定當予以處分。」當時民册恐不免任意塡造之弊，然自聖祖以來，休養生息百有餘年，民生其間，自少至老，不知有兵革之患，而又年豐人樂，無有夭札疵癘，轉徙顚踣以至於凋耗者，其戶口繁庶，究不可謂盡出子虛也。

至編審之停，始於雍正四年。直隸總督李紱改編審行保甲一疏略云：「編審五年一舉，雖意在淸戶口，不如保甲更爲詳密，旣可稽察游民，且不必另查戶口。請自後嚴飭編排人丁，自十六歲以上，無許一名遺漏。歲底造册，布政司彙齊，另造總册進呈。册內止開里戶人丁實數，免列花戶，則簿籍不煩而丁數大備矣。」乾隆五年，戶部又請令各督撫於每年十一月，將戶口數與穀數一併造報；番疆、苗界不入編審者，不在此例。從之。三十七年，從李瀚請，永停編審。自是惟有運漕軍丁四年一編審而已。

蓋清承明季喪亂，戶口凋殘。經累朝休養生息，故戶口之數，歲有加增。約而舉之：順治十八年，會計天下民數，千有九百二十萬三千二百三十三口。康熙五十年，二千四百六十二萬一千三百二十四口。六十年，二千九百一十四萬八千三百五十九口，又滋生丁四十六萬七千八百五十口。雍正十二年，二千六百四十一萬七千九百三十二口，又滋生丁九十三萬七千五百三十口。乾隆二十九年，二萬五百五十九萬一千一十七口。六十年，二萬九千六百九十六萬五百四十五口。嘉慶二十四年，三萬一百二十六萬五百四十五口。道光二十九年，四萬一千二百九十八萬六千六百四十九口。咸、同之際，兵革四起，册報每缺數省，其可稽者，只二萬數千萬口不等。光緒元年，三萬二千二百六十五萬五千七百八十一口。

三十二年，釐定官制，以戶部爲度支部，而改前所設之巡警部爲民政部，調查戶口，歸其職掌，各省則以巡警道專司其事。明年，諭直省造報民數，務須確查實數，以爲庶政根本。民政部奏稱：「伏查三十二年黑龍江、安徽、江蘇、福建、甘肅、廣西、雲南丁册，並三十一年丁册，均未補造。在各督撫明知逾限，例當查參，而積習挽回不易。臣部於接收伊始，籌一切實辦法，擬請敕下各督撫，責成府、廳、州、縣，分鄉分區，自行調查丁口確數，統以每年十二月底截算，以淸界限。仍限次年十月送部彙奏。」制可。

宣統元年，復頒行塡造戶口格式，令先查戶口數，限明年十月報齊，續查口數，限宣統四年十月報齊。至三年十月，據京師內外城、順天府、各直省、各旗營、各駐防、各蒙旗所報，除新疆、湖北、廣東、廣西各省，江寧、青州、西安、涼州、伊犁、貴州、西寧各駐防，泰寧鎭、熱河各蒙旗，川、滇邊務，均未册報到部外，凡正戶五千四百六十六萬八千有四，附戶千四百五十七萬八千三百七十，共六千九百二十四萬六千三百七十四戶；凡口數男一萬三千九百六十六萬二千四百一十，女九千九百九十三萬二千二百有八，共二萬三千九百五十九萬四千六百六十八口。

自雍正十三年戶部題准，福建臺灣府生番百九十九名，彙入彰化籍，廣西慶遠府歸流土民百七十九名，彙入宜山籍，嗣後臺灣生番、四川生番、嶺夷歸化者甚衆，定例令專管官編立保甲，查緝匪類，逢望日宣講上諭，以興敎化，自是番民衣冠言語悉與其地民人無異，亦有讀書應考者。

及同治、光緒間，交通日廣，我國之民耕種貿遷，徧於重瀛，亦有改入他國版籍之事。宣統元年，外務部會同修訂法律大臣擬定國籍條例。因各國國籍法有地脈系、血脈系，卽屬地、屬人兩義，兩義相持，必生牴觸，於是採折衷制，分爲固有籍、入籍、出籍、復籍四章，注重血脈系辦法。憲政編查館就所定四章釐爲二十四條。

其固有籍章，第一，凡不論是否生於中國，均屬中國國籍者，其疑有三：一，生而父爲中國人者；二，生於父死以後而父死時爲中國人者；三，母爲中國人而父無可考，或無國籍者。第二，若父母均無所考，或均無國籍，而生於中國地方者，亦屬中國國籍。其生地並無可考而在中國地方發見之棄兒，同。

其入籍章，第三，凡外國人願入中國國籍者，准其呈請入籍。其必具備之欵五：一，寄居中國接續至十年以上者；二，年滿二十歲以上，照其國法律爲有能力者；三，品行端正者；四，有相當之貲財或藝能，足以自立者；五，照其國法律，於入籍後卽應消除本國國籍者。其本無國籍人願入中國國籍者，以年滿二十歲以上，並具備前項第一、第三、第四欵者爲合格。第四，凡外國人或無國籍人有殊勳於中國者，雖不備一至四各欵，得由外務部、民政部會奏請旨，特准入籍。第五，凡外國人或無國籍人婦人嫁與中國人者；以中國人爲繼父而同居者；私生子，父爲中國人，經其父認領者；私生子，母爲中國人，父不願認領，經其母認領者。如有此等情事之一，均作爲入籍。惟婦女嫁與中國人，須以正式結婚呈報有案者爲限。餘欵以照其國法律尚未成年及未爲人妻者爲限。第六，凡男子入籍者，其妻及未成年之子應隨同入籍。其照其國法律並不隨同銷除本國國籍者，不在此限。若其妻自願入籍，或入籍人自願使未成年之子入籍者，雖不備第三條一至四各欵，准其呈請入籍。第七，入籍人成年之子現住中國者，雖不備第三條一至四各欵，亦准呈請入籍。第八，凡入籍人不得就之官職：一，軍機處、內務府各官及京、外四品以上文官；二，各項武官及軍人；三，上下議院及各省諮議局議員。此等限制，特准入籍人十年以後、餘入籍人二十年以後，得由民政部請旨豁免。第九，凡呈請入籍者，應聲明入籍後遵守中國法律，及棄其本國權利，出具甘結，並由寄居地方公正紳士二人各出具保結。第十，凡呈請入籍者，應具呈所在地方官，詳請所管長官咨請民政部批准牌示，給予執照為憑。其在外國者，應具呈領事，申由出使大臣，或徑呈出使大臣咨部存案。

其出籍章，第十一，凡中國人願入外國國籍者，應先呈請出籍。第十二，凡中國人准出籍，其欵有四：一，無未結之刑、民訴訟案件；二，無兵役之義務；三，無應納未繳之租稅；四，無官階及出身。第十三，凡中國人婦女嫁與外國人者；以外國人為繼父而同居者；私生子，父為外國人，其父認領者；私生子，母為外國人，其父不願認領，經其母認領者。如有此等事情之一，均作為出籍。惟婦女嫁與外國人，以正式結婚呈報有案者為限。餘欵以照中國法律尚未成年及未為人妻者為限。第十四，凡男子出籍者，其妻及未成年之子一併作為出籍。若妻自願留籍，或出籍人願使其未成年之子留籍，准其呈明，仍屬中國國籍。第十五，凡婦女有夫者，不得獨自呈請出籍。其照中國法律尚未成年及無能力者，亦不准自行呈請出籍。第十六，凡中國人出籍者，所有在內地特有之利益，一律不得享受。第十七，凡呈請出籍者，應自行出具甘結，聲明並無第十二條所列各欵及犯罪未經發覺情事。第十八，凡呈請出籍者，應具呈本籍地方官，詳請該管長官咨請民政部批准牌示。其在外國者，應具呈領事，申由出使大臣，或逕呈出使大臣咨部。其未經呈請批准，不問情形如何，仍屬中國國籍。

其復籍章，第十九，凡因嫁外國人而出籍者，若離婚或夫死後，准其呈請復籍。第二十，凡出籍人之妻，於離婚或夫死後，及未成丁之子已達成年後，均准呈請復籍。第二十一，凡呈准出籍後，如仍寄居中國接續至三年以上，合第三條三、四欵者，准其呈請復籍。其外國人入籍後又出籍者，不在此限。第二十二，凡呈請復籍，應由原籍同省公正紳商二人出具保結，並具呈所在地方官，詳請所管長官咨請民政部批准牌示。第二十三，凡復籍者，非經過五年後，不得就第八條所列各欵之官職。第二十四，本條例自奏准奉旨後，即時施行。

此外改籍爲良，亦有清善政。山西等省有樂戶，先世因明建文末不附燕兵，編爲樂籍。雍正元年，令各屬禁革，改業爲良。並諭浙江之惰民，蘇州之丐戶，操業與樂籍無異，亦削除其籍。五年，以江南徽州有伴儅，寧國有世僕，本地呼爲「細民」；甚有兩姓丁口村莊相等，而此姓爲彼姓執役，有如奴隸，亦諭開除。七年，以廣東蜑戶以船捕魚，粵民不容登岸，特諭禁止。准於近水村莊居住，與齊民一體編入保甲。乾隆三十六年，陝西學政劉嶟奏請山、陝樂戶、丐戶應定禁例。部議凡報官改業後，必及四世，本族親支皆清白自守，方准報捐應試。廣東之蜑戶，浙江之九姓漁船，諸似此者，均照此辦理。嘉慶十四年，又以徽州、寧國、池州三府世僕捐監應考，常爲地方所訐控，上諭：「此等名分，總以現在是否服役爲斷。如年遠文契無考，著卽開豁。」

八旗人丁，定例三年編審一次，令各佐領稽查已成丁者，增入丁册。有隱匿壯丁入官，伊主及佐領、領催各罰責有差。凡壯丁三百名爲一佐領，後改定爲二百名。康熙四年，令滿洲、蒙古佐領內餘丁多至百名以上，願分兩佐領者，聽。雍正四年，諭八旗都統及直省駐防都統、將軍等，交與佐領、驍騎校、領催，將新舊壯丁逐戶開明，幷編審各官姓名，保結送部。其未成丁，及非正身良家子弟，幷應除人丁，驗實開除。五年，令凡編審丁册，每戶書另戶某人某官，無官則曰閑散某，上書父兄官職名氏，傍書子弟及兄弟之子，及戶下若干人。或在籍，或他往，皆備書之。其各省駐防旗員兵丁，及外任文武各官子弟家屬，令各將軍、督撫造册咨送該旗。乾隆六年，令八旗編審各佐領下已成丁及未成丁已食餉之人，皆造入丁册，分別正身開戶，戶下於各名下開寫三代履歷。其戶下人祖父或係契買，或係盛京帶來，或係帶地投充，分別注明。正戶之子弟，均作正身分造。

七年，諭：「八旗漢軍，其初本係漢人。有從龍入關者，有定鼎後投誠者，有緣罪入旗與夫三藩戶下歸入者，有內務府、王公包衣撥出者，以及招募之炮手，過繼之異姓，並隨母因親等類，先後歸旗，情節不一。中惟從龍人員子孫，皆係舊有功勳，無庸另議更張。其餘各項人民等，朕欲廣其謀生之路。倘願改歸原籍，准其一例編入保甲。有願外省居住者，亦准前往。此內如有世職，仍許承襲。不願出旗者，聽。」八年，又諭：「前降諭旨，原指未經出仕及微末之員而言。至於服官既久，世受國恩之人，其本身及子弟，均不得呈請出旗。」十二年，又諭：「八旗別載册籍之人，原係開戶家奴冒入正戶，後經自行首明，及旗人抱養民人爲子，有願出旗爲民者，其入籍何處，均聽其便。本身田產，並許帶往。」二十六年，定漢軍凡現任外省自同知、守備以上，京員自主事以上，旗員自五品以上，俱不許改歸民籍。其餘在京報明該旗咨部轉行各省，在外呈明督撫咨報部旗，編入民籍，並准一體考試。

大抵清於八旗皆以國力豢養之。及後孳生蕃衍，雖歲糜數百萬金，猶苦不給，而逃人之禁復嚴，旗民坐是日形困敝。及乾隆初，御史舒赫德、范咸、赫泰，戶部侍郎梁詩正等，先後奏請清查東三省曠地，俾移住開墾，以圖自養。雖疊奉諭旨議行，然終未能切實舉辦。至八旗戶下人開戶，必有軍功勞績，或藝能出衆，亦有本主念其服勤數世，准其另戶，或放出爲民者，亦有不准放出爲民，但准開戶者，其例又各不同云。

田制 曰官田。初設官莊，以近畿民來歸者爲莊頭，給繩地，一繩四十二畝。其後編第各莊頭田土分四等，十年一編定。設糧莊，莊給地三百晌，晌約地六畝。莊地坐落順、保、永、宣各屬，奉天、山海關、古北口、喜峰口亦立之，皆領於內務府。此外有部、寺官莊，分隸禮部、光祿寺。又設園地，植瓜果蔬菜，選壯丁爲園頭。世宗初，設總理專官，司口外報糧編審。南苑本肄武地，例禁開田。宣宗嘗諭前已開者並須荒棄。而咸、同間，嵩齡、德奎、劉有銘、鐵祺先後疏陳開放，均嚴旨詰斥。然至光緒季年，仍賦予民。自後承地者乃接踵矣。

考各旗王、公、宗室莊田，都萬三千三百餘頃。分撥各旗官兵，都十四萬九百餘頃。凡王公近屬，分別畀地，大莊給地畝四百二十至七百二十，半莊二百四十至三百六十，園給地畝六十至百二十或百八十，王府管領及官屬壯丁人三十六畝，不支糧。凡撥地以現在爲程，嗣雖丁增不加，丁減不退。

順治元年，定近京荒地及前明莊田無主者，撥給東來官兵。圈地議自此始。於是巡按御史柳寅東上滿、漢分居五便。部議施行。二年，令民地被指圈者，速籌補給，美惡維均。

四年，圈順直各州縣地百萬九千餘晌，給滿洲爲莊屯。八年，帝以圈地妨民，諭令前圈占者悉數退還。十年，又令停圈撥。然旗退荒地，與游牧投來人丁，仍復圈補。又有因圈補而並圈接壤民地者。康熙初，鼇拜專柄，欲以正白旗屯莊予鑲黃旗，而別圈民地圈補。戶部尚書蘇納海、總督朱昌祚、巡撫王登聯咸以不如指，罪至死。聖祖親政，諭停止圈地。本年所圈房地俱退還。又以張家口、山海關等處曠土換撥各地，並令新滿洲以官莊餘地撥給，其指圈之地歸民。是爲旗退地畝。

凡官地，例禁與民交易。然旗人不習耕種，生齒日繁，不免私有質鬻。雍正初，淸理旗地，令頒帑贖回。凡不自首與私授受者，胥入官爲公產。旗地，令宗人府、內務府八旗具各種地畝坐落四至，編製淸册，是爲紅册，以備審勘旗民田土之爭。乾隆初，定回贖旗地仍歸原佃承種，莊頭勢豪爭奪者罪之。凡贖入官地並抵帑、籍沒等田，皆徵租，曰旗租。舊查交入官地定租，由旗員主之。三十四年，以直督楊廷璋言，停其例。民租旗地，本限三年。或私行長租，業戶、租戶科以違禁律。八旗地主，久禁奪佃增租。自和珅筦大農，奏改前章，於是旗人及府莊頭率多撤地別佃，貧民始多失業。嘉慶五年，部臣請復申前禁。詔纂入定例通行。咸豐初元，又申令如額徵租，主佃皆不得以意贏縮。若典鬻旗地，從盜賣官地律，授受同懲。顧日久法疏，或指地稱貸，或支用長租，陽奉陰違，胥役訛索句結，弊遂叢生。雖屢申明誡，往往因他故，禁弛靡常。洎光緒中，乃定此業無論舊圈自置，概不准售與民人。惟從前民購升科者，仍予執業。

盛京官莊，於順治初卽定八旗屯界。旋令沙河以外、錦州以內，旗員家丁給地，人三十六畝。康熙中，定以奉天所屬地界新滿洲遷來者，凡丈出地爲頃三十二萬九千餘，以二十七萬六千三百餘頃爲旗地，按旗分界。又設各旗官員莊屯，各城兵丁，均酌給隨缺地畝。旋令索倫、達呼爾官兵耕種墨爾根地，奉天官兵耕種黑龍江地。乾隆初，設黑龍江屯莊，呼蘭立莊四十所，選盛京旗丁攜家往，官爲資裝築屋庀具，丁給地畝六十，十丁一莊，每六畝給籽種二斗，莊給牛六頭，口糧並給。溫德亨、都爾圖亦如之。凡隨缺官地歸旗入册，禁職官侵占。嘉慶間，令盛京入官地畝，應招無地貧民領租，職官子弟不得承種。管界各官，並不得於所管區以子弟之名置房地。道光中，寧古塔、伯都訥、三姓、阿勒楚喀、拉林各官莊，共原額地萬二百晌，吉林八旗與各處旗地暨烏拉旗地，共三十六萬五千九十二晌。而光緒初，撥三姓荒爲官兵隨缺地，計晌二萬九千餘。宣統時，以奉省各旗地多盜典隱占之弊，令通稽確覈，毋與清賦溷淆，先城旗，後外城，依次釐定。此官莊之屬東三省者。

直省各置駐防旗兵，立莊田於所駐地，給田人各三畝。其全眷挈赴者，前在京所得圈地撤還。旗員分界園地，多則二百四十畝，少則六十畝，各省不盡同。惟浙江駐防無田，仍文俸餉。乾隆時，弛防兵置產之禁，惟八旗官仍禁如故。光緒之季，諭：「所在檢旗丁名數，儘舊有馬廠莊田，畫地口分，責以農作。其本無廠田，或有而弗備者，所司於鄰近分購民地配發，以爲世業。由漸推廣，俾旗丁歸農，受治州縣，與齊民不異。」未及實施。蒙古初分五等。一、二等備與莊屯、園地。三等以下，祇與莊屯。各守土疆，毋得越境。後漸有民人賤收蒙地者。乾隆中定「有質鬻者峻罰之，著爲永令」。分撥外藩官地，其略如此。故明內監莊田，總領於戶部。其宗室祿田散在各省者，胥視民田起科。先是以新城、固安官地二百四十頃制井田，選旗民百戶，戶授百畝，公百畝，共力養公田。嗣更於霸州、永清仿行，然成效卒鮮。乾隆初，改屯莊。擇勤敏者充屯戶，按畝科糧。是爲井田改屯地。

凡京師壇壝官地，曁天下社稷、山川、厲壇、文廟、祠墓、寺觀、祭田公地，一切免徵。建國初，賜聖賢裔祭田。其孔林地、四氏學學田、墓田地、墳地，咸除租賦。學田，專資建學及贍卹貧士，佃耕租而租率不齊，舊無常額。乾隆中，都天下學田萬一千五百八十餘頃。光緒變法，直省徧興學堂，需費無藝，則又撥所在荒地，劃留學田以補劑之。耤田行於首都先農壇。壇地凡千七百畝。雍正間，令疆吏飭所屬置耤田。東西陵地，紅椿以內例絕耕樵。東陵白椿界外初聽民耕。道光朝乃嚴其禁，青椿以外，遵、薊、密、承諸界內兵民私墾，至地萬餘區，久益增廓。光緒末，定爲計區勘丈，將熟地分則升科，儲學堂之用焉。牧馬草場在畿輔者，順治二年，以近畿墾荒餘地斥爲牧場，於順天、津、保各屬分旗置之。自御馬廠以下，各按其旗地牧養。親王方二里，郡王一里，亦圈地也。

曰屯墾。康熙中，招墾天津兩翼牧地，計畝二萬一千五百餘。乾隆時，丈直隸馬廠地振業貧民，命曰恩賞官地。在盛京者，奉天屯衞各地，八旗分作牧廠，自東迤西，本禁民墾，於定界所築封堆制限之。然大凌河東廠、西廠荒地三十一萬八百餘畝，養息牧餘地萬四千六百晌，乾、嘉中陸續放墾。後又綜各城旗馬廠可墾地三十八萬九千餘畝，悉歸城旗承種，並令八旗王公及閒散宗室，於所分牧地願墾者，得自呈報。惟松筠請於養息閒壤移駐旗人，以費絀而罷。咸豐中，以大凌西岸墾妨馬政，申禁如前。而同治二年，變通錦州、廣寧、義州廠荒，西廠留牧，東廠招佃；其東北隅之高山子地數萬畝，義州敎場閒地萬餘畝，並行租佃，以爲城兵伍田。然是時西廠有旗領舊地，久而越墾妨牧。八年，命剗棄之。於是大凌河墾議遂沮。而吉、黑山荒多牧獵場，益嚴杜姦民攬售矣。養息牧地，初放時判東西界，置專官掌其租入。彰武本官牧，旋亦勸墾議科。於是養息牧生熟地共放六十一萬八千八百餘畝，其餘荒八萬九千六百餘畝，餘地三萬五千三百餘畝，卽以爲蒙、漢雜居牧佃，兼拊畜窮黎。吉林之烏拉，康熙時，於五屯分莊丁地，遂爲五官牧場，頗富零荒。宣統時，撥充學田，放墾實地二千三百餘晌。

凡駐防營皆置馬廠，其牧莊旁餘，靡不放墾。至荆防馬廠墾熟之地，久畀諸民，而石首、監利，光緒末釐出廠地二萬餘畝，俱令招墾，以租息濟警政小學。宣統初，寧夏滿營牧地餘界，開渠墾地，畝可二十一萬，旗、民各半之。民領則納價爲旗兵墾本。三年，安徽萬頃湖牧場，改墾放田八萬二千七百餘畝，其流民占耕及民間認荒者，皆名曰佃民，其留旗丁田二萬畝，亦招民佃，歲輸穀麥，是爲官佃。至是以抗租膠葛，定議民租田，令公司補價承業，資八旗生計焉。

口外牧場，隸獨石者爲御馬廠。此外禮部、太僕寺、左右翼及八旗，均有牧場在張家口外。而殺虎口之議畝租，察哈爾屬之戢私墾，大青山之寬免民占，奕興地之招商領耕，列朝因時制宜，不拘成例。其後密雲、熱河同時放荒。熱河寬曠，於留牧外得地千四五百頃，更以三一留牧，餘咸招墾。地利闢而耕牧不相妨，甚善政也。

明之設衞也，以屯養軍，以軍隸衞。洎軍政廢而募民兵，屯軍始專職漕運，無漕者受役不息，屯戶大困。淸因明之舊，衞屯給軍分佃，罷其雜徭。順治元年，遣御史巡視屯田。三年，定屯田官制。衞設守備一，兼管屯田。又千總、百總，分理衞事。改衞軍爲屯丁。六年，定直隸屯地輸租例。其時裁屯田御史，繼裁巡按，由巡撫主之。十三年，定屯軍貼運例。浙江各衞有屯無運與無屯有運者，均徵撥帖，屯戶困始少蘇。康熙十五年，以各衞荒田在州縣轄境，軍地民田多影射，令檄所司清釐。雍正二年，從廷臣請，併內地屯衞於州縣，裁都司以下官。惟帶運之屯，與邊衞無州縣可歸者，如故。九年，令屯衞田畝可典與軍戶，不得私典與民。

乾隆元年，豁免廣東屯田羨餘，因除各省軍田額外加徵例。先是屯丁鬻產，官利其稅入，給契允行。至此又令運田歸船者，並禁軍民復典。實則各省典屯於民，所在而有。六年，定屯田限一年。無論在軍在民，併清出歸丁贍運。十二年，漕督顧琮請田已典與民者，令旗丁購贖。然民執業久，丁貧無以贖，從阿思哈言，釐江西丁田，在軍歸軍，在民增租給丁，永爲定制。三十七年，又以漕督嘉謨奏，命清理湖廣、江、浙、山東等省屯田。明年，裴宗錫因陳兩江向不歸運之裁衞屯田，加徵津費。帝以累民，不允。四十年，鄂撫陳輝祖奏：「武昌諸衞清出典鬻屯田，請加津贍運。」部議：「如此則私相授受者知誡，而仍不病失業，庶典鬻之弊漸除。」五十年，以長沙、澧州原有弁田，轉售紛紜，令除弁田名，準民產授受。五十四年，畢沅等奏，各省屯丁四年一編審，止稽戶口之數，其田產或有漏匿，以時覈之。百餘年來，屯田利病與漕運終始。及南漕改海運，屯衞隱蔽難稽，至是而一大變。光緒二十四年，太常卿袁昶奏理屯田，因有改衞爲屯之諭，令天下覈衞田畝數，詳定租章。而江西以租悉充餉，與他省贍運者不同，額仍舊貫。二十七年，劉坤一、張之洞條議屯衛宜裁。略稱：「運軍久虛，衞官復無事，一衞所屬屯田，或隔府，或跨省，一切操諸胥吏之手，田餉弊竇，不可勝窮。」明年，諭各省勘實屯地，檄屯戶稅契執業，改屯餉爲丁糧，歸州縣徵解。除屯丁、運軍名目，裁衞官。是時綜計各省屯田約二十五萬餘頃，顧多與民田殺雜。又各丁私相質售，久失其舊。重以兵後册籍蕩然，糧產無從鉤鉅。漕督陳夔龍陳大要三端：一，分丁業民業；一，現徵毋追原額；一，補繳田價宜輕。而江、皖、兩浙俱折衷定規，分別交價輸稅。如淮、揚、徐四衞，定有上則三兩、中二兩、下一兩，屯稅每兩納三分，餘互有同異。惟山東以艱歉請免徵納。鄂督張之洞則謂湖北衞田，軍戶仰贍，即民人冒替，率非素封，均難責其呈價，僅有徵契稅而已。其稅價視民田率。洎三十一年，宜城屯口搆衅，以衞田例不便也。之洞更籌簡易八法，大旨删除原則，分年減稅豁派，累免雜課。但學堂捐與民田同，以備改屯爲民。如式者官予文證。嗣湘省亦仿此行焉。宣統元年，浙撫增韞更請令承田者但刻期報明，統不納價。部議即允占業，屯價不妨量收。蓋屯衞嬗變，時勢然也。

清自開創初，撥壯丁於曠土屯田。又近邊屯處，築城設兵以衞農人。世祖始入關，定墾荒興屯之令。凡州、縣、衞無主荒地，分給流民及官兵屯種。如力不能墾，官給牛具、籽種，或量假屯資。次年納半，三年全納。大學士范文程上屯田四事：一，選舉得人；一，收穫適宜；一，轉運有方；一，賞罰必信。上是之。令凡自首投誠者，授荒田爲永業。魏裔介亦請饑民轉徙，得入籍占田。罪徒當遣者，限年屯墾，已事釋還。其願留占業者，聽。定直省屯田，官助牛種者，所收籽粒三分取一；民自備者，當年十分取一，二年、三年三分取一。初定勸懲例，限年之法甚嚴。康熙初，慮官吏虛報攤派，停限年令。尋御史徐旭林論墾荒三弊，言甚切至，然限年卒不可行。旋令士民墾地二十頃，試其文理優者，以縣丞用；百頃以知縣用。凡新墾地，初定三年起科。嗣又寬至六年後。尋令通計十年。旣仍用六年例，亦有循三年舊制者。

雍正初元，諭升科之限。水田六年，旱田十年，著爲例。當順、康間，直省大吏以開拓爲功，其報墾田總額，多者如河南，至萬九千三百六十一頃，少者如山東，百二十頃有奇。世宗末年，以數多不實，嚴詆審覈。其有浮飾，論如律。定議敍法。凡官吏召佃資墾者，按戶數多寡，軍民自措工本者，按畝數多寡行之。乾隆時，令官山、官地，無論土著、流人，以呈報之先後予墾。民地由業主先報。或實力絀，他人始得承之。凡屯戶加墾者，俱令改屯升科。又令已墾之地，宜愼防護。凡官民地，於水道蓄洩相關，毋擅行墾。儻帖己業，私墾塘堰陂澤爲田，立予懲艾。

今考歷朝屯墾之政，首直省屯田，次新疆屯田，次東三省開墾，次蒙古開墾，及青海、熱河等處墾務，悉具於篇。

當順治初元，令山西新墾田免租稅一歲；而河南北荒地九萬四千五百餘頃，允巡撫羅繡錦言，俾兵課墾。二年，順天行計兵授田法，每守兵予可耕田十畝，牛具、籽種官資之。又直隸、山東、江北、山西，凡駐滿兵，給無主地令種。四年，給事中梁維本請開秦、豫及盧、鳳荒田。六年，令各省兼募流民，編甲給照，墾荒爲業，毋豫徵私派，六年後按熟地徵糧。十年，定四川荒地聽民開墾。陝荒則酌調步兵，官給牛、糧。

康熙六年，定江、浙等省分駐投誠官兵屯田，人給荒田五十畝，得支餉本。其眷屬衆者，畝數量口遞加。福建無荒，則分駐有屯諸省。七年，御史蕭震疏言：「國家歲費，兵餉居其八，而綠旗兵餉又居其八。誠屯田黔、蜀，以駐郡縣之兵，耕郡縣之地，則費省而荒漸闢。」下部議行。時直隸、陝西、粵、閩先後定墾荒例，而四川更立特例，官吏准立功論。於是湘、鄂、閩、魯、晉、豫等省空荒任民播種，限年墾齊。

雍正四年，甘肅、寧夏之插漢、托輝地平衍，可墾田六十萬餘畝，招戶認領，戶授百畝。五年，粵督阿克敦陳近年粵東墾弊四：一，豪强佔奪；一，胥吏婪索；一，資本不充；一，土瘠懼爲課累。勸導法五：定疆界，杜苛取，貸籽種，輕科額，廣招徠。其後惠、潮貧民墾肇慶屬地，高、廉、雷屬山荒墝埆，皆給資招墾，並免升科。嗣瓊州亦如之。又擴滇、黔墾計，烏蒙兵民並承，戶勿逾二頃。其各省入蜀民人，戶給水田畝三十，旱田畝五十。甘肅安西久行兵墾，移眷駐防，以與涼、肅二鎮。屯兵多貧，墾費悉出官貸，並令邊省、內地零星可墾者，聽民、夷墾種；及山西新墾瘠地，自十畝以下，陝西畸零在五畝以下，俱免升科。凡隙地及水衝沙雜，與田不及畝者，及邊省山麓河壖曠土，均永遠免科。浙江新漲沙塗，民、竈皆承領，百畝爲號，十號爲甲，十甲老農導耕。後値漲地，人咸利之。嗣有侵墾西湖之禁。乾隆五十九年，巡撫吉慶言，沿海沙地灘漲靡常，約十三萬三千餘畝，悉令入官，交原佃耕作納租，永著爲例。凡各省州縣每歲新墾荒田荒地，以及蕩地湖淤，督撫隨時疏報升科。蓋雍、乾以來，各省軍屯民墾，稱極盛焉。

福建各番鹿場曠土，例許租與民耕。然臺灣自歷任鎮臣創莊招佃，往往侵據民、番地。乾隆時，諭禁武弁墾荒。旋禁土民私購番田。五十三年，福康安請撥餘地畀番、民自種，遴壯健作屯丁。內山未墾及入官荒廢埔地八千八百餘甲，每甲准民田十一畝零，共屯丁四千，分地任耕，免賦而不給餉，從之。嘉慶中，噶瑪蘭開闢田園七千五十甲有奇。道光初，定番社未墾荒埔分給民人徵租。臺灣番地亦然。粵西設土兵、俍兵，均給軍田。粵東有俍田、瑤田，仍按田充兵，其田均禁民典。顧雲南永北、大姚等處，漢典夷地，積隙數十年。道光建元，措理稍定。十三年，四川復有漢耕夷地之釁，乃析界址，令漢、夷不得互占。又用滇督阮元議，禁流民私佃苗田，並近苗客戶典售苗產。十六年，以開化、廣南、普洱地多曠閒，流民覆棚啓種，因議論入戶甲。御史陶士霖論其病農藏奸，禁之。

先是江蘇漲灘，冒墾日甚，迨道光八年，始定歸公。而官產民業，糾互繳繞。於是江督陶澍建言聽民承售。部議江河不以墾殖爲利，則沙洲不得以占鬻徇民。仍一律入官處置。尋耆英謂「民間價購興築，一旦奪還，跡類爭利。請寬其既往而閼其將來」。從之。二十三年，祁墳言修復虎門等礮臺，須屯田防護。明年，程矞采募丁二千試行。上曰：「以本地之民種本地之田，守要隘卽捍身家，允爲長算。」

同治初元，以軍儲亟，檄鳳、潁等屬戍兵墾鄰近廢田，以漸推行諸郡。山東遭教匪之亂，鄒、滕諸縣田里爲墟。三年，決用移民策，而東昌、臨清、兗、曹各屬逆產及絕戶地，盡沒入官。五年，乃有辦理湖團之諭。湖團者，曹、濟客民種蘇、齊界銅、沛湖地，聚族立團。旣而土著歸鄉，控閱無已。然客墾由官招集，不乏官荒，所占土田不甚廣，且訟者非實田戶也。於是曾國藩研燭其情，爲之驅逐莠戶，留其良團，各安所業。陝西叛絕荒產，前一歲諭令籌設屯田。巡撫劉蓉言軍事方殷，不如招墾便。部從其議。乃定募墾新章四：曰正經界，立制限，緩錢糧，定租穀。廣東沿海沙地，定例水涸報勘，承墾者人勿過一頃，三年成熟，照水田起科。至後搢紳壟斷侵漁，因命查文禁止。

當是時，值東南兵火之餘，農久失業。光祿少卿鄭錫瀛言國家歲入金約四千數百萬，餉糈支耗半之，宜廣屯田養兵以節費。尋御史汪朝棨稱各省新復土疆，宜急墾闢。徐景軾亦以修農利、安流徙爲言。由是曾國藩於皖，楊昌濬於浙，皆分別土、客，部署開荒。而馬新貽於蘇，劉典於陝，亦汲汲督勸。曾璧光、黎培敬前後於黔興屯田之政。八月，用蘇廷魁言，籌墾蘭儀以下乾河灘地。十一年，諭陝西延、榆各屬，地瘠民貧，宜亟墾闢，嚴州縣考成。時回衆初就撫也。

先是御史黃錫彤請設蘇、皖屯營，選湘、淮散勇墾沿江地。光緒二年，朱以增亦言：「或謂屯政宜邊陲不宜腹地，不知有荒可墾，何兵不可農，何地不可屯？但抽調數營，陸續興舉，將來化兵爲農，裨國非細。」時津海防兵營墾有效，故云然。曾國藩嘗言：「必得千畝無主之田，不與民田雜，方可資兵立屯。」李鴻章亦謂兵民雜處，不宜於內地。議遂寢。

初貴州屯軍於古州、八寨、台拱、丹江、淸江五廳，分設百二十堡，爲屯八千九百三十九戶。戶給上田六畝，中八畝，下十畝，附近山地不限。逮乾隆中，禁止承佃屯軍私鬻。嘉慶初，銅仁、石峴苗地建碉卡，置屯軍，每軍百名，設百戶一，總旗二。每軍一名予水田四畝，百戶六畝，總旗五畝，皆免租。洎同治初，更定黎平屯章。及是，羅應旒言：「黔苗建屯已久，虛名鮮實，不如去兵之名，收農之實。」時屯軍凡十衞，尋奏定分爲兩番，與守兵同，操防徵調各額，屯設之百戶、總旗等。有不力者，立時革替。先是沈桂芬有疏陳安置旗人聽往各省之議。御史黃元善亦稱山西暨江蘇等省開荒，當仿雙城堡舊章，令旗民移墾。顧以事體艱鉅，未盡舉也。十二年，臺灣巡撫劉銘傳籌墾內山番荒，伐木變價，以資撫恤。十六年，湖南洞庭新漲淤洲，建南洲廳治，入官佃租，共勘實民田十三萬餘畝，官田八萬九千二百餘畝。二十二年，桂撫史念祖言，粵西各屬官民荒田可墾，令官力爲倡，酌簡屯兵，督令開熟，任民領耕，量地厚薄定科，計各屬總墾荒田萬四千三百餘畝。

時陝西淸荒甚力，巡撫張汝梅言：「陝地兵祲交乘，百姓流散，北山氣候，夏寒霜早，穡事無憑，又人工少而穀價廉，得不償失。匪惟客民去留無定，卽土民亦作輟靡常。欲求地不復荒，惟紓首墾期限，寬牧令責成，則民少逃亡，官不顧慮，而公私兩益矣。」二十五年，定新陽荒蕪額田約十萬畝，無主者作官田招領，分田、地、場三等繳價，名曰繫脚錢，有主限期報墾，逾限入官。從江督劉坤一請也。二十八年，陝撫升允言：「西安馬廠各荒地，試開水旱田，行屯墾。營哨官賦地畝自六十以下，屯勇人十畝。每百畝貸官牛兩頭，籽種三石，官備農器，一年還牛，二年全交。并擬令分年節餉。開屯之初，歲發全餉，二歲裁半，三歲盡裁。」嗣後地爲水衝雹壞，穡入弗豐，因復上言：「驅無餉之兵，使自食其力，勢且壯志銷於畎畝，精銳蝕於農作，有屯而實無兵，有兵而實無用，轉非創屯本意，不如不裁其餉，而悉以屯利歸公，再頒歲穫之二三行賞，此所謂兩利者也。」

江西義寧、新昌之交，有黃岡山，自明以還，恆爲盜藪。二十九年，從巡撫柯逢時請，開地以益民。直隸安州白洋淀淤地肥沃，是歲弛禁，招民佃作，分四等收預租。三十一年，海洲、贛榆間有雞心、燕尾二灘，利墾牧。又徐州微山湖淤灘地，均召民墾升科。三十二年，議定廣西墾荒丁壯既稀，資本又絀，乃仿外洋法，招商領墾。南寧則招商本立公司，募裁兵充墾丁。至宣統初，共放山荒十六萬六千五百餘畝。三十三年，江督端方上言蘇屬兵後荒田不下二百餘萬畝，請令歷年報荒者定爲板荒，餘新荒，許各戶指報豁糧，俱由局招墾，則虛荒易查。又定墾章，區別官荒民荒，分三等輸價，受荒無問土客，皆得領種。三十四年，清丈安徽沿江洲地，計懷寧等州縣官荒應繳價者共三十萬餘畝。廣東瓊崖從未開殖，至是集商本創公司，官行清丈，分官荒民荒，先正其經界。宣統三年，雲南清出荒地五十六萬畝，安徽官民荒地四萬一千餘頃，河南沙荒地三萬三千餘頃。可墾者分三等，曰輕沙，曰平沙，曰重沙，各州縣試行招墾，多則四百數十頃，少亦二三十頃。浙江仁和等屬，墾熟甲地山隴百八十餘頃，各府紳商領墾荒地萬五千餘畝。甘肅自光緒季年設局墾荒，達二十餘萬畝。

新疆屯田，始康熙之季，察罕諾爾地駐兵，因於蘇勒厄圖、喀喇烏蘇諸處創屯種，令土默特兵千，每旗一台吉，遣監視大臣一人。而哈密、巴里坤、都爾博勒及西吉木、布隆吉爾等，咸議立屯。命傅爾丹、蘇爾德、梁世勳分職其事。吐魯番亦駐屯兵。雍正三年，命喀爾喀駐兵墾鄂爾昆田。

乾隆初，定一兵墾二十五畝，凡兵二千五百，種地三之，駐守二之。時回部如闢展各要衝，多設屯，厚兵力。逮準噶爾平，版圖益廓，邊防與屯政相維。七年，川陝總督尹繼善請以蔡把什湖地租與回民，假貲耕種，事得允行。二十年，以伊犂西境喀爾喀東陲多閒壤，悉遣滿、漢、蒙兵數千開屯，視蒙古授田例。又設額爾齊斯屯田，巴里坤亦置屯，遣甘、涼、肅屯地兵五百往種，秋收後入城，三年更迭，塔勒納沁開田三千餘畝。

二十三年，用雅爾哈善、永貴等言，於闢展、魯克察克、吐魯番、烏魯木齊，托克遜、哈喇沙爾規度官墾。是時饋饟猶亟，誠巴里坤至伊犂循序增屯，其願挾家者，俾安業如內地村莊。初人種十五畝，令益五畝。置新舊屯兵萬七千，出帑三百萬備籽種諸用。而特納格、昌吉、羅克倫均益兵廣屯。大率烏魯木齊增墾以來，歲穫悉供伊犂餉需。伊犂墾成，又資接續，更移喀什噶爾等回衆二千五百戶屯阿克蘇。其事則黃廷桂、楊應琚、兆惠等主之。定章百兵一屯，地畝人二十，分小麥十一、穀七、青稞豌豆各一。然吐魯番、闢展、魯克察克兵屯外皆兼回屯，而庫車東、哈喇沙爾西，或分布多倫回人溉種。

二十五年，伊犂屯議起，於河南之海努克立回屯，察罕烏蘇立兵屯。翌年，又於葉爾羌、喀什噶爾、阿克蘇、烏什等城增回屯，減兵額。時戎事方息，惟阨塞留兵，餘齊赴伊犂屯殖，穫粟贏裕，即益屯兵。兵不供屯，則招集流人，分土任業。巴里坤饒腴壤，穆壘土沃泉滋，俱募人大開阡陌。蓋舒赫德、阿桂、明瑞等所建爲多。三十七年，陝督文綬以新疆餘地宜推廣募墾，條列五事以聞。

四十一年，令葉爾羌戍丁餘回，特畀耕地編戶，凡千五百戶爲一所，三千戶爲一衞。初，烏魯木齊屯地，共綠旗兵三千，二千操練，一千屯耕，番休，三歲後令移眷，官予資裝。及地日廓而兵不贍，率遷甘肅貧民，不斬煩費，赤貧全給，小康半之，歲穰自願挈家則不給。四十五年，定眷兵分編戶籍，其牛籽、農具、屋價、口糧，皆官措貸，約升科時，分三年繳納。凡承種新疆熟地，本年升科，新墾三年後升科，而商民承墾新地，戶三十畝，六年升科。蓋自此楚呼楚、穆壘、瑪納斯、庫爾哈喇烏蘇，屯務駸駸日近矣。

新疆軍屯分數，人穫細糧十五石至十八石，官議敍，兵丁賞一月鹽菜銀，二十五石倍之，十二石以上，功過半，不及，官議處。兵重責留屯，次年收足予復。烏魯木齊但穫糧十一石以上即敍賞。塔勒納沁尤磽瘠，賞罰遞降殺之。無鹽菜則給口糧，其阿奇木伯克等則賞緞匹。顧伊犂額多苦累，福康安嘗以爲言。最後將軍長庚請仿烏魯木齊例行，然部議仍未及減也。向例遣犯得留種新地，哈密各屬截留伊、烏遣犯墾耕，年滿乃各致其所，罪重勿留。又以不敷農作，僅限斷洋盜而已。後令情輕者改防爲脅，用羈縻之。遣犯穫額兵丁，其敍賞諸事從原例。

嘉慶十三年，撥塔爾巴哈台兵赴伊犂殖田，以農隙簡練，置武員領之，三年一更迭。而伊犂原定屯兵三千，每歲耕種，於中抽調如干，藉習戎備，其數歲有增減，各視其時，已耕之十八屯，番休輪種，以息地力。尋定自二十年始，每年加種兩屯云。初，伊犂多可耕田，令惠遠、惠寧兩滿城派閒散旗人分地試種，借給牛具，成效昭然。九年，松筠因言照錫伯營屯種例，分界旗兵地畝，各使自耕，永爲世產。以有妨操務，祇令轉交閒散代耕。二十五年，令滿營兼種雜糧，先後分田四萬四千餘畝，授八旗閒散自耕，但不得違禁佃租，私相典賣。

道光初，旣勘定張格爾，令回兵試墾大河拐，增額則募貧回。於是烏什、阿克蘇、和闐每散布回戶行墾，烏魯木齊屬阜康、奇臺曁吐魯番，均募民戶，伊犂惠遠城迤東，亦選土著，阿卜勒斯荒，俱撥回戶，設五莊，莊百戶，戶得地畝二百。喀喇沙爾則裁屯安戶，庫車荒地，亦予無業回人，葉爾羌屬巴爾楚喀多曠土，則廣招眷民。其霍爾罕新田，散與回戶，喀什噶爾初開地，分處河東西，東畀回人，西招民戶，或專屬，或兼募，冀相安而已。凡民人赴回疆領地，皆官給印劵，自齎以行。其徵糧多至畝二斗四升，次小麥八升，次六升五合，最少三升，大率視壤肥瘠爲斷。阿卜勒斯入三色糧十六石，滿營馬兵練餉於茲取贍。自嘉、道以來，數十年中，伊犂屯墾，後先其事者，將軍松筠、那彥成、布彥泰等，而林則徐遣戍日，履勘諸地，又興水利於伊拉里克，厥績尤偉焉。

同治二年，都統平瑞上言，烏魯木齊閒曠孳生馬廠，招商戶移墾，並請於伊犂各城，一律經畫分屯地界屯兵。命次第興舉。三年，飭哈密推廣原屯。

光緒三年，侍讀張佩綸請抽旗丁屯新疆。陝甘總督左宗棠謂有所窒礙疑阻凡六事，議遂寢。是時南路纏、民富庶，荒曠尚稀，北路鎮、迪各屬，墾熟地不過十二三，賦納旣虧，閭里窳敝。已而建置新疆省治。十三年，巡撫劉錦棠更酌定新章，戶給地六十畝，官借籽糧二石，農具銀六兩，葺屋銀八兩，牛兩頭，二人卽當一戶，月給鹽菜口糧，立限初年還半，次年全繳，繳訖，按畝起徵，第三年半徵，次年足全額。仍仿營田制，十戶一屯長，五十戶一屯正，每屯正五，設一管領專員，正、長領地貸本，悉如戶民，總計安納土、客千九十戶，以次推行。而南路各屬新墾地萬九千餘畝，分年起徵，均不領墾費。丈淸南北兩路各則荒熟地千一百四十八萬畝有奇。各城伯克向有養廉地，自改郡縣，裁伯克廉地一律入官佃租。十七年，魏光燾分劃伊犂各地歸旗屯、民屯各六萬餘畝，使各自力耕。其後土、客生息蕃庶，歲屢有秋，關內漢回挾眷承墾，絡繹相屬。

宣統三年，巡撫袁大化言：「新疆夙號農牧國，今日貧瘠，由地曠人疏。自迪化以西，精河以東，偏地官荒，草湖葦灘，無慮千萬頃，而南疆東路蕭曠亦同。擬集華僑立公司，速效非易。今令在新各員，有獨力或合貲開荒灼著明效者，分別奏獎，以示鼓勵。」事得允行。

金川在乾隆四十年以武功底定，初從定西將軍阿桂言，於西川之攢拉就近屯田，其美諾、底木達等處，令駐兵受地習耕，別斯瑞以次改土爲屯，各置屯弁處理。又帛噶爾、角堯諸降番，悉視屯兵例，概畀以牛具籽糧。其番戶多者三四十，少者一二十，初墾免賦，三年後輸糧，旋令駐兵挈眷前赴，而丁口日增，又撥地戶三十畝，俾加墾自給，地利寖闢矣。於是四川之懋功五屯，安置降番，亦戶給地畝三十，選精壯千人，半爲屯練給餉，半爲餘丁無餉。厥後釐出荒壤，亦分等加賚，巴塘、裏塘沃區亦不乏。至光緒三十三年，川督趙爾豐疏籌墾計，招內地農戶而官資遣之焉。

關外土曠人稀，蒙古地尤廣袤，利於屯墾。淸初分旗有定界，繼因邊內壤瘠糧虧，拓邊移墾。天聰中，令各牛彔就各屯近地，擇種所宜。以沈佩瑞言，於廣寧東西、閭陽驛，選壯農充步卒屯田，分八固山，釐牛彔爲二等，備牛種農具，令材敏者率屯兵往耕。崇德五年，官兵於義州築城開屯。康熙二十五年，以錦州、鳳凰城等八處荒地分給旗民營墾，又遣徒人屯種盛京閒壤。二十八年，定奉天等處旗、民各守田界，不得互相侵越。乾隆五年，侍郞梁詩正請置八旗閒散屯邊，以廣生計，命阿里袞往奉天相度地宜。於時吉林寧古塔、伯都訥、阿勒楚喀、三姓、琿春及長春，俱事墾殖，貧無力者，發官帑相貸。四十年，流人偸墾岫巖牧場地畝，遂定例使入官納租。四十二年，以大凌河西北杏山、松山地豐美，徙閒散宗室，資地三頃，半官墾，半自墾，築屋編屯，助其籽具。五十五年，令奉天自英額至靉陽邊止，丈荒分界城旗之無田者，除留圍場葠山，餘均量肥瘠配給，禁流民出口私墾，而積久仍予編戶。嘉慶十六年，令各關隘詰禁之。

初以八旗口衆，撥拉林地俾開田墾種。十七年，賽沖阿言「拉林近地閒荒可墾者二萬五千餘晌，而三道卡、薩里諸處地多未墾，請移駐旗人」。尋富俊請揀屯丁千人，撥荒三十晌，給銀二十五兩，籽糧二石，墾二十晌，留十晌，試種三年後，第四年起交糧。俟移駐京旗分給以熟十五晌、荒五晌，餘荒熟各五晌，卽與原種屯丁爲業而免兵糧。已，富俊建議更於拉林之西北雙城堡開屯，移駐京旗閒散，爲地九萬數千晌，移戶三千，年移二百戶，依戶劃地，一切費悉領於官，區中、左、右三屯，屯鑿井二，選丁給地，例同拉林，京旗領地五年後，徵糧二十石，每大屯容四十屯，每旗五屯，置總、副屯達各八人，每屯屯丁京旗各三十戶，二三人以上卽準戶論，三屯各建義塾課幼丁。

道光五年，移駐戶七十七，墾熟地三萬三千一百餘晌，蓋富俊、松筠始終其事，故其效甚著。自後當事𣸭懈，又其地早霜氣寒，願徙者少，於是博啓圖改移駐戶爲千，因以所餘地，戶益十五晌，閒散不任耕，得買僕或賃傭以助。英和嘗上言宜推廣成功，而緒卒弗竟。伯都訥空曠圍場二十餘萬晌，荒久壤腴，視雙城堡事半功倍。富俊請令分屯畫界，略仿前規，命其地曰新成，綴列戶號，前後凡百二十屯。章凡六七上，廷議旋以雙城堡事未遑他及，且用弗充，事竟已。二十八年，令鳳凰城邊私墾地，已熟及中墾者，招佃徵租。無幾，旗、民報墾至二十四萬畝。

咸豐四年，開吉林五常堡荒田。先是齊齊哈爾設官屯，令罪徒及旗奴承種。尋以游惰遣退，選壯丁補之。嗣御史吳焯謂呼蘭蒙古爾山荒宜墾，尋以葠珠禁域，兼妨邊務，竟不行。

同治時，廣寧南之盤蛇驛，擬放地百萬畝，民領及半。厥後水患頻仍，迄光緒末，開放始竣。是時金場流民失業，用富明阿言，以藏沙諸河暨樺皮甸子諸處官荒畀墾，免交押價，而法庫門、靉江往往有游民偷墾。迨都興阿履查，靉江西岸密邇朝鮮，安置匪易，惟嚴禁越渡，以謹其防。有沿江陰墾騷擾沿邊者，立予拘罰。九年，乃就靉陽門至鳳凰門邊荒九十一所，分勘展界，綏奠窮黎，而私墾充塞邊境如故。

光緒七年，吳大澂上言：「寧古塔之三岔口壤沃宜耕，可募齊、魯愿農，編屯一營，以實邊塞。」十四年，將軍希元始設局立制，以邊瘠收薄，限十年後升科。尋設五社，墾地萬三千四百晌有奇。二十二年，延茂覆陳吉林開墾，始誤於旗、民之不和，繼誤於委員之自利，開局十六年，得不償失。部議因定分別裁留。於是方正泡、蘊梨場、二道漂河、頭二道江、螞蜒河、大沙吉洞等河，亟亟以拓地殖民爲務。初，吉林放有攬頭包領，雖荒疃繇衺，輒剋期集事，而弊溢於利，至是始懲革焉。又腹地加荒附著各屯，多寡不等，皆甚饒沃，領者麕至，則探籌決之。先是十二年，黑龍江將軍恭鏜請開呼蘭屬通肯荒地，疏陳十利。已而決議實行。至二十四年，營通肯克音荒務，畫屯安井，招民代佃，民納課糧，旗供正賦，官爲之契，不奪佃益租。二十五年，墾布特哈之納謨爾河閒荒約四十萬晌，旗民領佃，入費免租，從恩澤請也。越八年，訥河以南放墾三十七萬五千一百餘晌。

二十八年，吉林設局清賦，兼放零荒，各屬旗戶原無糧額，各地查報科徵。顧其時經界既淆，包套詭寄，棼如亂絲。旋日、俄變生，事益棘手。將軍達桂、巡撫陳昭常先後清覈，至宣統初元，都吉林大租原地爲晌百一十八萬三千一百有奇，浮多二十八萬四千八百餘晌。其明年，通吉省民田、旗地及夾段零荒勘放訖事，又清出七十九萬三千三百餘晌。浮多地者，如地形方及東西長，均以西爲浮多，南北長則以北，西北有廬墓則以東南。或一地兼二則，次則卽浮多也。

奉天大圍場分東西流二圍，自國初撥留是荒，有鮮圍十五以捕鮮，大圍九十以講武。日久防弛，流人私墾歷年。光緒初，將軍岐元奏以二十圍增海龍治，就地升科。至三十年，海龍兩翼升科者，已達百二十九萬八百餘畝。餘八十五圍。西四十五圍，於二十二年議墾，至三十年放訖，共正零山荒樹川草甸三百二萬二千餘畝。其荒價畝納銀一兩二錢，山場熟地六錢，生三錢，城鎮基地畝二十兩。其久年私墾土地則倍納二兩四錢，中下差減，原戶領回，不願則撤放。東四十圍，以安置金州遷戶，開禁撥荒，迄三十一年，共放百十二萬七千二百餘畝。城地上者畝二十五兩，中二十兩，下十五兩。荒地畝收正課二分，耗十分。其始兩流圍荒地聽民擇，所餘夾荒，往往侵墾，吏緣爲姦。自廷杰重勘，一淸積弊。東流圍即東平全境，隱併殆過西流，訟閱滋繁。三十二年，覆丈兩流山荒，俱十畝作七畝。至浮多地已先納價，未及折合，則限八年升科，以平劑之。大率熟地當年起科，荒地四年爲限。時日、俄搆兵，奉省稅滯帑虛，復查東邊海龍各屬私墾餘荒，收價集貲，藉維新政。又丈放錦州屬海退河淤及各滋生地畝共三十二處云。

黑龍江地，當光緒十八年，於綏化之北團林子設屯田旗戶千二百，巴蘭蘇蘇之山林設戶六百有餘，計戶授田，戶四十五晌。中以十五晌歸屯丁永業，三十晌起科。拳匪亂作，流徙頻年，續於鐵山包招戶，又招撫瑷琿各屯。久乃稍還其舊。然是時江省以東，民戶日蕃，汚萊攘剔，十纔二三，富豪包攬居奇，零戶無力分領，放荒速而收價遲，領地多而開地少。三十三年，乃議變通，令開退兵願農者，分年給墾，寓殖於屯。宣統元年，又令廣招徠，定獎章，杜包承，賞經費。戶仍領地十五晌，晌收公費四錢，大都荒價量地爲等差。木蘭、綏化晌收銀七錢，通肯二兩一錢，呼蘭、墨爾根押租則一兩四錢，贏朒不齊，均加徵一五經費，其大較也。時又酌留嫩江迤西未放各荒爲無地官兵生業。撥兵助屯之策，始自哈拉火燒試行，而地鮮上腴，兵惰不耐耕，畝僅穫斗糧，甚且無顆粒收入，口食仍仰給於官，因復議緩。二年，仍改招民佃。

初，奉省厲行清賦，凡浮多地限令民戶首實，納價起科，歷三歲餘，僅得荒熟地八十餘萬畝。已而議局建，用分年免價法。東督錫良上言：「清賦重升科不重收價，其利久暫懸殊。又東省爲八旗根本，旗、民雜居皆土著，異於各省駐防，內外城旗隨缺伍田，向有定額，即計口授田遺意。數百年來，戶口增而地不給，口分體大難舉，墾種事便易行。今長白新設治，移殖最宜，如以實邊之策，資厚生之利，所謂兩益者也。夫必先去其待食於人之習，然後漸爲人自爲養之謀，給田則奮於力農，徙地則除其依賴，爲八旗計，無要於此。」三年，奉天各屬大放民荒，共得十二萬畝。

自順治時，令各邊口內曠地聽兵治田，不得往墾口外牧地。顧其地豐博宜農，雍正初，遣京兵八百赴熱河之哈喇河屯三處創墾，設總管各官。旋置張家口同知，十分其地，歲人耕逾分予敍，不及五分處罰。洎乾隆初，熱河東西共畫旗地約二萬頃。古北口至圍場舊無民地，歷年民墾滋紛，乃令分撥旗戶。未幾，高斌請還其舊，從之。熱河自改州縣後，山場平原，講求開殖，悉向蒙古輸租，沿襲已久。其圍場周千餘里，爲圍七十二，置總管一，駐防旗兵千。

同治中，用都統瑞麟言，展墾閒荒，以濟兵食，令招富戶承領，禁占毗連民地，於紅樁外定界立卡倫。尋翼長貴山等以阻撓得罪。時全圍已放其半，領荒者漸侵正圍，於是諭河東西佃墾及偷墾地一律封禁，斥遣私墾諸戶。其侵入山坡溝岔，及報領匿多爲少者，重按之。其後庫克吉泰部署茲事，將旗佃圍外隱地，撥補圍內民佃，俾得移徙安業，以清圍界。然委員措置失宜，姦佃抗聚生釁，經崇實再舉勘量，更定照冊永禁已騰之正圍，瑞麟繼之，仍無要領。

光緒初，御史鄧慶麟臚列積弊，已而定議舉辦京旗徙戶開屯，其後確勘熱河五川荒地頃數，都二千三百有奇，平川地僅及其半，旋即招墾，以押荒抵餉。季年，都統錫良論開放圍荒十事，大要留圍座，編號目，增荒價，杜攬售，事皆允行。

蒙古當康熙時，喀喇沁等旗地，以民種而利其息入，輒廉募之，致妨游牧。乾隆初，亦令察哈爾蒙、民易居，但雜處積年，戶衆墾蕃，難歸徙而輕生釁，議者數稱驅斥之便。至嘉慶初，土謝圖汗各旗地，常有游民棲息。蒙人負民債不能償，而貧民復苦無歸，則爲之明界設限，不咎前失，儻將來私開一壟，增遷一人，坐所管盟長等罪，其租課官不之問，各扎薩克自徵之。時郭爾羅斯熟地畝二十六萬五千餘，糧畝四升爲定率。至十一年，墾者踵相屬，因申關禁，並諭禁私與民授受，違者台吉連坐之。然流人私種成習，莫能格也。初令歸化種地人按編甲例，歲上其籍，而口外綏遠等地，僅容孑身商販往來，挈室者有禁。其後科爾沁屬達爾汗、賓圖二王旗，卓哩克圖、冰圖二旗所招墾戶，亦均編甲社，置鄉長焉。

道光十二年，盛京將軍裕泰上科爾沁墾章八事：凡寫地必以自名，毋過五頃；一地複寫者，後戶與前戶相均；村屯或典於民，追契折償；地主無力回贖，任民再種，限年抵還；年滿第允自種，或租與原佃，不得復典及招人；民戶交地後，得自踏閒荒，白局承種；其蒙種熟地，毋許租人；界外民開者亦毋許影射。咸如擬行。土默特牧場，舊惟任意墾治，嗣分餘地界蒙人，口率一頃，而佃與民種者多。至十七年，令入蒙押租，以其四佐官用，其租息無業蒙人四之，公家及本旗貝勒各三之。同治七年，徙喀喇沁越墾諸戶分歸各旗。

光緒七年，創烏里雅蘇臺墾田十頃六十畝爲一屯，凡爲屯七，濬渠、建居、牛、籽諸費，亦官爲補助。八年，選庫倫土著於圖什、車臣西部落學試屯墾，從喜昌請也。當蒙古生息寖盛時，於地之不妨牧者墾之，曰牧地，又有租地、養贍地、香火地，皆自種自租。九年，山西巡撫張之洞言「豐、寧二廳、歸綏五廳，自招墾蒙荒而戶日蕃，所在餘荒，時亦畀無業佃民租種，其租所入，除例與蒙旗外，凡開地基本薪公歲耗彌補一切，皆取給其間，爲益匪細」。

二十一年，奉天將軍增祺請丈放各蒙荒，副都統壽山亦以爲言，而國子司業黃思永請墾內蒙伊克昭、烏蘭察布二盟牧地，盟長有謂妨其生業者，未克實施。是時晉邊之豐鎭、寧遠墾民積數萬戶，而扎賚特、杜爾伯特、郭爾羅斯陸續報墾，人爭趣之。察哈爾旗牧及草地雖禁私開，然自咸豐中馬廠弛禁，至近歲越占紛紜，客戶旗丁，訟不勝詰。二十四年，都統祥麟因言「欲蒙地無私墾，必嚴科罪，欲蒙員無私放，必懲奸商」。

二十八年，命侍郎貽穀督墾務，籌察哈爾事，陳擴充變通數端，大旨主「淸舊墾，招新墾。蒙旗生計在耕不在牧。蒙古於地租，或抵償，或私肥，或一地數主，抑且數租，黠商乘間包攬。宜由各旗總管詳晰呈明，交地開放，悉汰從前地戶商總等名，設墾務公司於兩翼，各旗先後試辦，各盟旗順令卽奬，抗延卽罰」。於是伊克昭盟郡王等旗，及準噶爾，以次報地。杭錦、烏審頗反覆，烏蘭察布亦懷疑，已皆赴議。綏遠已墾未墾地畝，在乾隆初卽無確數，迄今八旗牧廠，地雜沙石，中墾者希，民情觀望。乃建議自將軍以下俱指認地畝，爲商民導。旋以財用不足，創牛捐，並推廣屯捐繼之。凡丈蒙地，五尺爲弓，二百四十弓爲畝，百畝爲頃，頃編爲號。察哈爾兩翼，則畝以三百六十弓，編號以五頃。札薩克圖畝則二百八十八弓，十畝爲晌，四十五晌爲方。凡蒙旗荒價，半歸國家，半歸蒙旗。其歸蒙者，自王、公、台吉至于壯丁、喇嘛，釐其等差，各有當得之數。凡地額設者爲排地，向免押租。生地畝收押租三錢三分，滋生地倍之。貽穀以恤蒙艱，故畝收押荒二錢外，僅加一錢，局用取其六，本旗取其四。杭錦在後套近渠水地，押荒上地畝八錢，中七錢，下六錢。又言租數多則累民，少則累蒙，此旗與彼旗難强同，外蒙與內蒙不一例，因定烏審、札薩克、郡王三旗荒價，上則三錢，中二錢，下一錢。鄂托克、準噶爾兩旗地區四等，別立中下一則，鄂旗上則四錢，準旗上則六錢，中四錢，以下均差減。烏蘭盟四子王、達爾罕、茂明安及烏拉特後旗皆旱地，悉如向章。

三十四年，文哲琿訐貽穀敗壞邊局，查辦大臣鹿傳霖論其辦墾有二誤四罪，因策善後四事，謂「荒價及繩丈從寬，則丈放易，欲多收地價，則應先儘原佃承耕，減歲租而加渠租，以其租充渠費，渠增卽地增，地增卽租增，久之斥鹵皆腴壤矣」。貽穀旣逮繫，信勤繼之。減杭錦荒價，上地頃九十兩，其次遞減以五，最下七十兩。分烏拉特地爲東、西、中三公。旱地押荒分六等，上地頃百四十兩，次百，中七十，中次四十，下二十，下下十兩。先提公費三成，其餘半蒙半公，胥如例。其歸蒙地租亦四等，渠地畝歲徵渠租四分五釐。

科布多及烏蘭古木試行屯墾，肇自康熙末年。時參贊連魁陳辦科屬新政，謂「烏蘭古木、巴雅特均科屬杜爾伯特牧地，宜廣營墾。科布多屬雖積沙漠，而札哈沁旗、明阿特左右翼各旗及厄魯特旗，各臨其所屬河泊，沿河田陌可耕者多，興墾實邊，於是乎在」。廷議允行。若烏梁海屬布倫托海蒙地，自同治時開屯，頒帑金十萬。嗣李雲霖以操切激兵變，墾事中停。至是修渠告成，以上渠屯兵併合下渠，從其便也。阿爾泰旗高寒稀雨澤，僅成官屯四、民屯一云。札薩克圖王公旗荒，每晌上等四兩四錢，中二兩四，下一兩四，均收一五經費。凡依次領地，熟地百晌，須兼生荒二百晌。王旗至十一年放竣，都六十二萬五千餘晌。其明年，續放旗界山餘各荒，設洮南屬縣二。公旗自招之戶曰紅戶，台吉壯丁等私招者曰黑戶。洮南沿荒段放齊後，河北荒段，至宣統元年，共丈十九萬四千餘晌。圖什業圖蒙荒，亦仿札薩克圖成案。

熱河蒙荒，喀喇沁東旗已成良沃，敖漢半磽确，巴林較富。都統廷杰建言八事，以漸興舉。其蒙旗荒之隸奉屬者，約放八萬九千餘晌，而昭烏達盟阿魯科爾沁、東西扎魯特三旗可耕地，共八千頃，上則頃收價七十兩，中五十，下三十。扎賚特蒙旗新舊放荒綜六七萬晌，置大賚廳，捆出本旗蒙屯四十七所，外旗五十九所，近地餘荒，晌收押租一兩四錢。時復丈科爾沁公旗地二十四萬一千四百餘晌，郭爾羅斯後旗沿江地荒而實腴，晌加收公費三十兩，蒙地及學務各半之。及是開放無餘。翌年，城甸餘荒亦畢放。長春本前旗蒙地，凡四十一萬九千餘晌。宣統二年，復放新荒，以公費資辦府屬審判，拓荒務以裨新政。更定巴林荒價，上則頃七十兩，中五十，下三十。達爾汗王旗釆哈新甸荒地分三則，上則晌六兩，中四兩，下二兩。二共放實荒六萬二百餘晌。三年，復放達爾罕洮、遼站荒，備置驛通道焉。

青海向爲蒙、番牧藪，久禁漢、回墾田，而壤沃宜耕者不少。曩年羹堯定議開屯，發北五省徒人能種地往布隆吉爾興墾。最後慶恕主其事，以番族雜居，與純全蒙地殊異，極陳可慮者五端。嗣又勸導蒙、番各族交地，以資拓殖，無論遠近漢民皆得領，惟杜絕回族，以遏亂萌。於是開局放荒，黃河以南出荒萬餘畝，迤北至五萬餘畝。又慮其反覆也，募實兵額，分留以鎮讋之。番地僻，山峻且寒，僅燕麥菜籽，雖歲穰，畝收不過升四五，課務取輕，以次推行。近地始自光、宣之際，議墾荒尤亟，以物力之不易，而大舉之無時，冀其地無棄利，人靡餘力，蓋猶有待焉。

清丈蘆洲田畝，前允行之九江濱江蘆地，原定下則起科，是後蘆洲徵糧，普令以一分以下爲率。奉天廣寧一帶蕩田墾殖舊矣，嗣以將軍弘晌言，開鶴、鷹二河蕩田三十八萬二千餘頃，令三年後升科，五年後丈量。而牛莊等處葦塘，近年河徙荒出，葦商大半匿墾，往往召爭，先後訂變通章程，迥別於故荒舊例。尋又丈放鳳凰、岫巖、安東葦塘約十餘萬畝，按地編號，具魚鱗圖册，事在光緒末年。江南葦營草地，向由大河衞子領墾納租，而江北則置樵兵備河務，左右兩營，當海州、阜寧間，共地八千五百餘頃，而續涸新漲不與焉。自河道改而樵兵虛設。宣統時部議裁汰，改爲放荒，任人入貲承業云。

自光緒中葉，御史曾忠彥疏請振興農學，特立農工商部，專其職司。數詔天下長吏，講求釐剔荒產，以爲振興之資。宣統初，部上農林推廣二十二事，始於籌欵辦荒，而坦區宜闢田，山隴畸零邊地宜林木，責所司各於其境測驗氣候土性，表之圖之，荒價之免否，升科之緩急，分等釐別，而以考覈官吏編報成績，以行其懲勸。復訂種樹行水奬掖專例。洎乎革命勢成，事之未畢舉者，正復不少也。

曰營田水利。聖祖時，墾天津荒地萬畝爲水田。世宗於灤、薊創營田，設營田水利府，命怡親王董其事。王與大學士朱軾彙上事例四端。尋於天津等屬分立營田四局，領以專官。因地勢濬流築圩，建閘開渠，民人願耕者，官給工本，募江、浙老農，予月餼，教耕穫，翌年，得熟田百五十餘頃。至雍正七年，營成水田六千頃餘，雖糜帑不貲，而行之有驗，惜功未竟，後漸廢弛。獨磁州溝洫如故，歲常豐稔。

高宗飭直督李衞修治水田，復遣大理卿汪漋總江南水利工務，南北並營。已而高斌言桑乾河兩岸可開大渠，引水治稻田，從之。嘉慶之季，命方受疇經畫直省水利，兼戒魯、晉、豫亦於其境各籌所施。顧猶有言直隸難舉水田者。百年以來，李光地、陸隴其、朱軾等皆詳言直隸水田利益，林則徐擬開近畿水田疏尤切至。財紬議沮，迄未暢行。自後僧格林沁在大沽口屬捐興水利，得稻田四千二百餘畝，崇厚繼之，頻年勸墾鹽水沽亦頗效。其後周盛傳鎭天津，修水利，成稻田六萬餘頃，土潤穫饒，至今利之。

同治時，陝西西安、同州等屬設局釐荒產，興營田。洎光緒中，次第招墾至三萬四千餘畝，改局爲所，州縣領理之。時直屬營田半荒棄，三晉洊災，臺臣夏獻馨、唐樹楠、彭世昌、劉瑞祺等先後疏言水利，華煇亦陳八事。直督王文韶謂「輕租價以恤民艱，疏溝渠以利水道，則樂墾者多」，因是天津營田徵租至四萬九百餘畝。山東巡撫張汝梅亦請疏河道，濬溝渠，以興水利爲農政本源；陝甘總督升允則請於陝西募水利新軍左右兩旗，將來撥歸屯所，授地使耕，藉廣屯政。其後奉天以東西遼河、大凌河諸川無涓滴水利，亦奏定采內地引渠灌地諸法，先就小河枝水鑿渠試辦焉。

清史稿卷一百二十一

志九十六

食貨二

賦役　倉庫

賦役　一曰賦則。清初入關，首除明季加派三餉。時賦稅圖籍多爲流寇所毁。順治三年，諭戶部稽覈錢糧原額，彙爲賦役全書，悉復明萬曆間之舊。計天下財賦，惟江南、浙江、江西爲重，三省中尤以蘇、松、嘉、湖諸府爲最。六年，戶科右給事中董篤行請頒行易知由單。八年，世祖親政，分命御史巡行各省，察民間利病。蘇松巡按秦世楨條奏八事：曰，田地令業主自丈，明註印册；曰，額定錢糧，俱塡易知由單，設有增減，另給小單，以免奸胥藉口；曰，由單詳開總散數目，花戶姓名，以便磨對；曰，設立滾單，以次追比；曰，收糧聽里戶自納簿櫃，加鈐司府印信；曰，解放先急後緩，勒限掣銷；曰，民差查田均派，與排門册對驗；曰，備用銀兩，不得額外透支，徵解銀册，布政司按季提取，年終報部。自後錢糧積弊，釐剔漸清。

十一年，命右侍郎王宏祚訂正賦役全書，先列地丁原額，次荒亡，次實徵，次起運存留。起運分別部寺倉口，存留詳列欵項細數。其新墾地畝，招徠人丁，續入册尾。每州縣發二本，一存有司，一存學宮。賦稅册籍，有丈量册，又稱魚鱗册，詳載上中下田則。有黃册，歲記戶口登耗，與賦役全書相表裏。有赤曆，令百姓自登納數，上之布政司，歲終磨對。有會計册，備載州縣正項本折錢糧，註明解部年月。復採用明萬曆一條鞭法。一條鞭者，以府、州、縣一歲中夏稅秋糧存留起運之額，均徭里甲土貢雇募加銀之額，通爲一條，總徵而均支之。至運輸給募，皆官爲支撥，而民不與焉。頒易知由單於各花戶。由單之式，每州縣開列上中下則，正雜本折錢糧，末綴總數，於開徵一月前頒之。又佐以截票、印簿、循環簿及糧册、奏銷册。截票者，列地丁錢糧實數，分爲十限，月完一分，完則截之，鈐印於票面，就印字中分，官民各執其半，卽所謂串票也。印簿者，由布政司頒發，令州縣納戶親塡入簿，季冬繳司報部。循環簿者，照賦役全書欵項，以緩急判其先後，按月循環徵收。糧册者，造各區納戶花名細數，與一甲總額相符。奏銷册者，合通省錢糧完欠支解存留之欵，彙造清册，歲終報部核銷。定制可謂周且悉矣。

十五年，江西御史許之漸言：「財賦大害，莫如蠹役，官以參罰去，而此蠹役盤踞如故。請飭撫按清查，甚者處以極刑，庶積弊可冀廓清。」工科給事中史彪古請嚴禁正供外加派，並將申飭私派之旨刊入易知由單，俾民共曉。帝以所奏皆切中時弊，下所司詳議以聞。

聖祖卽位，嚴申州縣官隱匿地畝、不納錢糧、捏報新墾之禁，更定州縣催徵議敍經徵督催各官處分。其州縣官挪用正欵、捏稱民欠，及加派私徵者，罪之。帝以由單欵項繁多，民不易曉，命將上中下等則地每畝應徵銀米實數列單內；由單報部，違限八月者，罪州縣衞所及轉報官。給事中姚文然上言：「災荒蠲免，有收完在前奉令在後者，以本年應蠲錢糧抵次年應納正賦，名曰流抵，自應載入由單，俾人沾實惠。但部題定額由單，於上年十一月頒發州縣，磨算編造，必在九十月間，而各省題報災傷，夏災以六月，秋災以九月，部中行查覆奏，咨行撫臣，飭知地方官吏，輾轉需時，計已在頒發由單之後，其勢無由塡入。應請於流抵之下年塡入由單，以杜其弊。」下部議行。

直省徵收錢糧，夏稅於五六月，秋糧於九十月，其報部之數，責成各司於奏銷時詳加磨勘，按年送京畿道刷卷。自世祖定賦稅之制，正雜欵繁多，咨題違錯，駁令查覆，印官卽借部駁之名，擅行私派；其正賦錢糧本有定額，地方官吏遇有別項需用，輒令設法，實與加派無二。至是下令嚴禁，罷州縣欠糧、留任候代、完全開復之制。七年，以夏稅秋糧定限稍遲，恐誤協餉，仍復舊制，州縣開徵後，隨收隨解。凡各省地丁錢糧，巡撫於歲終奏銷，詳列通省錢糧起運存留、撥充兵餉、辦買顏料及餘賸之數，造册具報。其黃册、會計册繁費無益，悉罷之。十五年，嚴定官民隱田罪例。官吏查出隱田，分別議敍。人民舉首隱地逾十頃者，卽以其地與之。

十八年，令州縣每歲將日收錢糧流水簿解司磨對，罷赤曆。自順治間訂正賦役全書，至是二十餘年，戶口土田，視昔有加，按戶增徭，因地加賦，條目紛繁，易於淆混。二十四年，下令重修，止載起運存留漕項河工等切要欵目，删去絲秒以下尾數，名曰簡明賦役全書。二十六年書成。廷議以舊書遵行已久，歷年增減地丁銀米，俱有奏銷册籍可稽，新書遂罷頒行。是歲諭各省悉免刊刻由單，以杜派費擾民之弊。

二十八年，令各省巡撫於每年奏銷時，盤查司庫錢糧。先是各州縣催徵用二聯串票，官民分執，不肖有司句結姦胥，以已完作未完，多徵作少徵，弊竇日滋。至是議行三聯串票，一存有司，一付役應比，一付民執照。其後更刊四聯串票，一送府，一存根，一給花戶，一於完糧時令花戶別投一櫃以銷欠。未幾，仍復三聯串票之制。各省紳衿本有優免丁銀之例，而豪强土著，往往詭寄濫免，更有紳衿包攬錢糧耗羨，盡入私橐，官民交累。有詔，詭寄地畝，悉退還業戶。三十年，以由單既停，令直省州縣衞所照賦役全書科則輸納數目，勒石署門外。復諭民間隱匿地畝，限兩年內自首，尋又展限兩年。諭福建清丈沿海地畝，釐定疆界，湖南幅員遼闊，先飭民人自行丈量，官府再事抽丈，隱漏者罪之。

時徵收錢糧，官吏往往私行科派，其名不一。闔邑通里共攤同出者，名曰軟擡，各里各甲輪流獨當者，名曰硬駝，於是設滾單以杜其弊。其法於每里之中，或五戶或十戶一單，於某名下註明田地若干、銀米若干、春秋應各完若干，分爲十限，發與甲首，依次滾催，自封投櫃。一限既定，二限又依次滾催，其有停擱不完不繳者嚴懲，民以爲便。浙江、湖北、山東諸省匠班銀，均歸入地丁徵收。四十五年，九江府丈出濱江蘆洲地畝三千餘頃，均按下則起科。

五十一年，四川巡撫年羹堯上言：「四川錢糧原額百六十一萬兩有奇，現僅徵及十分之一，宜立勸懲法，五年內增及原額之四五者准升，不及二分停升，不及一分降調，無增者褫其職。」御史段曦上疏駁之，略言：「川省自經明季兵燹，地廣人稀。我朝勘定之後，雖叠次清查，增報僅及原額十分之一。近日撫臣加意催查，增至二萬六千餘兩。今欲五年內增及原額十之二或十之四五，是增現糧三四倍也。賢能之吏，必罹不及分數之參處，不肖者抑勒首報，滋擾無窮。請川省隱漏錢糧，徹底淸查，不必另立勸懲之法。」從之。五十九年，諭：「嗣後各州縣錢糧，隨徵隨解。若州縣批解後，而布政司抵充雜派，扣批不發，許州縣逕申督撫。」次年，又令各督撫將倉糧虧空，限三年補完。

聖祖在位六十年，政事務爲寬大。不肖官吏，恆恃包荒，任意虧欠，上官亦曲相容隱，勒限追補，視爲故事。世宗在儲宮時，即深悉其弊。即位後，諭戶部、工部，嗣後奏銷錢糧米石物價工料，必詳查覈實，造册具奏。以少作多、以賤作貴、數目不符、覈估不實者，治罪。並令各督撫嚴行稽查所屬虧空錢糧，限三年補足，毋得藉端掩飾，苛派民間。限滿不完，從重治罪。瀕江沿海地，定例十年一清丈。雍正元年，諭令隨時淸查，坍者豁免，漲者升科。

二年，以山西巡撫諾敏、布政使高成齡請提解火耗歸公，分給官吏養廉及其他公用。火耗者，加於錢糧正額之外。蓋因本色折銀，鎔銷不無折耗，而解送往返，在在需費，州縣徵收，不得不稍取盈以補折耗之數，重者數錢，輕者錢餘。行之既久，州縣重斂於民，上司苛索州縣，一遇公事，加派私徵，名色繁多，又不止於重耗而已。康熙季年，陝甘總督年羹堯請酌留秦省火耗充各官用度，餘者捐出彌補虧空，聖祖不許。至是諾敏等復以爲言。詔從其請。諾敏又請限定分數。帝以「酌定分數，則將來竟成定例，必致有增無減。今耗羨與正項同解，州縣皆知重耗無利於己，孰肯加徵？若將應得之數扣存，勢必額外取盈，浮於應得之數」。於是定爲官給養廉之制。河南巡撫石文焯請將捐穀耗羨充公，帝曰：「耗羨存庫，所以備地方公用也。國家經費，自有常額，豈可以耗羨牽入正項，致滋另取挪移諸弊乎！」又諭戶部曰：「州縣虧空錢糧，有闔屬百姓代償者，名曰樂捐，實無異强派，應飭禁止。」

蘇、松浮糧多於他省，詔蠲免蘇州額徵銀三十萬，松江十五萬，永著爲例。江蘇巡撫張楷疏言：「江蘇每年額賦，除蠲免浮糧外，應實徵銀三百五十萬有奇。歷年積欠八百八十一萬有奇，計已逹千二百餘萬。竭小民一歲所獲，勢難全完。現籌徵收之法，本年新糧，責令全完，舊欠匀作十分，自明年始，年徵其一，十年而畢，每歲奏銷時，另册造報。嘉定一縣積欠至百四十餘萬，請匀作十五分分徵，上海、崑山、常熟、華亭、宜興、吳江、武進、婁、長洲九縣皆積至四十萬，應匀作十二分分徵，以紓民力。」帝深納之。

各省中賦稅繁重，蘇、松而外，以浙江嘉、湖二府爲最。五年，詔減十之一，共銀八萬餘兩。又命浙省南、秋等米，每年額徵作十分覈算，别爲一本題銷，如完解不全，罪承督各官。各省錢糧完欠細數，官吏多不宣示，胥吏因緣爲奸，虧空拖欠，視爲故常。詔各督、撫、布政飭州縣官每年將各鄉里完欠之數，呈送覆覈，張貼本里，俾民周知。如有中飽，許人民執串票具控。其分年帶徵之項，亦應將花戶每年應完之數，詳列榜示，俾不得額外溢徵。七年，蠲浙江額賦十之三，共十萬兩。其江蘇逋賦，自壬子年始，侵蝕包攬之項，分十年帶徵。實在民欠之項，分二十年帶徵。本年完納之項若干，次年即依其數蠲免額徵之糧。如額外多完，次年亦按多完之數蠲免。

十一年，安徽巡撫徐本條陳徵糧事宜：一，州縣徵收糧櫃，請逕用州縣封條；二，花戶完糧，宜仍用三聯串票；三，小民零星錢糧，一錢以下者，許其變通完納制錢。許之。十二年，修賦役全書。凡額徵地丁錢糧商牙課稅內，應支官役俸工驛站料價，以及應解本折絹布顏料銀硃銅錫茶蠟等項，分晰原額新徵總散之數，務爲精覈。自後十年修輯一次。

江南、湖廣等省，蘆洲坍漲靡定，定制五年一清丈，不肖官吏，恆藉以納賄舞弊。乾隆元年，下詔清查。又禁各省虛報開墾。大學士朱軾請禁民間田地丈量首報。御史蔣炳奏州縣徵糧三弊：一，田畝科則不同，請每年照部頒定額，覈明刊示；一，州縣拆封如有短平，即於袋面註明數目，令花戶自行補交；一，州縣設立官匠，傾銷銀兩，勒索包完，侵漁重利，嗣後淮花戶隨處傾銷，官匠永行禁革。皆從之。諭改減江南、浙江白糧十二萬石，免蘇、松浮糧額銀二十萬石。

自山西提解火耗後，各直省次第舉行。其後又酌定分數，各省文職養廉二百八十餘萬兩，及各項公費，悉取諸此。及帝卽位，廷臣多言其不便。帝亦慮多取累民，臨軒試士，卽以此發問，復令廷臣及督撫各抒所見。大學士鄂爾泰、刑部侍郎錢陳羣、湖廣總督孫家淦皆言：「耗羨之制，行之已久，徵收有定，官吏不敢多取，計已定之數，與未定以前相較，尚不逮其半，是迹近加賦而實減徵也。且火耗歸公，一切陋習悉皆革除，上官無勒索之弊，州縣無科派之端，小民無重耗之累，法良意美，可以垂諸久遠。」御史趙青藜亦言：「耗羨歸公，裒多益寡，寬一分則受一分之賜。且既存耗羨之名，自不得求多於正額之外，請無庸輕議變更。」惟御史柴潮生以爲耗羨乃今日大弊。詔從鄂爾泰諸臣議。先是各省解京餉銀，有隨平陋規。雍正初，曾有詔禁止。嗣因清查部庫虧空二百五十餘萬，怡親王議以京餉平餘彌補，每餉銀千兩，收平餘二十五兩，俱於耗羨內動支起解，較從前陋規減省已多。尋以彌補足額，減收其半。至是停止解部，存儲司庫，以充本省賑濟荒災及裨益民生之舉。自明以來，江南歲額錢糧地丁漕項蘆課雜稅之外，復有所謂雜辦者，款目甚多，彙入地丁分數奏銷。逮編賦役全書，止載應解之欵，未列雜辦原委。至是乃妥定章程，以杜浮收，其實在缺額有累官民者豁免之，禁州縣徵糧浮收零尾。

十二年，大學士訥親等議江蘇錢糧拖欠至二百餘萬，不免吏役侵蝕，酌定自首減免之條。復諭黃廷桂等釐剔江蘇催徵諸弊。各省積欠錢糧，歲終奏報，然必待次歲五月奏銷，方能定完欠實數。諭：「嗣後各省每年完欠錢糧，隨奏銷時覈實具奏，毋庸循歲終奏聞之例。」二十二年，免江南乾隆十年以前積欠漕項銀米地價耗羨。江蘇巡撫陳宏謀奏：「江蘇錢糧積年未能歸款，由於州縣案卷，任書承攜貯私室，以致殘缺無由查考，應嚴飭各州縣將卷宗黏連蓋印，妥存署中。至江省用欵繁多，州縣不免借墊，嗣後仍令隨時詳請抵兌。逾四月不詳報，數達五百兩以上者，參處；遲至一年，並府州題參。」均如所議行。

三十年，諭：「奏銷册前列山地田蕩版荒新墾，次列三門九則額徵本折地丁起解存留，至爲明晰。令嗣後刊刻賦役全書，以奏銷條欵爲式，止將十年內新坍新墾者添註，其瑣碎不經名目，概删除之。」戶部議定各省徵收錢糧，及一切奏銷支放等事。凡銀悉以釐爲斷，不及釐者，折衷歸減。米糧以勺爲斷，奇零在五秒以上者作爲一勺，不及五秒者删除。搭放俸餉制錢以一文爲止，而册內有絲毫忽微虛數，一併删除。至各州縣衞所應徵銀兩，統令於由總單數下將奇零歸減，其單內前列細數，仍存其舊，期與賦役全書、魚鱗册數相符。三十三年，諭直省勳田，令民戶首報，一體輸納。

三十六年，以比歲蠲免天下錢糧，民力饒裕，令各督撫値輸免之年，將緩帶款項，務催徵完納，毋致次年有新舊同徵之累。四十七年，御史鄭澂請令督撫清查倉庫，如有虧缺，本員治罪償補，督撫從重議處，並加倍分賠。仍令各州縣將倉庫實貯之數，三月彙報，督撫隨時督覈。山東州縣恆多虧挪倉庫之弊，並有本無虧短，於離任時假捏虧數，私立欠約，移交後任，以爲肥橐之計者。請飭下各督撫，查有前任虧缺、後任有欠約可憑者，除責成後任彌補外，仍令前任照數追繳入官，以杜短交濫接之弊。帝嘉納之。嘉慶初，復令各督撫於地方官交代，如限內未能交清，應將該員截留，俟款項交清，方准赴任回籍，並禁止私立議單。自是以後，禁網益密矣。御史彭希洛奏各省錢糧多有浮收之弊。諭嗣後各督撫務於開徵前，按時價覈實換銀上庫之數，榜示通衢，納銀折錢，聽民自便。

時各省地方官吏，於應徵錢糧，往往挪移新舊，以徵作欠，自三四年以來，積欠至兩千餘萬。有詔將各省歷年積欠，在民在官，一體清查，或留貯，或撥解，違者罪之。戶部奏：「近五年各省耗羨盈餘內借欵，請責成督撫查明補歸原欵，並將動支耗羨之欵酌量删減，其各項存貯閒款，並詳列以聞。」直隸清查各屬歷年虧短數達巨萬。安徽倉庫虧缺各項銀百八十餘萬。帝諭新虧各員，自本年始，限四年完繳舊虧。未完者，每年酌扣司道府州縣養廉九五成存庫歸款。部奏直隸等十五省，除緩徵帶徵，其未完地丁餘尙有八百七十餘萬，而十二年分又續增未完地丁銀二百九十餘萬。帝以上官於經徵之員，參限將滿，卽設法調署，俾接署者另行起限，州縣藉是規避。令嗣後州縣調署，須先查任內果無應徵未完錢糧，咨部覈明，毋得於參限屆滿時，違例調署。給事中趙佩湘奏：「各省虧空，輾轉清查，多致懸宕，請嚴行飭禁。」先是直隸因州縣虧欠倉庫，密令大吏清查，分別追賠。其後各省援例，請立局清查，挪新掩舊，弊竇潛滋，甚有借名彌補，暗肆朘削者，故佩湘以爲言。帝諭直隸三次清查案內未完各款，分期勒令歸補，逾限不完者，卽責成所管上司攤賠，自後永罷清查，有瀆請者罪之。

十七年，戶部綜計各省積欠錢糧及耗羨雜稅之數，安徽、山東各四百餘萬，江寧、江蘇各二百餘萬，福建、直隸、廣東、浙江、江西、甘肅、河南、陝西、湖南、湖北積欠百餘萬、數十萬、數萬不等。帝以大吏督徵不力，切責之，並令戶部於歲終將各省原欠已完未完各數，詳列以聞。各省逋賦，以江蘇爲最多。巡撫朱理奏酌定追補之制，分年補完，杜絕新虧。然屬員掩視拖延如故。直隸自二年至十八年，積欠銀三百四十餘萬，米糧等項十四萬餘石。總督那彥成疏請酌予蠲免，詔嚴行申飭。山東州縣虧欠新舊六百餘萬兩，一縣有虧至六萬餘兩。乃嚴定科條，虧缺萬兩者斬監候，二萬以上者斬決。所虧之數，勒限監追，限內全完貸死，仍永不敍用，逾限不完斬無赦。

御史葉中萬請清釐藩庫借款，胡承珙請整頓直隸虧空諸弊。時各省藩庫，因州縣有急需，往往濫行借欵，日久未歸，展轉挪扺，弊混叢生。而攤捐津貼，名目日增，州縣派累繁多，辦事竭蹶，虧欠正項勢所必然，雖嚴刑峻法不能禁也。當乾隆之季，天下承平，庶務充阜，部庫帑項，積至七千餘萬。嘉慶中，川楚用兵，黃河泛濫，大役頻興，費用不貲，而逋賦日增月積，倉庫所儲，亦漸耗矣。

道光二年，御史羅宸條陳直省解徵錢糧，請仿鹽引茶引法，防官吏侵蝕。帝以紛擾，不許。革州縣糧總、庫總，從御史余文銓請也。乾隆初，州縣徵收錢糧，尚少浮收之弊。其後諸弊叢生，初猶不過就斛面浮收，未幾，遂有折扣之法，每石折耗數升，漸增至五折六折，餘米竟收至二斗五升，小民病之。廷議八折徵收，以爲限制浮收之計。大學士湯金釗疏駁之。御史王家相亦言「八折之議，行之常、鎮、江、淮、揚、徐等府，或可嘗試；蘇、松糧重之地，窒礙孔多」。議遂寢。時東南財賦之區，半遭蹂躪。未被兵州縣，又苦貪吏浮收勒折，民怨沸騰，聚衆戕官之事屢起。州縣率以抗糧爲詞，藉掩其浮勒之咎。江蘇蘇、松等屬，每遇蠲緩，書吏等輒向業戶索錢，名曰賣荒。納錢者，雖豐收仍得緩徵；不納者，縱荒歉不獲查辦。詔並禁之。湖北漕務積弊已久，巡撫胡林翼疏請折漕革除規費，民間減錢百四十餘萬千文，國帑增銀四十餘萬兩，節省提存銀三十餘萬兩。詔褒美之。

軍興以後，四川等省，辦理借徵，以充兵餉。裕瑞奏請勸諭紳民，按糧津貼，罷借徵。英桂奏：「交納錢糧半銀半錢之制，而官取民仍以銀，每錢二千作銀一兩，耗銀無出。請於應入撥之地丁，准搭官票，不入撥之耗羨，仍徵實銀。」部臣以辦法兩歧，請依原章，正雜錢糧，一體搭交官票。然地方官吏仍收實銀，而以賤値之票交納藩庫，帝令嚴禁。

同治元年，清查直省錢糧。二年，兩江總督曾國藩、江蘇巡撫李鴻章疏言：「蘇、松、太浮賦，上溯之，則比元多三倍，比宋多七倍；旁證之，則比毘連之常州多三倍，比同省之鎮江等府多四五倍，比他省多一二十倍不等。其弊由於沿襲前代官田租額，而賦額遂不平也。國初以來，承平日久，海內殷富，爲曠古所罕有，故乾隆中年以後，辦全漕者數十年，無他，民富故也。至道光癸未大水，元氣頓耗，然猶勉强枝梧者十年。逮癸巳大水而後，無歲不荒，無縣不緩，以國家蠲減曠典，遂爲年例。部臣職在守法，自宜堅持不減之名，疆臣職在安民，不得不爲暗減之術。始行之者，前督臣陶澍、前撫臣林則徐也。又官墊民欠一款，不過移雜墊正，移緩墊急，移新墊舊，移銀墊米，以官中之錢完官中之糧，將來或豁免，或攤賠，同歸無着。故歷年糧册，必除去墊欠虛數，方得徵收實數。蘇屬全漕百六十萬，厥後遂積漸減損。道光辛卯以後十年，連除官墊民欠，得正額之七八；辛丑以後十年，除墊欠，得正額之五六；咸豐辛亥十年，除墊欠，僅得正額之四成而已。自粵逆竄陷蘇、常，焚燒殺掠，慘不可言。臣親歷新復州縣，市鎭丘墟，人煙寥落。已復如此，未復可知。而欲責以數倍他處之重賦，向來暴徵之吏，亦無骨可敲、無髓可吸矣。細核歷年糧數，咸豐十年中，百萬以上者僅一年，八十萬以上者六年，皆以官墊民欠十餘萬在其中，是最多之年，民完實數不過九十萬也。成案如是，民力如是。惟籲請准減蘇、松、太三屬糧額，以咸豐中較多之七年爲准，折衷定數，總期與舊額本經之常、鎭二屬通融覈計，著爲定額。卽以此後開徵之年爲始，永遠遵行，不准再有墊完民欠名目。嗣後非水旱亦不准捏災，俾去無益之空籍，求有着之實徵。至蘇、松漕糧核減後，必以革除大小戶名爲清釐浮收之原，以裁減陋規爲禁止浮收之委。」制可。先是太常卿潘祖蔭、御史丁壽昌交章言減賦事，皆下部議。覆奏准蘇、松減三之一，常、鎭減十之一。大抵蘇、松、太一畝之稅，最重者幾至二斗，輕者猶及一斗。列朝屢議覈減，率爲部議所格。雍正間，從怡親王請，免蘇、松兩府額徵銀。乾隆間，又減江蘇省浮糧，皆減銀而不及米。至是詔下，百姓莫不稱慶。

三年，從閩浙總督左宗棠請，諭紹興屬八縣六場，正雜錢糧，統照銀數徵解，革除一切攤捐及陋規，計減浮收錢二十二萬有奇，米三百六十餘石。寧波屬一廳五縣六場，減浮收錢十萬四千有奇，米八百餘石。四年，浙江巡撫馬新貽請豁減金華浮收錢十五萬餘串，米五百餘石，衢州錢十萬餘串，米六十餘石，嚴州錢六萬餘串，米六千餘石，洋銀八十餘元，米百餘石，從之。是年宗棠克湖州，疏言南漕浮收過多，請痛加裁汰。事下部議。覆奏杭、嘉、湖漕糧，請仿江蘇例，減原額三十分之八，並確查賦則，按輕重量爲覈減，所有浮收陋規，悉予裁汰。其南匠米石，無庸議減。計三府原額漕白、行月等米百萬餘石，按三十分之八，共減米二十六萬六千餘石。國藩請將蘇、松等屬地丁漕項一體酌減，不許。

自乾、嘉以來，州縣徵收錢糧，多私行折價，一石有折錢至二十千者。咸豐中，胡林翼始定核收漕糧，每石不得過六千錢。其後山東亦定每石收錢六千。江蘇定每石年內完者收四千五百，年外收五千。江西收錢三千四百。河南每石折銀三兩。安徽二兩二錢。漕糧浮收，其來已久。河運、海運，皆有津貼。嘉興一郡，徵漕一石，有津貼至七錢以上者。又徵收漕糧，例有漕餘，其數多寡不一，大抵視缺分肥瘠爲準。歷來本折並收，而折色浮收，較本色更重。自正額減折價定，遂漸少浮收之弊。

直隸、奉天多無糧之地，名曰黑地，或旗產日久迷失，或山隅海渙新墾之田。咸豐季年，寶鋆等查出昌平黑地四百四十餘頃，試辦升科。詔直隸總督、盛京將軍、順天、奉天各府尹一體辦理。同治初，令黑地業戶各赴所管官署呈報升科，許永遠爲業。御史陳儁奏：「直隸、奉天除昌平外，呈報升科者寥寥，蓋由地方官吏徵收入己，延不具報，甚有將報地人抑勒刑逼諸弊。」帝遣大臣分查。大學士倭仁疏陳黑地升科，州縣畏難苟安，請申明賞罰。其尋定州縣查出隱地逾二十頃優敍，升科地多者獎之；有徇隱匿墾、吏胥詐賕，以溺職論；其無賴假稱委員，恐嚇得贓，照例嚴懲。

德宗卽位之初，復新疆，籌海防，國用日增。戶部條陳整頓錢糧之策，略云：「溯自髮逆之平，垂二十年，正雜錢糧，期可漸復原額。乃考覈正雜賦稅額徵總數，歲計三千四百餘萬兩，實徵僅百四十五萬兩，賦稅虧額如此。財既不在國，又不在民，大率爲貪官墨吏所侵蝕。約而言之，其弊有五：一曰報荒不實，二曰報災不確，三曰捏作完欠，四曰徵存不解，五曰交代宕延。覈計近年賦稅短徵，以安徽及江蘇之江寧爲最，蘇州、江西次之，河南又次之。多者所收不及五分，少者亦虧一二分不等。請飭各督撫藩司認眞釐剔，以裕度支。」詔從其請。然終淸之世，諸弊卒未能盡革也。

二十年，中、日之戰，賠兵費二萬萬。二十六年，拳匪肇禍，復賠各國兵費四萬五千萬。其後練新軍，興教育，創巡警，需款尤多，大都就地自籌。四川因解賠款，而按糧津貼捐輸之外，又有賠款新捐。兩江、閩、浙、湖北、河南、陝西、新疆於丁漕例徵外，曰賠款捐，曰規復錢價，曰規復差徭，曰加收耗羨，名稱雖殊，實與加賦無大異也。

總計全國賦額，其可稽者：順治季年，歲徵銀二千一百五十餘萬兩，糧六百四十餘萬石；康熙中，歲徵銀二千四百四十餘萬兩，糧四百三十餘萬石；雍正初，歲徵銀二千六百三十餘萬兩，糧四百七十餘萬石；高宗末年，歲徵銀二千九百九十餘萬兩，糧八百三十餘萬石，爲極盛云。

一曰役法。初沿明舊制，計丁授役，三年一編審，嗣改爲五年。凡里百有十戶，推丁多者十人爲長，餘百戶爲十甲，甲十人。歲除里長一，管攝一里事。城中曰坊，近城曰廂，鄉里曰里。里長十人，輪流應徵，催辦錢糧，句攝公事，十年一周，以丁數多寡爲次，令催納各戶錢糧，不以差徭累之。編審之法，核實天下丁口，具載版籍。年六十以上開除，十六以上添註，丁增而賦隨之。有市民、鄉民、富民、佃民、客民之分。民丁外復有軍、匠、竈、屯、站、土丁名。

直省丁徭，有分三等九則者，有一條鞭徵者，有丁隨地派者，有丁隨丁派者。其後改隨地派，十居其七。都直省徭里銀三百餘萬兩，間徵米豆。其科則最輕者每丁科一分五釐，重至一兩有餘。山西有至四兩餘，鞏昌有至八九兩者。因地制宜，不必盡同也。三等九則之法，沿自前明，一條鞭亦同。其法將均徭均費等銀，不分銀力二差，俱以一條鞭從事。凡十甲丁糧，總於一里，各里丁糧，總於一州縣，而府，而布政司。通計一省丁糧，均派一省徭役，里甲與兩稅爲一。凡一州縣丁銀悉輸於官，官爲僉募，以充一歲之役，民不擾而事易集。役定內外各衙署額設吏役，以良民充之。吏典由各處僉撥，後改爲考取，或由召募投充。役以五年爲滿，不退者斥革。其府州縣額設祗候、禁子、弓兵，免雜派差役。又有快手、皂隸、門卒、庫子諸役，皆按額召募。額外濫充者謂之白役，白役有禁。然州縣事劇役繁，必藉其力，不能盡革也。又定州縣鋪司及弓兵之制，禁止私役。禁人民私充牙行、埠頭。

瀕河之地，例有夫役守護。順治四年，以御史佟鳳彩言，設直隸沿河隄夫。九年，河決封丘，起大名、東昌、兗州及河南丁夫數萬塞之。十二年，增給河夫工食。河工用民之例有二：曰僉派，曰召募。僉派皆按田起夫，召募則量給雇值。其後額設之夫，悉給工食，由僉派而召募，役民給値，較古制爲善矣。十七年，禁州縣私派里甲之弊。

康熙元年，令江南蘇、松兩府行均田均役法。戶科給事中柯聳言：「任土作賦，因田起差，此古今不易常法。但人戶消長不同，田畝盈縮亦異，所以定十年編審之法，役隨田轉，册因時更，富者無兔脫之弊，貧者無偏負之累。臣每見官役之侵漁，差徭之繁重，其源皆由於僉點不公，積弊未剔。查一縣田額若干，應審里長若干，每里十甲，每甲田若干，田多者獨充一名，田少者串充一名，其最零星者附於甲尾，名曰花戶，此定例也。各項差役，俱由里長挨甲充當，故力不勞而事易集。獨蘇、松兩府，名爲僉報殷實，竟不稽查田畝，有田已賣盡而報里役者，有田連阡陌全不應差者。年年小審，挪移脫換，叢弊多端。田歸不役之家，役累無田之戶，以致貧民竭骨難支，逃徙隔屬。今當大造之年，請飭撫臣通行兩府，按田起役，毋得憑空僉報，以滋賣富差貧之弊。其他花分子戶、詭寄優免、隔屬立戶、買充册書諸弊，宜嚴加禁革。」下部議行。六年，嚴禁江西提甲累民。提甲之說，在明曰提編，現年追比已完，復提次甲，責成備辦。廣信諸府，有連提數甲者，實與加派無二。以御史戈英言，罷之。

七年，定驛遞給夫例。凡有驛處，設夫役以供奔走，其額視路之衝僻爲衡，日給工食，皆入正賦編徵。此項人夫，大率募民充之，差役稍繁，莫不臨時添雇。水驛亦然。十二年，停河南僉派河夫，按畝徵銀，以抵雇値。十六年，河道總督靳輔上言：「河工興舉，向俱勒州縣派雇里民，用一費十。今兩河並舉，日需夫十餘萬，乃改僉派爲雇募，多方鼓舞，數月而工成。」大工用雇募自輔始。是年禁有司派罰百姓修築城垛。二十九年，以山東巡撫佛倫言，令直省紳衿田地與人民一律差徭。

五十一年，諭曰：「海宇承平日久，戶口日增，地未加廣，應以現在丁册定爲常額，自後所生人丁，不徵收錢糧，編審時，止將實數查明造報。」廷議：「五十年以後，謂之盛世滋生人丁，永不加賦。仍五歲一編審。」戶部議：「缺額人丁，以本戶新添者抵補；不足，以親戚丁多者補之；又不足，以同甲糧多之丁補之。」

雍正初，令各省將丁口之賦，攤入地畝輸納徵解，統謂之「地丁」。先是康熙季年，四川、廣東諸省已有行之者。至是准直隸巡撫李維鈞請，將丁銀隨地起徵，每地賦一兩，攤入丁銀二錢二釐，嗣後直省一體仿行。於是地賦一兩，福建攤丁銀五分二釐七毫至三錢一分二釐不等；山東攤一錢一分五釐；河南攤一分一釐七毫至二錢七釐不等；甘肅，河東攤一錢五分九釐三毫，河西攤一分六毫；江西攤一錢五釐六毫；廣西攤一錢三分六釐；湖北攤一錢二分九釐六毫；江蘇、安徽畝攤一釐一毫至二分二釐九毫不等；湖南地糧一石，徵一毫至八錢六分一釐不等。自後丁徭與地賦合而爲一，民納地丁之外，別無徭役矣。惟奉天、貴州以戶籍未定，仍丁地分徵。又山西陽曲等四十二州縣，亦另編丁銀。

二年，江西巡撫裴䘐度奏裁里長。時廷臣有言大小衙署，遇有公事需用物件，恣行科派，總甲串通奸胥，從中漁利；凡工作匠役，皆設立總甲，派定當官，以次輪轉；又設貼差名目，不願赴官者，勒令出銀，大爲民害。詔並禁止。然日久玩生，滋擾益甚。乾隆元年，復有詔申禁。又諭各處歲修工程，如直隸、山東運河，江南海塘，四川隄堰，河南沁河、孟縣小金隄等工，向皆於民田按畝派捐，經管里甲，不無苛索，嗣後永行停止。凡有工作，悉動用帑金。十年，川陝總督慶復奏興修各屬城垣，請令州縣捐廉，共襄其事。帝曰：「各官養廉，未必有餘，名爲幫修，實派之百姓，其弊更大。」不許。乃定各省城工千兩以下者，分年修補，土方小工，酌用民力，餘於公項下支修。二十二年，更定江西修隄力役之法。凡修築土隄，闔邑共攤，夫從糧徵，聽官按隄攤分，募夫修築。從巡撫胡寶瑔請也。二十五年，御史丁田樹言：「自丁糧歸於地畝，凡有差徭及軍需，必按程給價，無所謂力役之征。近者州縣於上官迎送，同僚往來，輒封拏車船，姦役藉票勒派，所發官價，不及時價之半，而守候回空，概置不問，以致商旅裹足，物價騰踊。嗣後非承辦大差，及委運官物，毋得濫發官價，出票封拏，違者從重參處。」得旨允行。三十二年，以用兵緬甸，經過各地，夫馬運送，頗資民力，特頒帑銀，每省十萬，分給人民。

田賦職役，本有經制，大率東南諸省，賦重而役輕，西北賦輕而役重。直隸力役之征，有按牛驢派者，有按村莊派者，有按牌甲戶口科者，間亦有按地畝者。然富者地多可以隱匿，貧者分釐必科，雜亂無章，偏枯不公。其尤甚者，莫如紳民兩歧。有紳辦三而民辦七者，有紳不辦而民獨辦者，小民困苦流離，無可告訴。時有議仿攤丁於地之例，減差均徭，每畝一分，無論紳民，按地均攤。直隸總督顏檢力言其不可，並謂：「如議者所言，每地一畝，攤徵差銀一分，其意在藉賦以收減差之實效，不知適藉差而添加賦之虛名，累官病民，弊仍不免。」疏入，議遂寢。

咸豐時，粵西役起，征調不時，不得不藉民力。糧銀一兩，派差銀數倍不等。事定，差徭繁重如故，且錢糧或有蠲緩，差銀則歉歲仍徵。

光緒四年，山西巡撫曾國荃疏陳晉省瘡痍難復，請均減差徭以舒民困，其略曰：「晉省右輔畿疆，西通秦、蜀，軍差、餉差、藏差，絡繹於道，州縣供億之煩，幾於日不暇給。車馬既資之民間，役夫亦責之里甲。而各屬辦理不同。有闔邑里甲通年攤認者，資衆力以應役，法尚公允。有分里分甲限年輪認者，初年攤之一甲一里，次年攤之二甲二里，各年差徭多寡不等，卽里甲認派苦樂不均。豪猾者恃有甲倒累甲、戶倒累戶之弊，將其地重價出售，而以空言自認其糧。三五年後，乘間潛逃，於是本甲既代賠無主之糧，又代認無主之差，貽害無窮。計惟減差均徭，尙堪略爲補救。除大差持傳單勘合，循例支應，其他概不得藉端苛派。如有擅索車馬者，治以應得之罪。」從之。五年，閻敬銘復條陳八事：一，裁減例差借差；二，由臬司發給車馬印票；三，喇嘛來往，須有定班；四，奉使辦事大臣，宜禁濫索；五，嚴除衙蠹地痞；六，令民間折交流差錢，由衙門自辦；七，嚴查驛馬足額備用；八，本省征防各兵，給予長車，由營自辦。下所司議行。八年，張之洞任山西巡撫，復言：「晉省虐民之政，不在賦斂而在差徭。向例每縣所派差錢，大縣制錢五六萬緡，小縣亦萬緡不等，按糧攤派，官吏朋分，衝途州縣，設立車櫃，追集四鄉牲畜，拘留過客車馬，或長年抽收，或臨時勒價，居者行者均受其患。現擬籌款生息，官設差局，嚴定應差章程，禁止差員濫支。」車櫃陋習遂革。

先是先代陵墓，皆設陵戶司巡查灑掃，例免差徭。又各先賢祠宇，凡有祭田，皆免其丁糧。軍民年七十以上者，許一子侍養，免其雜泛差役。

順治二年，免直省京班匠價，並除其匠籍。定紳衿優免例，內官一品免糧三十石、丁三十，二品免糧二十四石、丁二十四，其下以次遞減；外任官減其半。十四年，部議優免丁徭，本身爲止。雍正四年，四川巡撫羅殷泰言，川省各屬，以糧載丁，請將紳衿貢監優免之例禁革。部議駁之。復下九卿議，定紳衿止免本身；其子孫族戶冒濫，及私立儒戶官戶者，罪之。乾隆元年，申舉貢生監免派雜差之令。三十七年，停編審造册。時丁銀既攤入地糧，而續生人丁又不加賦，五年編審，不過沿襲虛文，無裨實政，至是因李瀚言，遂罷之。翌年，陳輝祖請將民屯新墾丁銀隨年攤徵。帝以所奏與小民較及錙銖，非惠下卹民之道，諭嗣後各省辦理丁糧，悉仍舊制，毋得輕議更張。

一曰蠲免賦稅。蠲免之制有二：曰恩蠲，曰災蠲。恩蠲者，遇國家慶典，或巡幸，或用兵，輒蠲其田賦。

世祖入關，首免都城居民被兵者賦役三年。順治二年，以山西初復，免本年田租之半。三年，收江南，免漕糧三之一。八年，世祖親政，給還九省加派額外錢糧，免山西荒地額糧一萬五千頃，及直隸、山東、河南、陝西荒殘額賦。恩蠲災蠲之詔，歲數四下。康熙十年東巡，免蹕路所經今年租。十三年，蠲免各省八九兩年本折錢糧積欠在民者。時海內大定，詔用兵以來積欠錢糧悉免之。二十七年南巡，免江南積欠地丁錢糧，及屯糧蘆課米麥豆雜稅。三十三年，蠲免廣西、四川、貴州、雲南四省應徵地丁銀米。四十五年，免直隸、山東本年積欠錢糧，其山西、陝西、甘肅、江蘇、浙江、安徽、江西、湖北、湖南、福建、廣東、廣西各省，自康熙四十三年以前，未完地丁銀二百十二萬有奇，糧十萬五千石有奇，悉行蠲免。承平日久，戶口漸繁，地不加增，民生有不給之虞，詔直省自五十年始，分三年輪免錢糧一周。三年中計免天下地丁糧賦三千八百餘萬。五十六年，免直隸、安徽、江蘇、浙江、江西、湖廣、西安、甘肅帶徵地丁屯衛銀二百三十九萬餘兩，其安徽、江蘇所屬帶徵漕項銀四十九萬餘兩，米麥豆十四萬餘石，免徵各半。五十七年，以征策妄阿拉布坦，免陝、甘明年地丁百八十餘萬。聖祖嘗讀漢文帝蠲民田租詔，歎曰：「蠲租乃古今第一仁政，窮谷荒陬，皆沾實惠。然非宮廷力崇節儉，不能行此。」故在位六十年中，屢頒恩詔，有一年蠲及數省者，一省連蠲數年者，前後蠲除之數，殆逾萬萬。

世宗卽位，蠲免江蘇各屬歷年未完民屯地丁蘆課等銀千二百十餘萬。西藏、苗疆平，免甘肅、四川、廣西、雲、貴五省田租。又諭國家經費已敷，宜散富於民，乃次第免直省額賦各四十萬。乾隆元年，詔免天下田租，先後免雍正十三年以前各省逋賦、及江南錢糧之官侵吏蝕者。四年，免直隸本年錢糧九十萬，江蘇百萬，安徽六十萬，正耗一體蠲除。十年，普免天下錢糧二千八百二十四萬有奇，援康熙五十一年之例，將各省分爲三年，以次豁免。三十一年，詔次第蠲各省漕米，五年而徧，其例徵折色者亦免之。三十五年，値帝六旬，明歲又際太后八旬，照十年之例，按各省額賦，分三年輪免一周。

四十二年，普免天下錢糧，自明年始，分三年輪免，計二千七百五十九萬有奇。各省漕糧，自四十五年普免一次。四十九年，豁免甘肅歷欠起運糧銀百六十餘萬，其存留項下民欠銀糧，起運項下民欠草束，悉免之。五十五年，高宗八旬，詔按各省額徵銀數，將所屬各府州縣次第搭配三次，按年輪免，三年而竣，一省之中，仍先儘上年災緩之區，首先蠲免。五十九年，普免各省應徵漕糧。六十年，普免各省積欠，及因災緩帶銀千五百五十餘萬兩、糧三百八十餘萬石，其奉天、山西、四川、湖南、廣西、貴州六省向無積欠，免下年正賦十之二。又以明年將歸政，免嘉慶元年各省應徵地丁錢糧，其省方時巡蹕路所經，輒減額賦十之三。

仁宗卽位，以湖北、湖南教匪苗民蠢動，免次年兩省錢糧，並及川、陝被兵之區。四年，以郊祀升配禮成，普免各省積欠緩徵地丁耗羨，及民欠籽種口糧漕糧銀，並積欠緩徵民借米穀草束。十年，謁祖陵，免蹕路所經州縣錢糧之半。二十四年，以六旬萬壽，免天下正耗民欠，及緩帶銀穀，計銀二千一百二十九萬兩有奇、米穀四百餘萬石。四川、貴州兩省無民欠，免明年正賦十之二。

災蠲有免賦，有緩徵，有賑，有貸，有免一切逋欠。淸初定制，凡遇災蠲，起運存留均減。存留不足，卽減起運。順治初，定被災八分至十分，免十之三；五分至七分，免二；四分免一。康熙十七年，改爲六分免十之一，七分以上免二，九分以上免三。雍正六年，又改十分者免其七，九分免六，八分免四，七分免二，六分免一。然災情重者，率全行蠲免。凡報災，夏災以六月，秋災以七月。旣報，督撫親蒞災所，率屬發倉先賑，然後聞。康熙三年，戶部奏遇災之地，先將額賦停徵十之三，以待題免。四年，御史郝維訥請凡災地田賦免若干，丁亦如之。其後丁隨地起，凡有災荒，皆丁地並蠲。旨下之日，州縣不卽出示，或蠲不及數、納不留抵者，科以侵欺之罪。乾隆元年，安徽布政使晏斯盛請「嗣後各省水旱應免錢糧之數，於具題請賑日始，限兩月造報，並請將丁銀統入地糧銀內覈算蠲免」。從之。聖祖、高宗兩朝，疊次普免天下錢糧，其因偏災而頒蠲免之詔，不能悉舉。仁宗之世，無普免而多災蠲，有一災而免數省者，有一災而免數年者。文宗以後，國用浩繁，度支不給，然遇疆臣奏報災荒，莫不立予蠲免。若災出非常，或連年饑饉，輒蠲賑兼施云。

倉庫　京師及各直省皆有倉庫。倉，京師十有五。在戶部及內務府者，曰內倉，曰恩豐；此外曰祿米，曰南新，曰舊太，曰富新，曰興平，曰海運，曰北新，曰太平，曰本裕，曰萬安，曰儲積，曰裕豐，曰豐益。在通州者，曰西倉，曰中倉。各省漕運，分貯於此。直省則有水次倉七：曰德州，曰臨淸，曰淮安，曰徐州，曰江寧，各一；惟鳳陽設二。爲給發運軍月糧並駐防過往官兵糧餉之需。其由省會至府、州、縣，俱建常平倉，或兼設裕備倉。鄉村設社倉，市鎭設義倉，東三省設旗倉，近邊設營倉，瀕海設鹽義倉，或以便民，或以給軍。大抵京、通兩倉所放米，曰官俸，曰官糧，亦名甲米，二者去全漕十之六。其一，養工匠，名匠米。其一，定鼎時，宗臣封親王者六，封郡王者二，世宗之弟封親王者一，此九王子孫，自適裔外，並有封爵，以世降而隨之，統名恩米，二者去京倉百之一。是以雍正以前，太倉之粟常有餘。

乾隆二十八年，戶部侍郎英廉疏言：「邇年因賑恤屢截留漕運，間遇京師糧貴，復發內倉米石平糶，儲積漸減。請於湖廣、江西、江南、浙江產米之區，開捐貢監，均收本色，收足別貯。遇截漕之年，卽於次年照數補運京倉。」下九卿議准，旋復停止。及嘉慶中，川楚盜起，水旱間作，工匠旣倍於昔，而九王之後亦愈衍愈衆。咸豐後，復有粵寇之亂，運道不通，倉儲益匱，亂平稍復舊例。

向京師平糶，有五城米局，八旗米局。五城米局始於康熙。雍正四年，於內城添廠，並添五城、通州廠各一。乾隆二年，增五城爲十廠，尋又添設八廠於四鄉。九年，於四路同知設四廠。八旗米局凡二十四，又通州左右翼兩局，皆設於雍正六年。乾隆元年，併爲八局，旋仍舊。十五年，命二十四局分左右翼辦理，不拘旗分。十七年，以米價未平，且有勒買之弊，諭併通州兩局停止。

其直省常平、裕備等倉，順治十一年，命各道員專管，每年造册報部。十七年，戶部議定常平倉穀，春夏出糶，秋冬糴還，平價生息，凶歲則按數給散貧戶。康熙六年，甘肅巡撫劉斗疏言：「積米年久恐浥爛，請變價糴新穀。」從之。七年，陝西巡撫賈漢復請將積穀變價生息。帝諭出陳入新，原以爲民，若將利息報部，反爲民累，著停止生息。十九年，諭常平倉留本州縣備賑，義倉、社倉留本村鎭備賑。三十年，戶部議令直隸所捐米石，大縣存五千石，中縣四千，小縣三千；嗣又令再加貯一倍。三十一年，議定州縣積穀，照正項錢糧交代，短少以虧空論。三十四年，議定江南積穀，每年以七分存倉，三分發糶，並著爲通例。四十三年，議定州縣倉穀霉爛者，革職留任，限一年賠完復職；逾年不完，解任；三年外不完，定罪，著落家產追賠。

時各省州縣貯穀之數，山東、山西大州縣二萬石，中州縣萬六千石，小州縣萬二千石；江西大州縣一萬二千石；江蘇、四川率不過五六千石；而福建現在捐穀二十七萬石，常平又存五十六萬石；臺灣捐穀及常平爲最多，共八十餘萬石。令酌留三年兵需，餘變價充餉。四十七年，議定州縣官於額貯外加買貯倉，准其議敍，若捐穀以少報多，或將現貯米捏作捐輸，後遇事發，除本管知府分賠外，原報督撫一併議處。至官將倉穀私借於民，計贓以監守自盜論，穀石照數追賠。五十四年，議定紳民捐穀，按數之多寡，由督撫道府州縣分別給扁，永免差役。

雍正三年，以南方潮溼，令改貯一米易二穀。四年，浙閩總督高其倬疏言：「閩省平糴有二大病：一，交盤之弊不清，各官授受，皆有價無穀，而價又不敷買補；一，平糴之價太賤，每石減價至一兩，且有不及一兩者，各屬雖欲買補，緣價短束手，而姦民乘此謀利，往往借價貴，煽惑窮民，竟欲平糴之期，一歲早於一歲，平糴之價，一年賤於一年。請嗣後視米之程高下，每石以一兩二錢或一兩三錢，穀則定以六錢五分或六錢，總以秋成後旣平之價爲準。」帝韙其言。尋定州縣倉厫不修，致米穀霉爛者，照侵蝕科斷，並將虧空各州縣解任。其穀令自行催還，限以一年，逾限者治罪。五年，定各省常平倉，每年底令本府州盤查。如春借逾十月不完，或捏造，俱行參處，照數追賠。又因福建常平倉各屬有銀穀兩空者，有無穀而僅存價者，查實，將虧空之州縣官更換。

十三年，內閣學士方苞上平糴倉穀三事：「一，倉穀每年存七糶三，設遇價昂，必待申詳定價，窮民一時不得邀惠。請令各州縣酌定官價，一面開糶，一面詳報。一，江淮以南地氣卑溼，若通行存七糶三，恐積至數年，必有數百萬霉爛之穀，有司懼罪，往往以旣壞之穀抑派鄉戶。請飭南省各督撫，驗察存倉各穀色，因地分年，酌定存糶分數；河北五省倘遇歲歉，亦不拘三七之例。一，穀之存倉有鼠耗，盤糧有折減，移動有脚價，糶糴守局有人工食用，春糶之價卽稍有贏餘，亦僅足充諸費。請飭監司郡守歲終稽查，但數不虧，不得借端要挾，倘逢秋糴價賤，除諸費外，果有贏餘，詳明上司別貯，以備歉歲之用。」下部議行。

乾隆三年，兩江總督那蘇圖疏言平糶之事，止須比市價酌減一二分。兩廣總督鄂彌達亦言：「平糶之價，不宜頓減。蓋小民較量錙銖，若平糶時官價與市價懸殊，則市儈必有藏以待價，而小民藉以舉火者，必皆仰資官穀。倉儲有限，商販反得居奇，是欲平糶而糶仍未平也。從來貨積價落，民間既有官穀可糴，不全賴鋪戶之米，鋪戶見官穀所減有限，亦必稍低其價以冀流通。請照市價止減十一，以次遞減，期年而止，則鋪戶無所操其權，而官穀不至虞其匱。」均報可。七年，諭：「從前張渠奏請減價糶穀，成熟之年，每石照市價減五分，米貴之年減一錢。但思歉歲止減一錢，窮民得米仍艱。嗣後著督撫臨時酌量應減若干，奏明請旨。如有奸民賤糴貴糶，嚴拏究治。」

十三年，高宗諭大學士、戶部曰：「邇來常平倉額日增，有礙民食，嗣後應以雍正年間舊額為准。」尋議雲南不近水次，陝、甘兼備軍務，向無定額，請以現額為准。雲南七十萬石，西安二百七十萬石，甘肅三百七十萬石，各有奇。又福建環山帶海，商運不通，廣東嶺海交錯，產穀無幾，貴州不通舟楫，積貯均宜充裕，以現額為准，福建二百五十餘萬石，廣東二百九十餘萬石，貴州五十萬石。其餘照雍正年間舊額：直隸二百一十萬石，奉天百二十萬石，山東二百九十萬石，山西百三十萬石，河南二百三十萬石，江蘇百五十萬石，安徽百八十萬石，江西百三十萬石，浙江二百八十萬石，湖北五十萬石，湖南七十萬石，四川百萬石，廣西二十萬石，各有奇，通計十九省貯穀三千三百七十餘萬石，較舊額四千四百餘萬石，應減貯千四百餘萬石。自是各省或額缺不補。二十三年，特諭採買還倉。三十一年，各省奏銷，報實存穀數，惟江西、河南、廣東與十三年定額相同。其視舊額增多者：湖南百四十三萬石，山西二百三十萬石，四川百八十五萬石，廣西百八十三萬石，雲南、貴州皆八十餘萬石。而浙江視舊額減少二百二十萬石，奉天減少百萬，甘肅減少百四十萬；其直隸、江蘇、安徽、福建、湖北、山東、陝西或減二十萬、或減五六十萬。蓋聚之難而耗之易如此。

嘉慶初，仁宗屢下買補之令。四年，諭曰：「國家設立常平倉，若不照額存儲，僅將穀價貯庫，猝遇需米之時，豈銀所能濟用？」命各省採買還倉。十七年，戶部浙江司所存常平倉穀數凡三千三百五十萬八千五百七十五石有奇，去乾隆中定額猶不遠。至道光十一年，副都御史劉重麟、御史卞士雲先後疏言，各直省州縣於常平倉大率有價無穀，其價又不免侵用。帝命各督撫嚴覈究治。然據十五年戶部奏，查各省常平倉穀實數，仍止二千四百餘萬石，又非嘉慶時可比，況咸豐間天下崩亂之日乎。同治三年諭：「近來軍務繁興，寇盜蠭起，所至地方輒以糧盡被陷，其故由各州縣恣意侵挪，遇變無所依賴。嗣後各省常平倉，責成督撫認眞整頓。」迨光緒初，直隸、河南、陝西、山西迭遭旱災，饑民死者日近萬人。四年，給事中崔穆之，八年，御史鄔純嘏，復先後請籌辦倉穀，於是各督撫始稍加意焉。

其社義各倉，起於康熙十八年。戶部題准鄉村立社倉，市鎮立義倉，公舉本鄉之人，出陳易新。春日借貸，秋收償還，每石取息一斗，歲底州縣將數目呈詳上司報部。六十年，奉差山西左都御史朱軾奏請山西建立社倉，諭曰：「從前李光地以社倉具奏，朕諭言易行難。行之數年，果無成效。張伯行亦奏稱社倉之益，朕令伊暫行永平地方，其有效與否，至今未奏。凡建設社倉，務須選擇地方敦實之人董率其事。此人並非官吏，借出之米，還補時遣何人催納？卽豐收之年，尚難還補，何況歉歲？其初將衆人米穀扣出收貯，無人看守，及米石缺空，勢必令司其事者賠償，是空將衆人之米棄於無用，而司事者無故為人破產賠償也。社倉之法，僅可小邑鄉村，若由官吏施行，於民無益。今朱軾復以此為請，卽令伊久住山西，鼓勵試行。」雍正二年，諭湖廣總督楊宗仁、湖北巡撫納齊喀、湖南巡撫魏廷珍等：「前建社倉，本為民計。勸捐須俟年豐，如值歉歲，卽予展限。一切條約，有司勿預，庶不使社倉頓成官倉。今乃令各州縣應輸正賦一兩者，加納社倉穀一石。聞楚省穀石現價四五錢不等，是何異於一兩正賦外加收四五錢火耗耶？」尋議定：凡州縣官止任稽查，其勸獎捐輸之法，自花紅遞加扁額以至八品冠帶。如正副社長管理十年無過，亦以八品冠帶給之。其收息之法，凡借本穀一石，冬間收息二斗。小歉減半，大歉全免，祇收本穀。至十年後，息倍於本，祗以加一行息。

三年，從江蘇巡撫何天培請，止頒行社倉五事：一，賑貸均預造排門册存案；一，正副社長外，再舉一殷實者總司其事；一，州縣官不許干預出納；一，所需紙筆，必勸募樂輸，或官撥罰項充用；一，積穀既多，應於夏秋之交，減價平糶，秋收後照時價買補。

五年，因湖廣社倉虧空，諭：「邇年督撫辦社倉最力者，惟湖廣總督楊宗仁。今據福敏盤查，始知原報甚多，而現貯無幾。朕思舉行此法實難。我聖祖仁皇帝深知之，是以李光地奏請而未允，張伯行暫行而卽罷。蓋在富民無藉乎倉，則輸納不前，而貧者又無餘粟可納。至於州縣官，實心者豈可多得？湖廣虧缺之數，倘係州縣私用，必嚴追賠補，或民間原未交倉，或交倉之數與原報多寡不符，若令照數完納，恐力未敷，須斟酌辦理。」六年，世宗諭曰：「前岳鍾琪請於通省加二火耗內應行裁減每兩五分之數，且暫徵收，發民買穀，分貯社倉，俟數足卽行裁減，是以暫收耗羨之中，隱寓勸輸之法，實則應行斟酌之耗羨，卽小民切己之貲財，而代民買貯之倉儲，卽小民自捐之積貯。乃陝省官員以爲收貯在官，卽是官物，而胥吏司其出納者，遂有勒買勒借之弊。今特曉示，鐫石頒布，儻地方官有如前者，以撓擾國政、貽誤民生治罪。」

乾隆四年，戶部議准陝西巡撫張楷奏定社倉事例：一，社長三年更換；一，春借時酌留一半，以防秋歉；一，限每年清還；一，將借戶穀數姓名曉示；一，令地方官稽查交代分賠。五年，議定陝、甘社穀凡係民間者，聽自擇倉正、副管理。其係加二耗糧內留五分爲社糧者，責成地方官經理，入於交代。自是之後，州縣官視同官物，凡遇出借，層遞具詳，雖屬青黃不接，而上司批行未到，小民無由借領。此後應請令州縣於每年封印後，酌定借期，一面通詳，一面出借，其期按耕種遲早以爲先後。得旨允行。

十八年，直隸總督方觀承疏言：「義倉始於隋長孫平，至宋朱子而規畫詳備。雖以社爲名，實與義同例。其要在地近其人，人習其事，官之爲民計，不若民之自爲計，故守以民而不守以官，城之專爲備，不若鄉之多爲備，故貯於鄉而不貯於城。今使諸有司於四鄉酌設，粟黍從便，並選擇倉正、副管理，不使胥吏干預。現據報捐穀數共二十八萬五千三百餘石，合百四十四州縣衞所，共村莊三萬五千二百一十，爲倉千有五。」帝嘉之。三十七年，戶部議准，社倉仍令官經理出納。

嘉慶四年，又議准社義各倉出納，由正、副長經理，止呈官立案。道光五年，安徽巡撫陶澍疏言：「義倉苟欲鮮弊，惟有秋收後聽民間量力輸捐，自擇老成者管理，不減糶，不出易，不借貸，專意存貯，以待放賑。」如所議行。其後軍興，各省皆廢。同治六年，特諭興復。光緒中，惟陝西巡撫馮譽驥所籌建者千六百餘所爲最多云。

其旗倉在東三省者，初皆貯米二千萬石。營倉自康熙二十二年始。時山海關各口建倉，達於黑龍江墨爾根。三十年，令江寧、京口等處各截留漕米十萬石存貯。三十六年，諭沿邊衞堡如榆林等處均貯穀。四十九年，以湖南鎭筸改協爲鎭，撥借帑銀三千兩，買穀貯倉。五十四年，命貯米密雲、古北口。雍正三年，貯穀歸化城土拉庫。四十七年，先後命廣東提標各營暨諸鎭協均貯穀，其後復推行貴州、四川、浙江、福建、河南。十一年，命喜峯口貯穀。

乾隆元年，設河標營倉。十一年，又命山東河標設立。鹽義倉，自雍正四年始。時兩淮衆商捐銀二十四萬，爲江南買穀建倉之用，巡鹽御史噶爾泰以聞，並繳公務銀八萬，共三十二萬。諭以三萬賞給噶爾泰，餘照所請，賜名「鹽義」。旣而浙江衆商亦捐銀十萬，諭巡撫李衞於杭州建倉。乾隆九年，又淮山東票商倣行。

庫之在京師屬內務府者，設御用監掌之。順治十六年改爲廣儲司。十八年，分設緞庫、銀庫、皮庫、衣庫。康熙十八年，增設茶庫、磁庫，合之爲六。其屬於戶部者，曰銀庫、曰緞庫、曰顏料庫，合之爲三。此外盛京戶部銀庫，貯金銀、幣帛、顏料等物，以供二陵祭祀，及東三省官兵俸餉賞賚之用。各省將軍、副都統、城守尉庫，各貯官兵俸餉，及雜稅官莊糶買糧價。布政使司庫，貯各州縣歲徵田賦、雜賦銀。按察司庫，貯贓罰銀錢。糧道庫，貯漕賦銀、驛站馬夫工料。河道庫，貯河餉。兵備道庫，貯兵餉。鹽運使司鹽課各稅務由部差者，有監督庫。如道、府、廳、州、縣官兼理者，有兼理官庫，均貯關鈔。地居衝要之分巡道庫、府庫、直隸州庫及分駐苗疆之同知、通判庫，均量地方大小，距省遠近，酌量撥司庫銀分貯。州、縣、衞所庫，貯本色正雜賦銀，存留者照數坐支，輸運者輸布政使司庫。

凡諸庫每歲出納之數，皆造册送戶部察覈，惟贓罰例輸之刑部。河工兵餉又兼達兵、工兩部。戶部於直省庫儲，其別有五。曰封儲。如酌留各布政司銀兩，督撫公同封儲，有急需，題奏動支，擅用論斬是也。此制定於雍正五年。以直隸近京，獨無留貯。各省自三十萬至十萬，析爲三等。其後直隸亦有之。惟盛京戶部銀庫，自乾隆四十二年由京撥給一千萬，永遠存貯。四十三年，復命將軍兼管。曰分儲。如各省道庫、府庫，封貯銀兩，遇州縣急需，請領即行發給，一面詳報藩司督撫，仍令各州縣將支銷銀兩，隨案具詳聽覈是也。其後各繁劇州縣，亦照京縣例撥貯，而未有定額。及雍正八年，乃定各省道、府、州、縣分貯之額，自三十萬至十萬，析爲四等。曰留儲。如存留屬庫坐支銀兩，撥款給發，例免解司是也。曰解儲。如布政使司庫，儲府、州、縣、衞解送正雜賦銀；按察司庫，收贓罰銀；及將軍、副都統、城守尉庫，糧道庫，收各處移解官兵俸餉漕項等銀是也。曰撥儲。如各省兵備道庫，歲儲由布政司或鄰省撥解官兵銀，河道庫，歲儲本省及鄰省撥解官兵俸餉，並歲修搶修銀，及伊犂歲需俸餉銀，塔爾巴哈台歲需新餉銀，西藏歲需臺費銀，雲南歲需銅本銀，貴州歲需鉛本銀，皆由各省撥解是也。戶部總稽之，俾慎其收發，令各省解部地丁，將足色紋銀傾鎔元寶，合部頒法馬，每枚五十兩，勿加滴珠。

凡起解餉銀，布政使親同解官兌封押字，令庫官鈐印，當堂裝鞘，給發兵牌。又州縣官錢糧交代，由接任官造具接收册結，同監盤官印結，上司加結送司，詳請咨部，不得逾限。布政使升轉離任，將庫儲錢糧並無虧挪之處附奏，其新任接收，亦具摺奏聞，仍照例限詳題。按察使交代，由巡撫會同藩司查覈詳題，且時其盤查，令各督撫於布政使司庫錢糧奏銷交代時，親赴盤查，具結報題。督撫新任亦然。府、州、縣庫儲錢糧奏銷時，所管道、府親赴盤查結報，不得委查取結，及預示日期，縱令掩飾。

至戶部銀庫，康熙四十五年，以貯銀多，諭將每年新收銀別行收貯，至用銀時，將舊銀依次取用。乾隆四十一年，戶部奏准各直省解京銀兩，無論元寶、小錠，必鏨鑿州縣年月及銀匠姓名。嘉慶十九年，命各省銀解部，隨到隨交。道光十二年，又命官解官交。蓋向來京餉及捐項，皆由銀號交庫也，然其弊不易革。同治三年，戶部奏准凡由銀號交庫者，均收足色銀兩，錠面鏨明某號字樣，倘有弊端，卽照原數加十倍罰賠。光緒四年，又奏准嗣後各省督撫並各路統兵大臣赴部領餉，須遵章遞印領，蓋所以重庫儲而杜流弊也。

清史稿卷一百二十二

志九十七

食貨三

漕運

清初，漕政仍明制，用屯丁長運。長運者，令瓜、淮兌運軍船往各州縣水次領兌民，加過江脚耗，視遠近爲差；而淮、徐、臨、德四倉仍係民運交倉者，並兌運軍船，所謂改兌者也。逮至中葉，會通河塞，而膠萊故道又難猝復，借黃轉般諸法行之又不能無弊，於是宣宗採英和、陶澍、賀長齡諸臣議復海運，遴員集粟，由上海雇商轉船漕京師，民咸稱便。河運自此遂廢。夫河運剝淺有費，過閘過淮有費，催趲通倉又有費。上既出百餘萬漕項，下復出百餘萬幫費，民生日蹙，國計益貧。海運則不由內地，不歸衆飽，無造船之煩，無募丁之擾，利國便民，計無逾此。洎乎海禁大開，輪船通行，東南之粟源源而至，不待官運，於是漕運悉廢，而改徵折漕，遂爲不易之經。今敍次漕運，首漕糧，次白糧，次督運，次漕船，次錢糧，次考成，次賞恤，而以海運終焉。

漕運初悉仍明舊，有正兌、改兌、改徵、折徵。此四者，漕運本折之大綱也。順治二年，戶部奏定每歲額徵漕糧四百萬石。其運京倉者爲正兌米，原額三百三十萬石：江南百五十萬，浙江六十萬，江西四十萬，湖廣二十五萬，山東二十萬，河南二十七萬。其運通漕者爲改兌米，原額七十萬石：江南二十九萬四千四百，浙江三萬，江西十七萬，山東九萬五千六百，河南十一萬。其後頗有折改。至乾隆十八年，實徵正兌米二百七十五萬餘石，改兌米五十萬石有奇，其隨時截留蠲緩者不在其例。山東、河南漕糧外有小麥、黑豆，兩省通徵正兌。改耗麥六萬九千五百六十一石八斗四升有奇，豆二十萬八千一百九十九石三斗一升有奇，皆運京倉。黑豆係粟米改徵，無定額。凡改徵出特旨，無常例。

折徵之目有四：曰永折，曰灰石米折，曰減徵，曰民折官辦。永折漕糧，山東、河南各七萬石，石折銀六錢、八錢不等；江蘇十萬六千四百九十二石有奇，石折銀六錢不等；安徽七萬五千九百六十一石有奇，石折銀五錢至七錢不等；湖北三萬二千五百二十石，湖南五千二百十有二石各有奇，石均折銀七錢。其價銀統歸地丁報部。灰石改折，江蘇二萬九千四百二十四石，浙江萬八千六百五十三石，遇閏加折四千十有五石，石折銀一兩六錢，以供工部備置灰石之用，自順治十七年始也。

次年，飭江南、浙江、江西三省大吏，凡改折止許照價徵收，如藉兌漕爲名，濫行科索者，即行參劾。又以蘇、松、常、鎭四府差繇賦重，漕米每石折銀一兩，其隨漕輕齎席木贈截等銀，仍徵之耗米，及給軍行月贈耗等米，亦按時價折徵。康熙八年，定河南漕糧石折銀八錢。九年，浙江嘉、湖二府被災，每石折徵一兩。五十八年，覆准河南附近水次之州縣，額徵漕糧每石八錢內，節省銀一錢五分，仍令民間上納，餘六錢五分，令徵本色起運。至距水次較遠及不近水次之州縣，額徵米石，仍依舊例徵銀八錢，以一錢五分解部，餘交糧道採辦米石。雍正元年，以嘉、湖二屬州縣災，諭令收徵漕米本折各半，其折價依康熙九年例。六年，議定河南去水次稍遠州縣，均徵本色，惟南陽、汝寧二府屬，河南府之盧氏、嵩、永寧三縣及光、汝二州並屬縣，又離水次最遠之靈寶、閿鄉，路遠運艱，共酌減米萬五千六十二石有奇，免其辦解，分撥內黃、濬、滑、儀封、考城等五縣協辦，於五縣地丁銀內扣除完漕，照部價每石八錢，以六錢五分辦運，節省之一錢五分，徵解糧道補項。其南、汝等府屬，每石折銀八錢解司，以抵濬、滑等五縣地丁銀數，所謂減徵是也。

乾隆二年，以大濬運河，江蘇淮安之山陽、鹽城、阜寧，揚州之江都、甘泉、高郵、寶應各縣漕糧，每石徵折銀一兩。其後海州、贛榆兩邑亦然。山東、河南向所改徵黑豆，不敷支給，河南再改徵二萬石，山東四萬石。三年，湖廣總督德霈言湖南平江距水次五百餘里，請改折色，分撥衡陽、湘潭代買兌運，從之。七年，江西瀘溪以折價八錢不敷採買，定嗣後每年八月借司庫銀撥縣採買，照買價徵銀歸還。其後江蘇之嘉定、寶山、海州、贛榆，安徽之寧國、旌德、太平、英山，湖北之通山、當陽諸州縣，悉遵此例。十一年，定河南祥符等四十州縣額徵粟米內，每年改小麥萬石，與漕米黑豆並徵運通。

十六年，以京師官兵向養馬駝，需用黑豆，豫、東二省自雍正十年以來，於漕糧粟米內節次改徵，每年額解黑豆二十萬九千餘石，每省酌量再改徵黑豆一二萬石。尋定山東三萬石，河南二萬石，額徵粟米，照數除抵，其節省銀一錢五分爲運脚之用者並徵之。十八年，倉場侍郎鶴年言：「現在京倉黑豆六十萬餘石，足供三年支放，請自明年始，豫、東二省應運黑豆，酌半改徵粟米，分貯京、通各倉，則豆無潮黰之虞，粟價亦平。」從之。

二十六年，以江蘇之清河、桃源、宿遷、沭陽不產米粟，命嗣後先動司庫銀兩，按照時價採辦，令民輸銀還欵，是謂民折官辦。其後阜寧、旌德、泰興、寧國、太平、英山諸縣皆仿行之。

二十一年諭曰：「漕糧歲輸天庾，例徵本色。勒收折色，向干嚴禁。現值年豐穀賤，若令小民以賤價糶穀，交納折色，是閭閻終歲勤劬，所得升斗，大半糶以輸官，以有限之蓋藏，供無窮之朘削，病民實甚。著通諭有漕省分大吏，飭所屬徵收糧米，概以本色交納，無許勒折滋弊。如有專利虐民者，據實嚴參。」然州縣往往仍藉改折浮收，雖有明令，莫能禁也。

正兌、改兌、改折之外，復有截漕及撥運。各省截留漕船，介於起運停運之間，行月二糧，應給應追，向無定例。自乾隆元年，議定江蘇、安徽、浙江截留漕船應支本折月糧三修銀，照數全給。至行糧盤耗贈銀負重等項，按站發給。若幫船截留本次，或旋兌旋卸，或數月後淸，贈米亦按月計算。江西船大載重，每年三修銀不敷，則取辦於行月二糧。遇有截留，將原領折耗行月贈銀贈米斛面米均免扣追。嗣以運軍挂欠之項，諭將雍正十一年以前各省截留漕船應追等項悉免之。七年，以各省截留漕船已兌開行，例須扣追，酌定加給，視程途遠近、船糧多寡爲衡。山東、河南每船給銀五十兩。江南、浙江六十兩，湖廣七十兩，江西九十兩，以充各軍在次修船置備器具，及雇募舵工水手安家養贍之用。其應給之銀，卽於行月折色銀內扣給。十八年，諭曰：「前命截留南漕二十萬分貯天津水次各倉備用，但恐旗丁等於米色斛面任意攙和短少，而州縣胥役又往往藉端勒索，令方觀承飭天津道親往監看。嗣後截漕之省，俱派就近道員稽查，不得委州縣。著爲令。」

撥運者，截留山東、河南所運薊州糧，撥充陵糈及駐防兵米者也。康熙三十四年，議定年需粟米三萬六百餘石，將山東漕糧粟米照數截留，以原船自天津運至新河口，撥天津紅剝船百五十艘，運至薊州五里橋，船載百石，每百里給脚價一兩三錢二分，所需之銀，於過閘入倉脚價內撥給。四十五年，定密雲駐防兵米，在豫、東二省每年徵存薊糧項下撥運，令該縣於春夏之交，赴通領運收倉。平時由水運，有故則陸運。脚價由地糧銀內給發。次年，令豫、東各添撥米百石，備支銷折耗。又撥運保定、雄縣兩處駐防兵米，截至西沽就船受兌，以節耗費。嘉慶初，因東省輸兌漕糧，先令豫省兌運，不敷之數，許動支節年倉存薊米，並動碾公穀。其後河南被災，亦准在薊倉存米存穀內碾動。其各州縣派撥之數，薊州五萬八千六百石，易州三萬八千六百石各有奇，密雲一萬一千五百餘石，保定、雄縣共三千一百餘石，良鄉暨大興之采育三百餘石，順義、昌平二百餘石，霸州、東安、固安、寶坻三百餘石，玉田及遷安之冷口各五百餘石，滄州二千七百餘石。又青州駐防兵米二千一百餘石，亦於薊糧內截留運供，德州駐防兵米不敷，亦得動支。此撥運之大略也。

各省之徵收漕糧也，向係軍民交兌，運軍往往勒索擾民。順治九年，始改爲官收官兌，酌定贈貼銀米，隨漕徵收，官爲支給。雍正六年，以江、浙應納漕糧爲額甚巨，若必拘定粳米，恐價昂難於輸將，以後但擇乾圓潔淨，准紅白兼收，秈稉並納，著爲令。乾隆初，奏定民納漕米，隨到隨收，嚴禁蠹書留難。四年，諭曰：「朕聞湖北糧米，以十五萬一千餘石運赴通倉，名曰北漕，十二萬六千餘石爲荆州官米，名曰南漕，二項原可合收分解。乃有不肖州縣，分設倉口，令糧戶依兩處完納，以圖多得贏餘，重累吾民。著行文該省，將二項漕糧合收，永遠遵行。」七年，定直省有漕各屬，於隔歲年終，刊易知由單，條悉開載，按戶分給，以杜濫科。十年，工部侍郎范燦奏：「江南下江徵收漕米，向借漕費之名，或九折，或八折，自巡撫尹繼善定每石收費六分，諸弊盡革。久之，吏胥復乘緊兌之際，多方刁難，小民勢難久待，不得不議扣折。」諭飭有漕省分大小官吏，嚴行釐剔積弊。嘉慶八年，禁止各州縣漕糧私收折色，及刁生劣監收攬包交。

凡漕糧皆隨以耗費，耗皆以米，正兌一石耗二斗五升至四斗，改兌一石耗一斗七升至四斗，皆隨正入倉，以供京、通各倉並漕運折耗之用。其南糧又有隨船作耗米，自五升至二升三升不等，以途之遠近爲差。嘉慶間，定江蘇漕糧耗米原備篩颺，耗米四升有奇。嗣後以二升餘劃付旗丁，二升隨糧交倉。浙江、江西、兩湖悉依此例。逮漕務改章，凡改徵折色各省，耗米亦折價與正米並徵，自是漕耗之名遂廢。

初，各省漕糧改爲官收官兌，贈貼名稱，山東、河南謂之潤耗，江蘇、安徽謂之漕貼，浙江謂之漕截，江西、兩湖謂之貼運，其數多寡不一，隨糧徵給，均刊列易知由單，私派挪移者罪之。其後江南每糧百石，竟私截至百餘兩，浙江至三十餘兩。糧道劉朝俊以貪婪漕貼萬二千餘兩被劾，給事中徐旭齡亦疏陳贈耗之弊。然貪官汚吏，積習相沿，莫能禁也。康熙十年，議定江寧等府起運耗米及正糧一體貼贈，蘇、松、常三府改折灰石，幫貼漕折等銀悉免之。二十四年，令各省隨漕截銀免解道庫，徑令州縣給發。乾隆七年，定江南漕米贈耗永免停支例。各省收漕州縣，除隨正耗米及運軍行月糧本折漕贈等項外，別收漕耗銀米，其數亦多寡不一，此項耗外之米，皆供官軍兌漕雜費及州縣辦公之用者也。

輕齎銀者，始於有明中葉。以諸倉兌運，須給路費，徵耗米，兌運米一平一銳，其銳米量取隨船作耗，餘皆折銀，名曰輕齎。清因之。每年正兌米一石，江西、兩湖諸省加耗四斗六升或六斗六升，銳米皆一斗。加耗四斗六升者，則以三斗隨船作耗，而以連銳二斗六升折銀一錢三分；加耗六斗六升者，則以四斗隨船作耗，而以連銳三斗六升折銀一錢八分，謂之三六輕齎。江蘇、安徽每石加耗五斗六升，銳米一斗，除四斗隨船作耗，而以餘米二斗六升折銀一錢三分，謂之二六輕齎。山東、河南每石加耗三升，銳米一斗，除二斗五升隨船作耗，餘米一斗六升折銀八分，謂之一六輕齎。其改兌止有耗米，或三斗二升至一斗七升不等，止給本色隨船作耗，而以存米二升易銀一分，謂之折易輕齎。均每升折徵銀五釐，解倉場通濟庫。康熙四十七年，令每年江南等省額解輕齎銀三十八萬四千兩，內除山東、河南、湖廣、江西、浙江、江南等省額解銀二十四萬六千九百餘兩，仍留通濟庫應用，其蘇松糧道所屬額解銀十三萬七千餘兩，徑解戶部。如倉場不敷，得咨行戶部支發。尋分撥蘇松糧道所屬額解輕齎銀五萬分解通濟庫備用。用此項輕齎銀，例應兌漕通以濟運務，外此有席木竹板等存，皆隨漕交納，其尺寸長短廣狹，均有定制。

道光二十九年，兩江總督李星沅奏南漕改折，戶部定價太輕，開不肖州縣浮勒之端。江蘇巡撫陸建瀛亦言其不便。遂罷改徵折色。同治四年，曾國藩、李鴻章請將江蘇鎮洋、太倉二州縣漕糧改徵折色，不許。光緒十年，翰林院侍讀王邦璽疏陳丁漕有五弊、三難、五宜、三不可。是時直省丁漕積欠頻仍，故邦璽以爲言。二十三年，侍講學士瑞洵言南漕改折，有益無損。先是江、浙漕米，除河運十二三萬石外，歲約海運百二十餘萬。二十年，辦理海防，江、浙各省各折十之五六。翌年，兩江總督張之洞擬令蘇省州縣收折收本仍其舊，而由官全行折解。部令仍運本色。張之洞復奏，蘇漕全折，歲可省運費八十萬，浙江全折，兩湖採買全停，剝船挑河各費、漕職衞官各項，均可酌減，歲可省百五十萬。嗣戶部以庫儲支絀，請將江蘇海運漕糧暫減運三十萬石，得銀九十八萬餘兩。奕劻等奏言：「南漕歲有定額，兵民生計攸關，京師根本重地，尤須寬爲儲備。言者動稱折漕歲五六百萬，實則不過百餘萬有奇，似不宜輕議更張。」從之。

漕糧之外，江蘇蘇、松、常三府，太倉一州，浙江嘉、湖兩府，歲輸糯米於內務府，以供上用及百官廩祿之需，謂之白糧。原額正米二十一萬七千四百七十二石有奇。耗米，蘇、松、常三府，太倉一州每石加耗三斗，以五升或三升隨正米起交，餘隨船作耗，共二萬七百七石有奇；嘉、湖二府每石加耗四斗，以五升或三升隨正米起交，餘隨船作耗，共萬三千四百八十八石有奇。康熙初，定白糧概徵本色，惟光祿寺改折三萬石，石徵銀一兩五錢。十四年，議定江南白糧仿浙省例，抽選漕船裝運，每船給行月糧米六十九石三斗，銀五十六兩七錢六分。經費銀，浙江舊例四百五十七兩一錢一釐，議減去銀百二十六兩二錢四分、米二十八石。嗣以運漕、運白事同一體，裁江、浙白糧經費，仿漕糧之例，支給行贈銀兩。至白糧悉係包米運送，並無折耗，俟抵通照例交收。

先是江、浙輸將白糧二十二萬餘石，太常寺、光祿寺各賓館需用二千餘石，王公官員俸約需十五六萬石，內務府、紫禁城兵卒及內監食用需一萬石，尙餘五萬石。乾隆二年，高宗謂：「光祿寺等處收支，原以供祭祀及賓館之用，在所必需。其王公百官俸米，應用白糧酌減其半，以粳米抵充。至賚賞禁城兵卒及內監米石，應將白糧易以粳米，以紓民力。」自是實徵白糯不過十萬石有奇矣。又准松江、太倉額徵白糯，改徵漕糧，即在派運白米十萬石內通融盈縮，以均應減應運之數。浙江向不產糯，白糧中糯米一項，隨漕統徵糙粳，官爲易糯兌運。兩省白糧經費前已議裁，至是復照舊例徵收。江蘇徵銀十八萬六千九百八十五兩有奇，米萬八千八百八十九石有奇，舂辦米二萬一千三百九十九石有奇，浙江徵銀四萬五千七十五兩有奇，米三千九百六十九石，舂辦米萬三千二百九十石有奇，共實徵銀二十三萬二千六十一兩，米五萬五千七百四十八石有奇。除給運弁運軍、並解通濟庫爲運送京、通各倉脚價之用，餘銀及米折，均造册送部酌撥。逮嘉慶中，白糧經費，江蘇徵銀六萬餘兩，米及舂辦米各萬餘石，浙江徵銀五萬餘兩，米三千餘石，舂辦米萬餘石，共實徵銀十一萬四千五百十八兩有奇，米五萬三千七百二十九石有奇，較之乾隆時經費銀所減又逾半矣。

江、浙之運白糧也，初沿明代民運之制。嗣以臨期雇募民船，時日稽遲，改行官運；仍不便民，乃令漕船分帶，以省官民之累。康熙三年，定浙江行漕帶法，需船百二十六艘，於漕幫內抽出六十二艘裝運，增造六十四艘併入僉運，後江蘇亦踵行之。每船裝運五百石，擇軍船殷實堅固者裝運，五年一易。制定每年未兌之前，責令糧道赴次查驗，如運軍力疲、船不堅固者，別選殷軍補運。十六年，漕運總督瑚寶奏：「江蘇運白糧船向例五年更調，但爲時過久，請依漕船三年抽調例，定運白三年即行另選。」從之。江、浙兩省運白糧船，原定蘇州、太倉爲一幫，松江、常州各爲一幫，嘉興、湖州各一幫，領運千總每幫二，隨幫武舉一。改行官運後，以府通判爲總部，縣丞、典史爲協部，吏典爲押運。旋裁押運。後白糧改令漕船帶運，復裁總、協二部。蘇、松、常每府增設千總二，更番領運，每幫設隨幫百總一，押趲回空。浙江增設千總四、隨幫二，蘇州、太倉倉運白糧船，原定百十八艘，船多軍衆，分爲前後兩幫，增設千總二、隨幫一。白糧減徵後，併兩幫爲一，其千總隨幫悉予裁減。

清初，都運漕糧官吏，參酌明制。總理漕事者爲漕運總督。分轄則有糧儲道。監兌押運則有同知、通判。趲運則有沿河鎮道將領等官。漕運總督駐淮南，掌僉選運弁、修造漕船、派撥全單、兌運開幫、過淮盤掣、催趲重運、查驗回空、覈勘漂流、督催漕欠諸務，其直隸、山東、河南、江西、江南、浙江、湖廣七省文武官吏經理漕務者皆屬焉。糧道，山東、江安、蘇松、江西、浙江、湖北、湖南各一。河南以開歸鹽驛道兼理。糧道掌通省糧儲，統轄有司軍衞，遴委領運隨幫各官，責令各府清軍官會同運弁、僉選運軍。兌竣，親督到淮，不得委丞倅代押。如有軍需緊要事件，須詳明督撫、漕臣，方許委員代行其職務。

監兌，舊以推官任之。推官裁，改委同知、通判。山東以武定同知，東昌清軍同知，濟南、兗州、泰安、曹州四通判，濟寧、臨清兩直隸州同；河南以歸德、衞輝、懷慶三通判；江南以江寧、蘇州督糧同知，松江董漕同知，鳳陽同知，蘇州、揚州、廬州、太平、池州、寧國、安慶、常州八管糧通判，太倉州臨時添委丞倅一；浙江以湖州同知，杭州局糧通判，嘉興通判；江西以南昌、吉安、臨江三通判；淮北、湘南每年於通省同知、通判內詳委三員，監兌。江西、湖廣、安徽監兌押淮之員尋裁。

凡開兌，監兌官須坐守水次，將正耗行月搭運等米，逐船兌足，驗明米色純潔，面交押運官。糧船開行，仍親督到淮，聽總漕盤驗。糧數不足、米色不純者，罪之。道、府、廳不揭報，照失察例議處。意存袒護，照徇庇例議處。

押運本糧道之職，但糧道在南董理運務，無暇兼顧。江、浙各糧道，止令督押到淮盤驗，卽回任所。總漕會同巡撫遴委管糧通判一，專司督押，約束運軍，防範侵盜攙和等弊。山東、河南通判各一，江南七，浙江三，江西二，湖北、湖南各一。後因通判官卑職微，復令糧道押運。其漕船回空，仍令通判管押。過淮必依定限，如有遲誤，照重運違限例議處。江南、浙江、江西尋復通判押運之制。

押運同知、通判抵通後，出具糧米無虧印結，由倉場侍郎送部引見。糧道押運三次，亦准督撫咨倉場侍郎送部引見。其員弁紳董隨同押運到通，並准擇尤保奬，以昭激勸。其後各省大吏往往藉漕運保舉私人，朝廷亦無由究詰也。

淮北、淮南沿河鎭道將領，遇漕船入境，各按汛地驅行，如催趲不力，聽所在督撫糾彈。江南京口、瓜洲渡江相對處，令鎭江道督率文武官吏催促，並令總兵官巡視河干，協催過江。總兵裁，改由副將管理。雍正三年，巡漕御史張坦麟條上北漕事宜：一，自通抵津，沿河舊汛窵遠，請照旱汛五里之例，漕船到汛，催漕官弁坐視阻抵不行申報者，依催趲不力例參處；一，沿途疏淺約十三四處，坐糧廳難以兼顧，請交各汛弁率役疏通，應銷錢糧，仍令坐糧廳管理。從之。巡漕御史伊喇齊疏劾河南糧道提催之弊，巡撫尹繼善亦疏請革除各州縣呈送監兌押運官役陋規。凡漕船回空到省，未開兌之前，責成本省巡撫及糧道，既開兌出境，則責成漕督及沿途文武官吏，抵津後，責成倉場侍郞、坐糧廳及天津總兵、通州副將，嚴行稽查。有違犯者，捕獲懲治。

四十八年，漕督毓奇言：「各省督押，惟山東糧道抵通，餘祇押抵淮安。嗣後各省重運，俱令糧道督押本幫至臨清，出具糧米無虧印結，卽行回任。其自臨清抵通，槪令山東糧道往來催趲。山東運河，每年十一月朔煞壩挑淺。開壩之日，以南省漕船行抵臺莊爲準。微山等湖收蓄衆泉，爲東省濟運水櫃，不許民間私截水源。牐河遇春夏水微，務遵漕規啓閉。漕船到牐，須上下會牌俱到，始行啓板。如河水充足，相機啓閉，以速漕運，不得兩牐齊啓，過洩水勢。其在江中偶遇大風，原可停泊守候，而催漕官吏惟知促迫，軍船冒險進行，恆有漂沒之虞。回空之船，管運員及運丁等恆意存怠玩，或吝惜雇價，將熟習舟子遣散，留不諳駕馭之人，而押運員弁每先行回署，並不在船督率，往往有運船失風之事。」上諭飭「沿途各員催趲，應察風色水勢，毋得過於急迫，至涉險失事，亦不得因此旨遂任意逗留，致逾定限」。初，運河中銅鉛船及木排，往往肆意横行，民船多畏而讓之。糧船北上，亦爲所阻。至是令巡漕御史轉飭沿途文武員弁，將運漕船催趲先行，餘船尾隨，循次前進，恃强爭先、不遵約束者，罪之。

領運員弁，各省糧船分幫，每幫以衞所千總一人或二人領運，武舉一人隨幫効力。順治六年，奏定就漕運各衞中擇其才幹優長者授職千總，責其押運，量功升轉，挂欠者治罪追償。其後裁衞所外委百總，改爲隨幫官。康熙五十一年，揀候選千總三十員，發南漕標効力，如有領運千總員缺，聽總漕委署押運，果能抵通全完，倉塲總督咨送兵部，准其即用。揀選武舉，候推守衞所千總有願補隨幫者，可在總署處呈明，遇缺准其頂補，三年無誤，以衞千總推用。雍正二年，漕運總督張大有奏稱山東、河南輪運薊州、遵化、豐潤官兵米石，沿途管押及回空催趲，例責成押運通判，請添設薊糧千總二，更番領運，從之。各衞既有千總領運，而漕臣每歲另委押運幫官，分爲押重押空，一重運費二三千金，一空運費浮於千金，幫丁之脂膏竭，而浮收之弊日滋矣。嘉慶十二年，諭漕督不得多派委員，並禁止運弁等收受餽贈。十四年，巡漕御史又請大加減省。自咸豐三年河運停歇，船隻無存，領運之名亦廢。

巡漕御史本明官，順治初省。雍正七年，以糧船過淮陋規甚多，並夾帶禁物，遣御史二，赴淮安專司稽察。糧船抵通，亦御史二稽察之。乾隆二年，設巡漕御史四：一駐淮安，巡察江南江口至山東交境；一駐濟寧，巡察山東臺莊至北直交境；一駐天津，巡察至山東交境；一駐通州，巡察至天津。凡徵收漕糧，定限十月開倉，十二月兌畢。惟山東臨清艑內之船，改於次年二月兌開，依限抵通，艑外之船，仍冬兌冬開。乾隆間，令艑內艑外一律春兌春開，從漕督楊錫紱請也。嘉慶四年，諭曰：「冬兌冬開，時期促迫。嗣後東省漕糧，仍照舊例起徵，運赴水次，立春後兌竣開幫，翌年改爲冬兌春開。」十五年，令艑河內外幫船，照春兌春開例辦理。江北冬漕，定於十二月朔開兌，限次年二月兌竣開行。

凡漕兌，首重米色。如有倉蠹作奸，攙和滋弊，及潮濕黴變，未受兌前，責成州縣，旣受兌後，責在弁軍，覈驗之責，監兌官任之。如縣衞因米色爭持，卽將現兌米面同封固，送總漕巡撫查驗，果係潮濕攙雜，都令賠換篩颺，乃將米樣封送總漕，俟過淮後，盤查比較，分別糾劾。然運軍勒索州縣，卽借米色爲由。州縣開倉旬日，米多廒少，勢須先兌。運軍逐船挑剔，不肯受兌，致糧戶無廒輸納，因之滋事。運軍乘機恣索，或所索未遂，船竟開行，累州縣以隨幫交兌之苦。及漕米兌竣，運弁應給通關。通關出自尖丁。尖丁者，積年辦事運丁也，他運丁及運弁皆聽其指揮。尖丁索費州縣，不遂其欲，則靳通關不與，使州縣枉罹遲延處分。運軍運弁沆瀣一氣，州縣惟恐誤兌，勢不得不浮收勒折以供其求。上官雖明知其弊，而憚於改作。且慮運軍裁革，遺誤漕運，於是含容隱忍，莫之禁詰。州縣既多浮收，則米色難於精擇。運軍既有貼費，受兌亦不復深求。及至通州，賄賣倉書經紀，通挪交卸，米色潮濕不純之弊，率由於此。積重難返，而漕政日壞矣。乾隆間，漕運總督顧琮條上籌辦漕運七事：一，州縣親收漕糧，以免役胥藉端累民；一，杜富僉貧包丁代運之弊；一，受未開之幫船催令速行；一，糧船過淮後，分員催趲，以速運漕；一，河道舊有橫淺，豫爲疏濬，以免阻滯；一，各閘俱照漕規，隨時啓閉，江、廣漕船攜帶竹木，限地解卸；一，回空三升五合餘米，速給副丁，以濟回時食用。詔從其議。

各省漕糧過淮，順治初，定限江北各府州縣十二月以內，江南江寧、蘇、松等處限正月以內，江西、浙江限二月以內，山東、河南限正月儘數開行。如過淮違誤，以違限時日之多寡，定督撫糧道監兌推官降罰處分。領運等官，捆打革職，帶罪督押。其到通例限，山東、河南限三月朔，江北四月朔，江南五月朔，江西、浙江、湖廣六月朔。各省糧船抵通，均限三月內完糧，十日內回空。倉場定立限單，責成押幫官依限到淮，逾限不能到次，照章糾劾。

承平日久，漕弊日滋。東南辦漕之民，苦於運弁旗丁，肌髓已盡，控告無門，而運弁旗丁亦有所迫而然。如漕船到通，倉院、糧廳、戶部雲南司等處投文，每船需費十金，由保家包送，保家另索三金。又有走部，代之聚歛。至于過壩，則有委員舊規，伍長常例，上斛下盪等費，每船又須十餘金。交倉，則有倉官常例，並收糧衙署官辦書吏種種需索，又費數十金。此抵通之苦也。逮漕船過淮，又有積歇攤派吏書陋規，投文過堂種種費用。總計每幫漕須費五六百金或千金不等。此過淮之苦也。從前運道深通，督漕諸臣只求重運如期抵通，一切不加苛察。各丁於開運時多帶南物，至通售賣，藉博微利。乾隆五十年後，黃河屢經開灌，運道日淤，漕臣慮船重難行，嚴禁運丁多帶貨物，於是各丁謀生之計絀矣。運道既淺，反增添夫撥淺之費，每過緊要閘壩，牽挽動須數百人，道路既長，限期復迫，丁力之敝，實由於此。雖經督撫大吏悉心調劑，無如積弊已深，迄未能收實效也。

各省漕船，原數萬四百五十五號。嘉慶十四年，除改折分帶、坍荒裁減，實存六千二百四十二艘。每屆修造十一，謂之歲造，其升科積缺漂沒者，謂之補修改造，限以十年。至給價之多寡，視時之久暫、地之遠近爲等差。造船之費，初於民地徵十之七，軍地徵十之三，備給料價。不足，則徵軍衞丁田以貼造漕船。十年限滿，由總漕親驗，實係不堪出運，方得改造，有可加修再運者，量給加修銀，仍令再運。按年計算，舊船可用，不驗明駕運，督撫查實糾劾。司修造漕船各官，或詐朽壞，或修造未竣詐稱已完，或將朽壞船册報掩飾，或承造推諉不依限竣工，或該管官督催不力，及朽壞船不估價申報，均降罰有差。

直隸、山東、鳳陽地不產木，於清江關設廠，由船政同知督造。江寧各幫共船千二百餘，亦於清江成造。自儀徵逆流抵淮，四百餘里，沿途需用人夫挽曳，船成後復渡大江，道經千里，到次遲延，縣官急於考成，旗丁利於詐索，船未到卽行交兌，名曰轉廒，於是贈耗、使費、賠補、苛索諸弊日滋，運軍苦之。嗣裁船政同知，統歸糧道管理，令運軍支領料價赴廠成造，不敷，卽於道庫減存漕項銀內動支。徐州衞、河南後幫漕船，向亦在清江船廠成造，駕赴河南水次兌糧，程途遼遠，易誤兌限。尋改在山東臨清設廠成造。遇滿號之年，令各軍於江、安道庫銀內領價成造。其濟南前幫，則在江南夏成鎭成造，嗣又改於臨清胡家灣設廠。

船成查驗之法九：一驗木，二驗板，三驗底，四驗樑，五驗棧，六驗釘，七驗縫，八驗艙，九艙頭梢。山東各幫於額運漕船外，向設量存船三十。江蘇揚州亦有量存船二十四。先後議裁，並將揚州衞應裁之船，抵補江、興二衞貧疲軍船。乾隆八年，漕運總督顧琮上漕船變通事宜：一，漕船當大造之年，遇有減歇，卽停造一年，與先運之船年限參差，將來無須同時配造；一，賠造之船已出運多次，恆欠堅固，嗣後將賠造接算原船，已滿十年尚能出運者，准其將船在通售賣；一，滿號之船，向俱分年抽造，其中堅固者，交總漕擇令加修，出運一次，許其流通變賣。從之。二十九年，漕督楊錫紱言：「各省漕船當十運屆滿應行成造之年，如運糧抵通，准在通變價。再買補之船未經滿運，或中途猝遇風火，請准就地折變。」詔從其議。大河、淮安等幫漕船，恆有遭風沈溺之事。阿桂奏稱，因船過高大，掉挽維艱所致，請較原定尺寸酌量減小。嘉慶十五年，復酌減江、廣兩省漕船尺寸。運丁利於攬載客貨，船身務爲廣大，不知載重則行遲，行遲則壅塞，民船被阻，甚有相去數丈守候經旬者；兼之强挐剝運，捶撻交加，怨聲載道，不僅失風之虞也。十七年，以浙省成造漕船賠累日甚，每船除例給二百八兩外，復給銀五百九十餘兩，以紓丁力。漕船建造修葺，其費有經常，有額外，年糜國帑數十百萬。及其出運，勒索於州縣者又數十百萬。催趲迎提，終歲勞擾，夾帶愈多，雖蘇、松內河，亦無歲不剝運。剝運仍責舟於沿途，甚至攔江索費，奪船毀器，患苦商民，抗違官長，以天庾爲口實，援漕督爲護符，文武吏士，畏其勢燄，莫或究詰。

凡漕船載米，毋得過五百石。正耗米外，例帶土宜六十石，雍正七年，加增四十，共爲百石，永著爲例。旋准各船頭工舵工人帶土宜三石，水手每船帶土宜二十石。嘉慶四年，定每船多帶土宜二十四石。屯軍領運漕糧，冬出冬歸，備極勞苦，日用亦倍蓰家居，於是有夾帶私貨之弊。漕船到水次，卽有牙儈關說，引載客貨，又於城市貨物輻輳之處，逗留遲延，冀多攬載，以博微利。運官利其餽獻，奸商竄入糧船，藉免國課。其始運道通順，督漕諸臣不事苛察。逮黃屢倒灌，運道淤淺，漕臣嚴申夾帶之禁，丁力益困。

當商力充裕時，軍船回空過淮，往往私帶鹽斤。漕運總督張大有條上六事：一，長蘆、兩淮產鹽之處，奸民勾串竈丁，私賣私販，伺回空糧船經過，卽運載船中，請嚴行禁止，違者俱依私鹽例治罪；一，糧船回空時，請於瓜洲、江口派瓜洲營協同廳員搜查；一，運司等官拏獲私鹽，請依專管兼轄官例議敍；一，隨幫官專司回空，有能拏獲私鹽三次及幫船三次回空無私鹽事者，以千總推用；一，每船量帶食鹽四十斤，多帶者以私鹽例治罪；一，例帶土宜之外，包攬商船木筏者，照漏稅例治罪，貨物入官。自是禁網益密矣。幫丁困苦，爰有津貼之議。江蘇漕船，以松江幫丁力爲最疲。定例松、太等屬每船津貼銀三百兩，旋加爲五百兩。幫丁視爲額給之項，仍欲另議津貼，開船遲延，州縣恐貽誤獲譴，恆私餽之，以致津貼日增，流弊無已。

漕運抵通及遇淺，皆須用剝船。清初設紅剝船六百艘，每船給田四十頃，收租贍船，免其徵科。近畿州縣距河甚遠，恆雇覓民船，河干游民藉之邀利，及接運漕糧，往往有盜賣攙和之弊，甚有盜賣將盡，故傾覆其船，逮運官查明，仍責地戶賠償，傾家蕩業。又領船船戶例受天津鈔關部差管轄，每歲河冰未泮之日，部差催促過堂守候，莫不有費，苦累實甚。三十九年，裁紅剝船，依原收租數分派各省，於漕糧項下編徵，解糧道庫支發。乾隆二年，定每船給紅剝銀二兩，由隨幫千總領發，漕船遇淺，由運軍自雇民船，坐糧廳酌定雇價。十年，增設垈船六十艘，造船及用具夫役工食，均於紅剝銀內支用，餘仍分給運軍。南糧入北河後，官爲雇船剝運，糧艘未到，剝船先期預備，守候累日，且有妨商鹽挽運。五十年，諭令另造剝船，南糧抵北河，卽剝運赴通，嗣後毋得封固民船，致滋擾累，違者罪之。尋議定官備剝船千二百艘，發交附近沿河天津等十八州縣收管，如有商貨鹽斤，許其攬載，四月以後，調赴水次，毋得遠離。翌年復添造三百隻，交江西、湖廣成造，運送天津，與原設剝船在楊村更番備剝。豫、東二省，因水淺阻滯，定造剝船三百艘，交德州、恩、武城、夏津、臨清五州縣分管。

清初沿明衞所之制，以屯田給軍分佃，罷其雜徭。尋改衞軍爲屯丁，毋得竄入民籍，五年一編審，糧道掌之。康熙初，定各省衞所額設運丁十名。三十五年，定漕船出運，每船僉丁一名，餘九名以諳練駕駛之水手充之。凡僉選運丁，僉責在糧道，舉報責衞守備，用舍責運弁，保結責通幫各丁。尋僉本軍子弟一人爲副軍。雍正初，免文學生員僉運。先是江蘇按察使胡文伯以江、安十衞去蘇、松水次遙遠，遇有應更換之丁，運官赴衞查僉，往返須時，請預僉備丁，造册送糧道，轉送總漕備案。經戶部議准。漕督楊錫紱上疏爭之，略言：「預僉閑丁，其不必者有二，不便者有二。各省衞幫，貧富不等。殷富之幫，本無俟閑丁預備；貧乏之幫，遇有應換之丁，百計搜查，求一二殷丁且不可得，安有數十閑丁可以預備？其不必一也。又殷實軍丁，生計粗裕，猝遇收成歉薄，一二年或卽轉爲貧乏，今旣僉選註册矣，設需用之時，已經貧乏，是仍以疲丁應選，其不必二也。至送糧道點驗，僕僕道途，廢時失業，不便一也。衞所州縣書吏，喜於有事，富者賄脫，貧者受僉，不便二也。請停止預選閒丁註册。」從之。

舊制漕船旗丁十名，丁地五頃。其後丁地半歸民戶，運丁生計貧乏，經戶部行文淸查，不許民間侵占。乾隆初，巡漕御史王興吾奏：「屯田籍册年久散失，無可稽考。亦有册籍僅存而界址難於徵實，或軍丁典佃於民，而展轉相售，屢易其主者。淸田歸運，徒滋擾累。蓋津貼之舉已成通例，民出費以贍丁，丁得項以承運，相沿旣久，無礙於漕。況丁得田不能自耕，勢必召佃收租，是與未贖時之津貼同一得項承運，未見有益也。」二十五年，錫紱奏：「漕運之有疲幫，實緣運丁債負爲累。浙江之金、衢、嚴、溫、處、紹、台、嘉等幫，江南之江、淮、興、武、鳳陽、大河等幫，債欠尤多，幫疲益甚。欲除私負之累，莫若出借官帑。請於浙江、江、安道庫各提銀六萬兩，專備疲幫領借。每歲督運道員，查按沿途及抵通需用銀數，提交押運，至期散給，於次年新運應領項下扣還，俟疲幫漸起，奏明停止。

各省州縣衞幫承僉運丁，均以奉文派僉日起，限兩月僉解，並查明田地房產，造册送總漕存案。設有虧短挂欠，令其賠補。若僉派後實係賣富差貧，或棄船脫逃，或重僉已革之丁，以及徇情出結、將軍丁改入民籍者，承僉之員降二級調用，不准抵銷。其上司照失察例議處。從漕督毓奇請也。道光十三年，給事中金應麟奏：「江、浙內河一帶漕船，訛詐商民，有買渡、排幫等名目。州縣以兌米畏其挑剔，置若罔聞，滯運擾民，爲害甚大。」詔林則徐、富呢揚阿嚴行查禁。

運軍往來淮、通，終歲勤苦，屯田所入有限，於是別給行月錢糧資用，其數各省不一。江南運軍每名支行糧二石四斗至二石八斗，月糧八石至十二石。浙江、江西、湖廣行糧三石，月糧九石六斗。山東行糧二石四斗，月糧九石六斗。其通、津等衞協運河南漕船運丁行月之數，與山東同。各省領運千總等官，於廩俸外多有兼支行糧者。行月二糧，舊時本少折多，且折價每石不過三四五錢，各處官丁常有偏枯之控。詔令漕督議定查照歲支行月舊額本折各半，折色照漕欠每石銀一兩四錢，永著爲令。康熙二十九年，行月錢糧設立易知由單，列明應給各項錢糧，丁各一紙，照欵支給。如官役剋扣婪索，許本丁將事由載單內，於過淮時陳控。

雍正元年，覆准運船到次，先將本色行月錢糧於三日內給發折色銀，由衞守備出具印領受，領運千總鈐章，解道驗明，以半給軍，半封固，糧道賫淮，由總漕監發，愆期遲延者罪之。乾隆五年，議定運丁於解淮驗給一半錢糧內，酌留回空費用，數多者扣留三之一，少者酌扣八兩，令糧道另行封兌，於過淮時交隨運官弁收領，俟抵通交糧後，給發各丁。緣各省漕船回空，每因資斧缺乏，不能及時抵次也。十年，漕督顧琮上言：「糧道所押幫船，多少不同，兌開復有遲早，必俟最後之幫開竣，方得赴幫督察，而首進之幫，又不免守候領銀之累。請仍令糧道兌准封給領運千總，解淮呈驗散給。」從之。

凡漕船停歇，月糧減半給發，民船停運，給月糧原額四之一。三十年，車駕南巡，截留江、浙二省冬兌漕糧各十萬石，減歇之船，於應給月糧外，加恩再給十之二，以示體恤。運軍月糧，遇閏按月本折均平支給，尋罷。嗣以閏月錢糧乃計日授食，各軍春出冬歸，停支一月，不免枵腹。山東、河南、浙江、江寧、鳳陽等衞閏月有糧，仍照原額支給。山東、浙江及蘇、太等衞，遇閏各有額編加徵銀，江、興等衞無之，遇閏於道庫減存銀內支用。江西、湖北、湖南係按出運船米之數支給。河南遇閏亦無加徵銀，向准山東等省一例支給，經部駁追，尋准其照支。

各省運軍名數參差不齊。江、浙每船十一二名不等。嗣議定每船概以十軍配運，按名支給行月。安慶衞舊係按漕用軍按名派行月二糧。自畫一裁減後，每船祗用十軍，而所載漕糧則倍於他船，應仍按糧支給行月。山東德州等衞有自雇民船裝運漕糧者，一體支給行月錢糧。江寧省衞無贍運屯田，遇有減存，同出運之船支給安家月糧。江淮、興武二衞，原減駕軍二名，准其復設，派給行月二糧，例由布政司行文各府州縣支領，每船餽遺書吏六七金不等，否則派撥遠年難支錢糧及極遠州縣，而州縣糧書又有需索，每船約二三金不等。十金之糧，運丁所得實不及半也。

漕糧爲天庾正供，司運官吏考成綦嚴。順治十二年，定漕、糧二道考成則例。經徵州縣衞所各官，漕糧逾期未完，分別罰俸、住俸、降級、革職，責令戴罪督催，完日開復。康熙二年，議定隨漕行月、輕齎各項錢糧，總作十分計算，原參各官限一年接徵，而接徵之員止限半年，殊未平允。嗣後接徵官限一年，糧道、知府、直隸州一年半，巡撫二年。如仍不完，照原參分數議處。其經徵督催白糧各官考成條例，悉與漕糧同。白糧項下減存經費銀不得擅用，違者題參，並勒令賠繳。糧道完儲錢糧，春秋造册達部，候撥解京餉。年終及離任日，藩司盤查出如有侵虧，揭報巡撫題參。

凡漕欠，無論多寡，均發各糧道嚴追，承追官吏嚴查本弁本軍產業，估計變售償補。如運軍侵糧逃逸，報明戶部，行文總督提究。挂欠米石，追完補運，與本幫原欠米不符者，將過淮不驗換之總漕及督漕、承運各官並採買搭運之員，一併糾劾。其運到之米，按數收用，以免累及運軍。承平日久，法令日弛，糧道及監兌、押運官既不親臨水次，糧船抵淮，漕總復不嚴行稽查，於是弁軍任意折銀，沿途盜賣，抵闈時遂多挂欠矣。

四十五年，令嗣後耗贈漕截等銀米，暫存糧道倉庫，俟回空時，倉場查明，按其挂欠數扣抵。不足，以行糧抵補。旋議定挂欠漕糧不及一分至六分之弁軍治罪，總漕、糧道按所欠分數議處，並將所欠漕糧，由總漕、糧道及監兌、押運、僉丁、衞所各官至運丁，分別担任，均限定期內償還。不完，總漕、糧道交部議，運官、運軍分別治罪，仍責成總漕、糧道賠償。全完者，優敍。

糧船抵通起卸漕米，例買別幫餘米抵補。雍正三年，奏准嗣後漕米如有不足，卽分別參處償還，不得以別幫餘米買補。其運軍日用餘米，許其售賣，餘並禁阻。

漕船經涉江湖，偶遇風濤漂沒，沿途催趲各官，及汛地文武官，親臨勘驗出結，總漕及巡撫覆勘奏免。若軍弁詐報漂沒，及漂沒而損失不多，乘機侵盜至六百石者，擬斬；不及六百石，充發極邊，漕米按數賠繳。文武官遇漕船沈溺，不將情由申報，押運官弁巡查不謹，致失火焚燬者，俱降一級調用。地方官不協救，延燒他船者，罰俸一年。雍正初，奏准漕船在內河失風漂沈者，不許豁免，押運官弁照失於防範例，罰俸一年。如有假揑，嚴加治罪，出結官弁，從重議處。凡海洋江河遭風漂沒，領運弁軍幸獲生全者，照軍功保守在事有功例，晉級賜金。其漂沒身故者，官弁照軍功陣亡例，分別准廕加贈，運軍給予祭葬銀。

乾隆七年，議定漕船失風火災，船未沉沒，無論已未過淮，卽令修固復載抵通。如已被沈難戽者，雇民船載運，隨幫過淮盤驗抵通。如失事在過淮以後，黃河中流，民船難募，令先分通幫帶運開行，沿途仍雇覓民船裝載。通幫各丁，出具互結，稍有虧欠，責令償補。江、廣漕船失風沈溺，如果不堪戽修，無論已未滿號，地方官驗明，申報總漕，就近變價，令運弁賫交糧道發給。回空漕船失事亦如之。嗣議准江蘇、浙江、山東、河南等省買補船艘，如已滿號，遇失風事故，就近折變，價銀封交員弁攜回，由糧道驗給各軍，以補新漕。漕船遇冰凌迅下，致被損壞，及雷火焚燬，沈失米糧，免其償補。

各省漕糧，歲有定額，凡荒地無徵者，督撫勘實報免，隨漕銀米，一例蠲免。災傷之區，應徵漕糧，及折改漕價，酌量各被災輕重，分別緩徵、帶徵。遇帶徵之年，復又被災傷，分年壓徵帶補。沿江沿海田地坍沒水中者，保題豁免。水旱偏災民地，例得蠲免，惟應船役，即被災甚重，仍須供修船雇募等事，不得同邀寬典。康熙三十七年，議定京畿通州、武清、寶坻、香河、東安、永清六州縣紅剝船戶所領地，水旱一體蠲免。水淹田畝，例於歲終確勘，涸前起徵，淹則停免。雍正十年，定淹田漕米照歷徵例，俟冬勘後，涸則帶徵，淹則豁免。

蘇、松、太三屬爲東南財賦之區，賦額最重。世宗以來，屢議蠲緩，然較之同省諸府縣，尚多四五倍或十數倍。道光時，兩遭大水，各州縣每歲歉蠲減，遂成年例。嗣是徵收之數，除官墊民欠，每年僅得正額之七八或五六而已。軍興以後，兩府一州，受害尤酷。同治二年，諭江督、蘇撫查明，折衷議減，期與舊額本輕之常、鎮二府，通融覈計，著爲定額。其紳戶把持、州縣浮收諸弊，永遠禁革。四年，戶部遵議：「江蘇常、鎮、太五屬編徵米，係會同漕贈行月南恤局糧等款徵收。應如李鴻章等所奏，無分起運留支，一體並減，酌科則之重輕，視減成之多寡，計原額編徵米豆二百二萬餘石，減五十四萬餘石。」民困稍舒。曾國藩又請將蘇、松地漕錢糧一體酌減。部覆漕項爲辦運要需，若議覈減，費必不敷，勢須另加津貼，於民生仍無裨益。詔令國藩、鴻章仿浙省成例，覈實删減浮收，並嚴禁大戶包攬短交等弊。是年減浙江杭、嘉、湖三屬米二十六萬餘石。

海運始於元代，至明永樂間，會通河成，乃罷之。清沿明代長運之制。嘉慶中，洪澤湖洩水過多，運河淺涸，令江、浙大吏兼籌海運。兩江總督勒保等會奏不可行者十二事，略謂，「海運既興，河運仍不能廢，徒增海運之費。且大洋中沙礁叢雜，險阻難行，天庾正供，非可嘗試於不測之地。旗丁不諳海道，船戶又皆散漫無稽，設有延誤，關係匪細」。上謂「海運既多窒礙，惟有謹守前人成法，將河道盡心修治，萬一贏絀不齊，惟有起剝盤壩，或酌量截留，爲暫時權宜之計，斷不可輕議更張，所謂利不百不變法也」。自是終仁宗之世，無敢言海運者。

道光四年，南河黃水驟漲，高堰漫口，自高郵、寶應至清江浦，河道淺阻，輸輓維艱。吏部尚書文孚等請引黃河入運，添築閘壩，鉗束盛漲，可無泛溢。然黃水挾沙，日久淤墊，爲患滋深。上亦知借黃濟運非計，於是海運之議復興。詔魏元煜、顏檢、張師誠、黃鴻傑各就轄境情形籌議。諸臣憚於更張，以窒礙難行入奏。會孫玉庭因渡黃艱滯，軍船四十幫，須盤壩接運，請帑至百二十萬金。未幾，因水勢短絀，難於挽運，復請截留米一百萬石。上令琦善往查，覆稱玉庭所奏渡黃之船，有一月後尚未開行者，有淤阻禦黃各壩之間者，其應行剝運軍船，皆膠柱不能移動。上震怒，元煜、玉庭、檢均得罪。

協辦大學士、戶部尚書英和建言：「治道久則窮，窮則必變。河道既阻，重運中停，河漕不能兼顧，惟有暫停河運以治河，雇募海船以利運，雖一時之權宜，實目前之急務。蓋滯漕全行盤壩剝運，則民力勞而帑費不省，暫雇海船分運，則民力逸而生氣益舒。國家承平日久，航東吳至遼海者，往來無異內地。今以商運決海運，則風颶不足疑，盜賊不足慮，黴濕侵耗不足患。以商運代官運，則舟不待造，丁不待募，價不待籌。至於屯軍之安置，倉胥之稽察，河務之張弛，胥存乎人。矧借黃既病，盤壩亦病，不變通將何策之從？臣以爲無如海運便。」詔仍下有漕各省大吏議。時琦善督兩江，陶澍撫安徽，咸請以蘇、松、常、鎮、太倉四府一州之粟全由海運。乃使布政使賀長齡親赴海口，督同地方官吏，招徠商船，並籌議剝運兌裝等事。嗣澍言：「現雇沙船千艘，三不像船數十，分兩次裝載，計可運米百五六十萬石。其安徽、江西、湖廣離海口較遠，浙江乍浦、寧波海口或不能停泊，或盤剝費鉅，仍由河運。」上乃命設海運總局於上海，並設局天津。復命理藩院尚書穆彰阿，會同倉場侍郎，駐津驗收監兌，以杜經紀人需索留難諸弊。

六年正月，各州縣剝運之米，以次抵上海受兌，分批開行。計海運水程四千餘里，踰旬而至。米石抵通後，轉運京倉，派步軍統領衙門文武員弁沿途稽查。沙船耗米，於例給旗丁十八萬餘石內動放，所節省耗米六萬石，仍隨同起運。承運漕糧每石給耗米八升，白糧耗米一斗，以補正米之不足。仍將漕運商耗覈出二成，白糧覈出三成，由津局給價收買，隨正交運。漕糧無故短少黴變，於備帶耗米內補足；不敷，勒令買補。如有斫桅鬆艙傷人等事則免之。船戶脚價飯米折色並津貼等銀，先於受兌後發七成，餘三成交押運員弁，到壩後查無弊端，始行全發。沙船餘米不下十萬石，初照南糧例，聽天津人照市價收買。嗣以商人希圖賤價售買，改由官爲收買，其價銀由江南委員轉發船戶，後仍令商船自行售賣。

每屆海運期，沿海水師提鎭，各按汛地，派撥哨船兵丁，巡防護送，並派武職大員二，隨船赴津。上海交兌時，先期咨照浙江提鎭水師營出哨招寶、陳錢一帶地方，江南提鎭水師營出哨大小洋山，會於馬蹟山，山東總鎭出哨成山、石島，會於鷹游門，以資彈壓。山東洋面，責成游擊、守備，搜查島嶼，防護迎送。後以邵燦言，停派護送武職大員，責成沿海水師逐程遞護。嗣寧、滬商人各置火輪船一，遇新漕兌開行時，分別扼要巡防。

剝船，直隸舊設二千五百艘，二百艘分撥故城等處，八百艘留楊村，餘千五百艘集天津備用。後雇覓堪裝漕糧二百五十石民船五百艘，以備裝載。商船首次抵津，先僅府縣倉厫廟宇撥卸三十萬石，餘令剝船徑運通倉。隨將天津倉厫廟宇所儲漕米運通，無庸轉卸北倉，致多周折。至商船二次抵津，如剝船不敷裝載，即將米先儲府縣倉厫廟宇；不敷，再剝儲北倉。隨令原剝將所儲米石儘數運通。剝船足敷裝載，即按首次商船辦法，不必分儲北倉，以歸簡便。剝船百六十隻爲一起，由經紀自派人分起押運交倉，押運員役稟報倉場，復馳回續押後起米船。經紀等止須帶領斛手到船起卸，如有藉端刁難需索，交地方官從嚴治罪。

各州縣經管剝船，每年例給修艌銀五兩，三年小修一次，給費二十兩，歲終漕竣，逐一挑驗，船身堅固者，酌量修艌，如損壞較甚，即核賞估價，所需經費，於道庫油艌銀項下動撥。封河守凍期內，每船工食銀十五兩，運米百石，給脚價八兩四錢，食米一石一斗五升。嗣每百石加脚費五兩。李鴻章因官剝船戶貧困滋弊，例定工食銀十五兩，僅領一半，不敷贍家，請每船由蘇、浙漕項內酌貼五兩，部格不行。鴻章上疏爭之，詔從其議。商船領運漕糧，迅速無誤，萬石以下給匾額，五萬石奬職銜，每次奏保以百二三十人爲限。

七年，蔣攸銛請新漕仍行海運。上以近年河湖漸臻順軌，軍船可以暢行，不許。其後各省歲運額漕，逐漸短少，太倉積粟，動放無存。二十六年，詔復行海運。二十七年，議准蘇、松、太二府一州漕白糧米，自明歲始，改由海運。三十年，復令蘇、松、太二府一州白糧正耗米，援照成案，由海運津。咸豐元年，戶部尚書孫瑞珍請河海並運。御史張祥晉請將江蘇新漕，援案推廣常、鎮各屬及浙江，一體海運。下江督陸建瀛、蘇撫楊文定、浙撫常大淳妥議。覆稱明年蘇、松、常、鎮、太四府一州漕白糧米，請一律改由海運。浙漕礙難海運，請仍循舊章，從之。二年，建瀛上籌辦海運十事，下部議行。是年以浙江漕船開兌過遲，回空不能依期歸次，詔來歲新漕改爲海運，從巡撫黃宗漢請也。五年，河決銅瓦廂，由張秋入大清河，挾汶東趨，運道益梗。六年，截留江蘇應運漕糧二十萬石供支兵餉，實運漕白正耗及支賸給丁餘耗米七十五萬五千餘石，其歉緩南漕，令各州縣依限催徵運通。

同治七年，議試用夾板船裝運採買米石，水脚銀數悉仍沙船例，給銀五錢五分，挽至天津紫竹林，由商董就近寄棧，聽驗米大臣會同通商大臣驗收過剝，所需小船剝價、棧租、挑力，每石給銀七分，由商董承領經理。又每石給保險銀三分，設有遭風拋失，責令貼補。至每米千石，隨耗八十石，備帶餘米二十石，剝船食耗米十一石五斗。又每百石給津、通剝價銀八兩一錢四釐，通倉箇兒錢折銀二兩，均照海運正漕採買各案辦理。是年以津沽河面狹隘，常有沈船失米之虞，於大沽增設海運外局。

九年，浙江巡撫楊昌濬奏：「浙省來歲新漕，酌擬海運章程十四條：一，委員分辦，以專責成；一，新漕仍由上海受兌放洋，白糧仍循案裝盛麻袋，首先運滬；一，寬備海運商船，並由蘇省多撥沙船，移浙濟用；一，經耗等米，仍照數支給，商耗飭帶本色並餘耗申糙等米搭交倉；一，增給天津剝船耗米，以彌虧欠；一，津、通經費，照案備帶，簞羨等款，仍按數抵解；一，商船准帶礮械，並由商捐輪船護送，仍責成沿海水師實力巡防；一，天津交米後，循舊責成經紀，續到之船，仍由天津道驗收；一，循案加增海運經費；一，米船到津，應多添排數，寬備剝船；一，商船水脚等項，照案核給，並二成免稅，酌定賞罰；一，商船二成免私之貨，仍以米石計斤，所帶竹木，照案免稅；一，商船回空載貨，照向章免稅；一，米船抵津交卸，嚴禁經紀斗斛剝船需索浮費。」下部議行。十年，鴻章言：「剝船守候苦累，每載米百石，請加給脚價銀五兩，並另籌運白糧民船守候口糧銀萬二千兩，由蘇、浙糧道庫漕項內撥解；不敷，則由司庫通融借撥。」

十一年，昌濬請以輪船運漕，從之。輪船招商，由商人借領二十萬串爲設局資本，盈虧悉由商任之。購堅捷輪船三艘，每年撥海運漕米二十萬石，由招商輪船運津，其水脚耗米等項，仍照向章辦理。輪船到津，命直督籌備剝船轉運，並會同倉場侍郎臨棧查驗，仍仿照白糧例，由江、浙撫道運通交納，以杜折耗偷漏。輪船協運江、浙漕糧，籤明某省漕白糧米字樣於米袋之上。糧米上棧時，由滬局派員監兌；兌竣，即由輪船商局給收米回文，以後裝船起運，俱由商局褒辦，滬局不再與聞。其棧費夫力，亦由商局任之。凡漕糧派裝輪船，輪船商局酌委執事，會同滬局詳驗，米色乾潔，方行收兌，交輪局押赴浦江東棧斛收。抵津，飭津局各員董提前驗收，以免壅滯。輪船每艘載米三千石，塡發連單，由津局稽核，一切領銀領米等結悉罷之。輪船運米，由上海道塡給免稅執照，並援例得酌帶二成貨物。其洋藥及二成之外另帶貨物，仍須納稅。

喬松年奏山東境內黃水日益汎濫，運河淤塞，擬因勢利導，俾黃水先驅張秋。其張秋南北，普行挑濬，修建牐壩以利漕。丁寶楨、文彬奏請挽復淮、徐故道。事下廷臣會議。復稱銅瓦廂決後，舊河身淤墊過高，勢不能挽復淮、徐故道。至借黃濟運，築堤束水，與導衞濟運之法同一難行。鴻章奏請仍由海道轉運，令各省酌提本色若干運滬，由海船解津，餘照章折解，以節運費。並隨時指撥漕折銀兩採買接濟，並請停止河運採買糧石，推廣海運。仍下部議。先是江北漕糧，由河運通，至是亦試辦海運。十三年，奏准江西在滬採買漕糧八萬石，交招商局由海運津，每石脚價銀二兩七錢。光緖元年，湖南漕糧採辦正耗米二萬三百四十五石，湖北採辦三萬石，均交招商局由海運津。江西、湖南尋停。

寶楨奏運河廢壞，莫非黃水之害，治運必先治黃。應先將微山湖之湖口雙閘及各減閘，迅速修砌，及時收蓄，以保湖瀦；運河正身亦須量爲疏濬。嗣桂清、畢道遠、廣壽、賀壽慈等亦以籌款修復運河爲請。黃元善復稱：「自黃河北徙，運河阻滯，改由海運，原屬權宜之計。當時奏定江蘇漕額，以河運經費作爲海運支銷，每石不得過七錢。嗣以經費不敷，迭次請增。江蘇所加，距一兩不遠，浙江已加至一兩，較道光二十八年、咸豐二年海運經費尚有節省歸公者，大相逕庭。且海運歷涉重洋，風波靡定，萬有不測，所關匪細。河運雖迂滯，而沿途安定，經費維均。自各省以達京倉，民之食其力者，不可數計。裕國利民，計無善於此者。現停運未久，及時修復，尚屬未晚。再遲數年，河道日淤，需費更鉅。臣以爲河運迂而安，海運便而險，計出萬全，非復河運不可。」上命河督、漕督及沿河各督撫籌畫具奏。沈葆楨疏駁桂清、畢道遠等請將有漕省分酌提漕項及將海運糧石分出十數萬石改辦河運之議，並力言「河運決不能復。運河旋濬旋淤，運方定章，河忽改道，河流不時遷徙，漕路亦隨爲轉移。而借黃濟運，爲害尤烈。前淤未盡，下屆之運已連檣接尾而至，高下懸殊，勢難飛渡。於是百計逆水之性，强令就我範圍，致前修之款皆空，本屆之淤復積。設令因濟運而奪溜，北趨則畿輔受其害，南趨則淮、徐受其害，億萬生靈，將有其魚之歎，又不僅徒糜巨帑無裨漕運已也」。七年，令直督飭招商局有協運漕糧時，酌分道員駐津驗兌，並責成糧道嚴督治漕事人員，兌米時加意查察。因招商局協運江、浙漕糧，有攙雜破碎諸弊故也。

十年，法人搆衅，海運梗阻。太常卿徐樹銘言：「漕糧宜全歸河運，請於運道經行處疏濬河流，修治閘壩，並選雇民船以濟運。」明年，曾國荃言：「來年河運酌添江蘇漕糧五萬石，並將邳、宿河道淤淺處，酌估挑濬。」從之。盧士杰言：「鄭州黃河漫口奪溜，山東運河十里堡門外積淤日寬，回空漕船，不能挽抵口門。現寧、蘇新漕待船裝載，邳、宿挑淤築壩，必待空船過竣，方可興工。」上命迅飭疏濬積淤，俾漕船早日南下。十五年，從山東巡撫張曜請，改撥海運漕米二十萬石仍歸河運。曾國荃、黃彭年奏：「江、安河運米石，業經截留充賑。蘇屬河運漕米十萬，前已改歸海運，各州縣起運，均已抵滬，驟改河運，窒礙難行。且雇船將近千艘，亦非旦夕可致。請俟本年冬漕，再行遵旨提前河運，以期規復舊章。」制可。

十九年，北運河上游潮、白等河狂漲，水勢高於隄顚數尺，原築上堰，俱沒水中，運河水旱大小決口七十餘處，由津運京米麥雜糧千數百艘，在楊村阻淺，命鴻章將各口門堵合，並疏濬河身，停蓄水勢，以利舟行。二十二年，王文韶奏：「南漕改行海運，惟江北漕糧仍由河運，復於蘇、松項下提撥米十萬石併入河運。船多道遠，自黃入運，自運入衞，節節阻滯，船戶窮無復之，竊米攙水，諸弊叢生。本年漕船到津，較昔已遲二三月，誠恐有誤回空。已飭併程催趲，剋日兌收。但此次截留江北漕米五萬石，米色尚佳。江蘇五萬石，米色參差，甚或蒸變，剔除晾曬，幾費周章，蓋運受黃病，已非人力所能挽救。擬請自本年始，改撥蘇漕之十萬石統歸海運。其江蘇冬漕仍辦河運，以保運道。」下部議行。御史秦夔揚以江北河運勞費太甚，疏請停辦，改折解部。部議漕糧關係京倉儲積，未便遽更舊制。

二十六年，以戰端既開，從陳璧請，於清江浦設漕運總局。車駕西幸，轉運局移漢口，清江改設分局。是年南漕改用火車由津運京。二十七年，以財用匱乏，諭：「自本年始，直省河運海運，一律改徵折色，責成各省大吏清釐整頓，節省局費運費，並查明各州縣徵收浮費，勒令繳出歸公，以期彙成巨款。」奕劻請於應辦白糧外，每年採辦漕糧百萬石，純用粳米，並不得率請截留，從之。二十八年，部議本年江、浙漕糧，純歸招商局輪船承運，費應力從減省。盛宣懷奏：「近年滬局輪船，因事起運太遲，棧耗既鉅，及運至塘沽，又值聯軍未退，費用倍於常時。二十六、二十七兩年，招商局所領水脚，實不敷所出。本年太古洋行願減價攬載，英、日議定商約，均欲漕運列入約章，臣等力拒之。蓋招商局爲中國公司，前李鴻章奏准漕米、軍米悉歸招商局承運，實寓有深意也。此次詳察中外情形，擬請自二十八年冬漕始，於向章每石輪船水脚保險等項漕米銀三錢八分八釐一毫內減去五分，永爲定制。」從之。

江、浙漕糧由海運津，向用剝船運至通倉，每石支耗米一升一合五勺，名曰「津剝食耗」。自南漕改用火車運京，此項耗米，改令隨正交倉。嗣因運米事竣，每有虧耗，許仍舊支給，以抵車運虧耗云。

清史稿卷一百二十三

志九十八

食貨四

鹽法

清之鹽法，大率因明制而損益之。蒙古、新疆多產鹽地，而內地十一區，尤有裨國計。十一區者：曰長蘆，曰奉天，曰山東，曰兩淮，曰浙江，曰福建，曰廣東，曰四川，曰雲南，曰河東，曰陝甘。

長蘆舊有二十場，後裁爲八，行銷直隸、河南兩省。奉天舊有二十場，後分爲九，及日本據金川灘地，乃存八場，行銷奉天、吉林、黑龍江三省。山東舊有十九場，後裁爲八，行銷山東、河南、江蘇、安徽四省。兩淮舊有三十場，後裁爲二十三，行銷江蘇、安徽、江西、湖北、湖南、河南六省。浙江三十二場，其地分隸浙江、江蘇，行銷浙江、江蘇、安徽、江西四省。福建十六場，行銷福建、浙江兩省。其在臺灣者，尙有五場，行銷本府，後入於日本。廣東二十七場，行銷廣東、廣西、福建、江西、湖南、雲南、貴州七省。四川鹽井產旺者，凡州縣二十四，行銷西藏及四川、湖南、湖北、貴州、雲南、甘肅六省。雲南鹽井最著者二十六，行銷本省。河東鹽池分東、中、西三場，行銷山西、河南、陝西三省。陝甘鹽池最著者，曰花馬大池，在甘肅靈州，行銷陝西、甘肅兩省。

長蘆、奉天、山東、兩淮、浙江、福建、廣東之鹽出於海，四川、雲南出於井，河東、陝甘出於池。其製法，海鹽有煎、有曬，池鹽皆曬，井鹽皆煎。論質味，則海鹽爲佳，池鹽、井鹽次之。海鹽之中，灘曬爲佳，板曬次之，煎又次之。論成本，則曬爲輕，煎之用蕩草者次之，煤火又次之，木則工本愈重。此其大較也。

初，鹽政屬戶部山東司。宣統二年，乃命戶部尙書兼任督辦鹽政大臣，外遣御史巡視。後裁歸總督、巡撫管理。其專司曰都轉運使司。無運司各省，或以鹽法道、鹽糧道、驛鹽道、茶鹽道兼理。

其行鹽法有七：曰官督商銷，曰官運商銷，曰商運商銷，曰商運民銷，曰民運民銷，曰官督民銷，惟官督商銷行之爲廣且久。凡商有二：曰場商，主收鹽；曰運商，主行鹽。其總攬之者曰總商，主散商納課。後多剝削侵蝕之弊，康熙、乾隆間，革之而未能去。惟兩淮以道光時陶澍變法，奏除引目，由戶部寶泉局鑄銅板印刷。順治三年，以淮、浙領引距京遠，設都理引務官駐揚州，至七年裁。十五年，發引於運司，尋命運司仍委員赴部關領，票亦領於部。

商人之購鹽也，必請運司支單，亦曰照單，曰限單，曰皮票，持此購於場。得鹽則貯之官地，奉天謂之倉，長蘆謂之坨。未檢查者曰生鹽，已檢查者爲熟鹽，熟鹽乃可發售。兩淮總棧始由商主，後改官棧。四川以行銷黔、滇者爲邊岸，本省及湖北爲計岸，潼川州爲潼岸。河東總岸立於咸豐初。其行陝西者，以三河口爲之匯。行河南者，以會興鎭爲之匯。山西則蒲、解，於安邑運城立岸，而澤、潞等處亦分立焉。

大抵暢岸外有滯地，或展限，或減引，或停運，或用併引附銷、統銷、融銷諸法。併引附銷者，將積鹽附入，三引銷一引。又納引半之課行一引之鹽，納三引之課行二引之鹽是也。統銷者，將積引統燬，其正雜錢糧令商人分年完繳。融銷者，以暢岸濟滯地是也。

凡引有大引，沿於明，多者二千數百斤。小引者，就明所行引剖一爲二，或至十。有正引、改引、餘引、綱引、食引、陸引、水引。浙江於綱引外，又有肩引、住引。其引與票之分，引商有專賣域，謂之引地。當始認時費不貲，故承爲世業，謂之引窩。後或售與承運者。

買單謂之窩單，價謂之窩價。道光十年，陶澍在兩淮，以其擡價，奏請每引限給一錢二分，旋禁止。票無定域而亦有價。當道光、咸豐間，兩淮每張僅銀五百兩。後官商競買，逮光緒間，至萬金以上。又引因引地廣狹大小而定售額，票則同一行鹽地，售額亦同。嘉慶以前，引多票少，後乃引少票多，蓋法以時變如此。

若夫歲入，道光以前，惟有鹽課。及咸豐軍興，復創鹽釐。鹽課分二類：曰場課，曰引課。場課有灘課、竈課、鍋課、井課之分。長蘆有邊布，福建有埕折。邊布者，明時竈戶按丁徵鹽，商人納粟於邊，給銀報支，是謂邊鹽。其有場遠鹽無商支，令八百斤折交布三丈二尺。後改徵銀三錢，是謂布鹽。竈課向分地、丁爲二。但丁不盡有地。雍正間，用長蘆巡鹽御史鄭禪寶言，將丁銀攤入於地徵收，由是各省如所奏行，然長蘆邊布之名猶仍舊。埕折者，鹽田所納錢糧，謂之折價。程坵所納錢糧，謂之鹽坵。其供應內府及京師、盛京各衙門之鹽，康熙中悉裁，祗供內府、光祿寺二十萬斤，折銀解部充納。引課有正課、包課、雜課。鹽釐分出境稅、入境稅、落地稅。逮乎末造，加價之法興，於是鹽稅所入與田賦國稅相埒。是以順治初行鹽百七十萬引，徵課銀五十六萬兩有奇。其後統一區夏，引日加而課亦日盛。乾隆十八年，計七百一萬四千九百四十一兩有奇。嘉慶五年，六百八萬一千五百一十七兩有奇。道光二十七年，七百五十萬二千五百七十九兩有奇。光緒末，合課釐計共二千四百萬有奇。宣統三年，度支部豫算，鹽課歲入約四千五百萬有奇。蓋稅以時增又如此。

順治二年，諭各運司，鹽自六月一日起，俱照前朝會計錄原額徵收。旋蠲免明末新餉、練餉及雜項加派等銀。十六年，戶部議准各商鹽船用火烙記船頭，不許濫行封捉，其過關祇納船料，如借端苛求，以枉法論。十七年，用兩淮巡鹽御史李贊元言，回空糧艘禁緝夾帶私鹽。康熙九年，兩淮巡鹽御史席特納、徐旭齡言：「兩淮積弊六大苦：一，輸納之苦；一，過橋之苦；一，過所之苦；一，開江之苦；一，關津之苦；一，口岸之苦。總計六者，歲費各數萬斤，應請革除。又掣摯三大弊：一，加鉈之弊；一，坐斤之弊；一，做斤改斤之弊。此三弊者，惟有嚴禁斤重一法，乞交部酌議。」定例，凡橋所掣摯，溢斤割沒，少者三四斤，多者七八斤，不得逾額。如夾帶過多，掣官虛塡太重者，商則計引科罪，官則計斤坐贓，庶掣摯公而國法信。上命勒石嚴禁，立於橋所及經過關津口岸。席特納又陳：「自康熙七年，鹽臣差遣稍遲，前任鹽差於徵完本年課銀外，又重徵新鹽。鹽尚未賣一引，而課已徵至二十餘萬。此種金錢，追呼無措，非重利借債，卽典鬻赴比，應請停止。」如所請行。十六年，用戶科給事中余國柱言，命將商鹽掣驗每引加二十五斤，加課二錢五分，永遠革除，著爲例。二十年，命革除三藩橫徵鹽課。

自滇、黔告變，所在揭竿蠭起，鹽無行銷地，商皆裹足不前，至亦榛墟彌望，無所得售。計臣以軍需所恃，督餉之檄，急如星火，商於是大困。時天下鹽課兩淮最多，困亦最甚，賴巡鹽御史劉鍚、魏雙鳳多方撫恤，輸納忘疲。至是海內殷富，淮南寧國、太平、池州等府，及兩浙、山東、廣東、福建，先後增引，利獲三倍。不特額外照舊行銷，且願先呈課銀，請將以前停引補還。四川經明季之亂，江、楚人民遷移其地，食鹽日多，請引數倍於昔；所開之井，爲滇、黔資，水陸無滯。而福建、廣東、兩浙招徠竈丁，墾復鹽地、鹽坵，報部升課者不絕。又兩浙各場漲墾蕩地二萬二千七百餘畝，廣東各埠每斤加七十斤，江西南、贛二府鹽引，至三十六年，加斤配課亦如之。上以寰宇昇平，免浙江加斤銀之半，共三萬一千三百八十餘萬。三十八年南巡，復諭各鹽差：「向因軍需，於正額外更納所私得贏餘，著將此項停罷。其兩淮鹽課，前曾加四十萬，著減其半。」四十三年，用江南總督阿山言，革除兩淮浮費數十萬，勒石永禁。五十六年，長蘆巡鹽御史田文鏡請將山東所裁鹽引補足辦課，經部議准。上以加引增課無益，不許。

先是順治二年，世祖定巡視長蘆、兩淮、兩浙、河東鹽政，差監察御史各一，歲一更代。其山東鹽務歸長蘆兼管，陝西歸河東兼管。十年停，鹽務專責成運司。尋因運司權輕，仍命御史巡察。康熙十一年，復停巡鹽。明年，巡撫金世德以直隸事繁，請仍差御史。於是兩淮、兩浙、河東皆復舊制。既而兩廣、福建並設巡鹽御史。五十九年，仍交督撫管理。

時鹽課惟廣東、雲南常缺額，因康熙初粵商由里下報充，三年一換，名爲排商，故弊端百出。嗣將排商費萬餘兩入正課，舉報殷戶以充場埠各長商，而場商貲薄，不能盡數收買，致場多賣私。五十七年裁場商，由運庫籌帑本三十六萬，分交場員收買。且置艚船給水脚，運向東關潮橋，存倉候配。埠商配鹽，按包納價，獲有盈餘，名爲場羨。其滷耗餘賸鹽斤，及配引外多收餘鹽，發商行運。又有子鹽、京羨、餘鹽、羨銀等名。後餘鹽改引，將餘羨歸入正額，而粵鹽遂有辦羨之事。後粵商倒歇至五十餘埠，滇鹽由商認票辦運，而地無舟車，全恃人力，煎無煤草，全恃木柴，故運費工本皆重，而鹽課率以一分，又重於他省。富商棄之弗顧，强簽鄉人承充。及倒罷末由追繳，乃責里中按戶攤納。迨乾隆時，一蹶不振，遂令歷年督撫分償。

世宗初年，裁福建、浙江巡鹽御史。時上於鹽政頗加意。河東鹽池形低，屢爲山水灌入，向例修牆築堰，皆派蒲、解十三州縣之民應役。從巡鹽御史碩色言，歲撥銀六千兩，以三千作歲修，三千貯運庫備大修，民累始紓。又以鹽法莫急於緝私，但有場私、有商私、有梟私，而鄰私、官私爲害尤鉅。欲緝場私，必恤竈而嚴其禁。故於雍正二年兩淮范隄決，沿海二十九場爲潮淹，特發帑金以賑。五年，以淮商捐銀建鹽義倉積穀，諭更立數倉於近竈地，以備竈戶緩急之需。此政之在於恤竈者。

六年，江南總督范時繹言：「兩淮竈戶燒鹽，應令商人舉幹練者數人，並設竈長巡役，查核鹽數，輸入商垣，以杜私賣。」兩淮巡鹽御史戴音保言：「場竈燒鹽之具，深者盤，淺者鐅，設有定數，而煎鹽以一晝夜爲火伏，並巡查息火後私燒。近有竈戶私置鹽鐅，火伏又不稽查，故多溢出之數。請飭鹽官申嚴舊法。至淮南曬掃，惟有商人收買配運，酌加引課。」均命著爲例。此所以嚴其禁也。

欲緝商私，必恤商而嚴其禁。故二年兩淮各場，因災竈鹽不繼，商本倍增，從巡鹽御史噶爾泰言，令將本年成本之輕重，合遠近脚價，酌量時值買賣。至食鹽難銷處，值有綱地行銷不敷，亦准改撥。兵部尚書盧詢請加引免課，以期減價敵私，命長蘆、兩淮每引加五十斤，免納課銀。此政之在於恤商者。十一年，從江南總督尹繼善言，改設淮南巡道，督理揚州、通州等處鹽務，並於儀徵之青山頭立專營緝私。

其稽官私也，自明以來，膺鹽差者，回京例有呈獻，及上嚴禁，始各將所得報繳。獨福建八萬餘兩爲總督滿保查出，於是裁撤鹽官，鹽商命各場由州縣監管。嗣廣東總督楊琳言：「地方官辦課，必委之家丁衙役，非設鋪分賣中飽，卽發地里勒派。且恐貲本不足，挪動地丁錢糧。應將場商停設，發帑委官監收，埠商仍留運銷納課。」從之。

是時上於鹽官量重李衞。衞在浙江可稱者，莫如辦帑鹽。帑鹽者，由松江、台州、溫州三府場鹽產旺，竈多漏私，衞請發帑銀八萬，交場員收買。復奏設玉環同知，使經理收鹽事，而舟山內港內洋、岱山附近之秀山長塗、平陽縣界之肥艚，均委官管理收發。崇明場鹽，令知縣主之。所收帑鹽，儘銷本處魚戶、蜇戶，漁鹽亦准引商、帑商運往他處銷售，各照科則納課外，輸經費銀一二三錢不等，除歸帑本經費，餘銀作爲盈餘。由是私淨官暢，每年引不敷運，加領餘引十五萬。凡商運餘引，引輸租銀四分，所完課銀，與帑鹽盈餘，併案題報，年約銀十萬餘。

自上淸釐鹽政，積弊如洗。然自裁革陋規，歸入正項，上又有「耗羨入正額，恐正額外復有耗羨，商何以堪」之諭，蓋已知其弊矣。十三年，署副都御史陳世倌言：「鹽課引有定額，斤有定數。按引辦課，未必果有奇贏，即獲微利，何妨留與商人，裕其貲本。乃近年多有以隨利歸公者，考其實乃陰勒商重出。故在官多一分之歸公，在商添一分之誅求，此商受其弊者也。又有以捐助題請者爲急公，亦陰勒商總公派。及項無所出，非拖欠引綱，即暗增引斤，或高擡鹽價，此國與民並受其弊者也。請嗣後祇按引辦課，一切歸公捐助等名，應永遠停止。」上命莊親王議。尋覆如所請行。

時江西驛鹽道沈起元與江南總督趙宏恩書，亦言「昔年陋規，非皆收納，今以墨吏私贓作報部正欵，在大員自無再收之理，而僚佐豈能別無交際？其爲商累實甚」。後有聞於高宗者，乃將兩淮鹽政公費、運使薪水，及雲南黑、白、琅井規體銀蠲除。

初，世宗從宏恩言，命給貧民循環號籌，聽於四十斤內負販度日。至乾隆初元，戶部題准六十歲以上、十五歲以下及少壯有殘疾、婦女老而無依者，許於本縣報明，給印烙腰牌木籌，日赴場買鹽一次。既兩淮巡鹽御史尹會一、兩廣總督鄂彌達先後奏言：「奸民藉口貧苦，結黨販私，兩查兵役，未便槪撤。」後以貧民過多，停牌鹽，每名日給錢十文至二十四文。尋改浙江巡撫爲總督，兼管鹽政，諭酌定增斤改引法，將杭、嘉、紹三所引鹽，照兩淮舊額，每引加五十斤，松所照溫、台例，改票引九萬餘道，引給四百斤，均不加課，以期復舊。又諭裁雲南贏餘，其價減至三兩以下，廣西仍減二釐，免徵兩廣鹽課每千斤餘平銀二十五兩。三年，改浙督仍爲巡撫，兼管鹽政。六年，以淮南竈鹽暑月多耗，命五六月每引加耗十五斤，七八月遞減五斤。至十三年，淮北亦仿行。又命兩淮於定額外，每引加給十斤。十六年，以省方所至，諭兩淮綱鹽食鹽於定額外每引加十斤。先是雍正初，因長蘆積欠甚多，每引加五十斤。嗣經部覆按所加斤折中核算，年應增課銀八萬六千餘兩。高宗念商力艱難，命減半納課。二十八年，裁運商支應。以雲南巡撫劉藻言，加給黑、白兩井薪本銀。四十二年，以河東鹽斤陸運虧折，命每斤加耗五斤。時價平銷速，兩淮請豫提下綱之引，歲入至五六百萬。惟乘輿屢次遊巡，天津爲首駐蹕地，蘆商供億浩繁，兩淮無論矣。

或遇軍需，各商報効之例，肇於雍正年，蘆商捐銀十萬兩。嗣乾隆中金川兩次用兵，西域蕩平，伊犂屯田，平定臺匪，後藏用兵，及嘉慶初川、楚之亂，淮、浙、蘆、東各商所捐，自數十萬、百萬以至八百萬，通計不下三千萬。其因他事捐輸，迄於光緒、宣統間，不可勝舉。鹽商時邀眷顧，或召對，或賜宴，賞賚渥厚，擬於大僚；而奢侈之習，亦由此而深。或有緩急，內府亦嘗貸出數百萬以資周轉。帑本外更取息銀，謂之帑利，年或百數十萬、數十萬、十數萬不等。商力因之疲乏，兩淮、河東尤甚。

五十一年，以兩淮歷四年未豫提，命江督查奏。尋請嗣後每間一綱豫提一次。上諭以正引暢銷爲主，無庸拘定年限。厥後惟五十七年及嘉慶五年各行一次。且自三十三年因商人未繳提引餘息銀數逾十萬，命江蘇巡撫彰寶查辦，鹽政高恆、普福，運使盧見曾皆置重典，其欵勒商追賠。至四十七、四十九兩年，乃先後豁免三百六十三萬二千七百兩有奇。後遇大經費，商人但藉輸將之數，分限完納，一二限後，率皆拖欠。

五十六年，江西巡撫姚棻奏：「建昌府界連閩省，路徑較多，必添設緝私卡巡，始收實效。」上曰：「行鹽分界，必使民食不至舍近求遠、去賤就貴乃善。建昌既距福建爲近，其價必輕，何以不就近行銷？若酌改鹽徵、鹽課移彼地輸納，非惟便民，卽私販亦將不禁自止。」

旋兩江總督覺羅長麟、湖廣總督畢沅等奏稱：「小民惟利是圖，往往得寸思尺。如建昌劃歸閩省，則私販即可越至撫州，於全局所關不細。」乃命仍舊。既長麟奏請建昌設總店，屬縣設子店，分銷課引，依閩省時價斤減二文以敵私，更於各要隘分巡嚴緝。得旨速行。

河東自十年衆神保就現行賤價，定爲長額，而商始困。後池鹽收歉，借配蘆、蒙、花馬池各鹽，又開運城西六十里之小池。時民食缺少，商倒無人承充，乃令退商舉報短商，五年更換，富戶因受累多規避。四十七年，巡撫農起奏准，仍定爲長商，引地分三等配勻，復請加價二釐，試行三年再覈定。嗣經部議駁，得旨允行。久之，力仍竭蹶。五十六年，命馮光熊巡撫山西，調甘肅布政使蔣兆奎爲山西布政使。初，兆奎以河東運使入覲，帝問辦潞鹽之策，以課歸地丁對。及光熊入京，命與軍機大臣議之。未定，而山西署巡撫布政使鄭源璹疏至，力言不便。上曰：「課歸地丁，朕早慮及地方官曾受鹽規，必持異議。今鄭源璹果然。伊調任河南，河南亦有行銷河東引地。倘從中阻撓，從重治罪。」八月，光熊言：「河東鹽務積疲，惟有課歸地丁，聽民自運。既無官課雜費，又無兵役盤詰及關津阻留，未有不前者。請自乾隆五十七年始，凡山西、陝西、河南課額，在於三省引地百七十二屬地丁項下攤徵。」於是山西攤二十八萬一千一百二兩、陝西攤十四萬六千三十七兩、河南攤八萬六千六百三十三兩各有奇，並議章程十：一，課銀各解本省藩庫，雖遇蠲免地丁之年，不得蠲免；一，部引停領，免納紙硃銀；一，無許地方官私收稅錢；一，鹽政運使以下各官俱裁汰；一，移河東道駐運城，總管三場；一，鹽池照舊歲修；一，三場仍立官秤牙行；一，課項內有併餘積餘等銀，應分別攤免；一，運皁運儲二倉穀石，應分別歸併存借；一，鹽政應支各款，各就近省藩庫動支。從之。五十七年，上幸五臺，光熊、兆奎奏言，自弛鹽禁，民無攤課之苦，有食賤之利。而陝西巡撫秦宗恩、河南巡撫穆和藺亦以鹽充價減聞。上甚悅。甘肅鹽課，雍正元年嘗攤入地丁，九年復招商，至是仍行前法。而陝西漢中、延安二府及鄜州各屬之食花馬池鹽者，亦一併攤入地丁焉。

嘉慶四年，命停各省鹽政中秋節貢物。五年，以雲南課額常虧，從巡撫初彭齡言，改爲竈煎竈賣，民運民銷。其法無論商民，皆許領票。運鹽不拘何井，銷鹽不拘何地，完課後聽其所之。就諸井現煎實數，將定額勻算攤徵，有餘作爲溢課，儘徵儘解。所有放票收課事宜，卽歸井員經理。至八年，著爲定章。十年，諭兩淮鹽每引加十斤，不入成本，以補虧折。先是蒙古阿拉善王有吉蘭泰鹽池，向聽民販於托克托城辦鹽，分銷山西食土鹽各地，不准運赴下游。其後稽察漸懈，竟順流而下，不獨池鹽爲所占，且侵及長蘆、兩淮。十四年，陝甘總督那彥成奏辦奸民出販，請飭阿拉善王將所留漢、回奸民獻出。王懼，獻鹽池，命將其歲入銀八千兩如數賞給。尋戶部侍郎英和同山西、陝甘督撫會奏：「潞商賠累，緣以賤價定爲常額。請照乾隆十年以前例，按本科價。其吉蘭泰池，潞商力難兼顧，請另招他商。」十五年，以新商虧課，改官運。工部侍郎阮元言：「官運不難，難於官銷。若虧課額，勢必委之州縣，非虧挪倉庫，即勒派閭閻，是能銷之弊更甚於不銷。」於是部議吉蘭泰引，請飭還阿拉善王，賞項停給。原定額引，改爲潞鹽，餘引名吉蘭泰活引。

兩廣自康熙時發帑收鹽，運銷後乃收課。乾隆五十三年，總督孫士毅以商欠積至六十九萬八千餘兩，請停發帑本，令各出己貲，在省河設局經理。五十四年，新任總督福康安會同士毅籌定章程，併兩粵百五十埠爲一局，舉十人爲局商，外分子櫃六，責成局商按定額參以銷地難易，運配各櫃，所有原設埠地，悉募運商，聽各就近赴局及各櫃領銷，交課後發鹽二十九埠如舊。所謂改埠歸綱也。行之二十餘年，局商以無應銷之埠，歧視埠商。其始淮局商捆運餘鹽，彌補帑息。嗣乃不問正引完否，貪銷餘鹽，反礙正引。疲埠欠餉，輒用鹽本墊解，久之虧益鉅，雖局商認完後，埠商仍按引捐輸，而此十人者已物故，家產蕩然矣。嘉慶十一年，總督蔣攸銛以聞，乃裁局商，改公局爲公所。擇埠商六人經理六櫃事，各有埠地，自顧己貲，不至濫用。且定三年更換，以免把持，謂之改綱歸所。二十五年，命停兩淮玉貢折價銀。

道光元年，兩江總督孫玉庭言，淮鹽至楚岸，本無封輪之例，鹽政全德始行之，請散賣爲便。湖廣總督陳若霖奏稱積鹽尙多，若全開售，恐疏銷不及，鹽行水販壓價賒欠。諭俟積鹽售畢，再隨到隨賣。二年，兩淮巡鹽御史曾燠奏稱輪規散後，爭先跌價搶售，有虧商本。玉庭奏無其事。若霖言本年較前實溢銷二十六萬餘引。於是定議開輪。旣，湖廣總督李鴻賓又言搶售難免，八年復封輪。

時兩淮私梟日衆，鹽務亦日壞。其在兩淮，歲應行綱鹽百六十餘萬引。及十年，淮南僅銷五十萬引，虧歷年課銀五千七百萬。淮北銷二萬引，虧銀六百萬。上召攸銛還京，以江蘇巡撫陶澍代之。尋遣戶部尙書王鼎、侍郎寶興往查。澍奏言：「其弊一由成本積漸成多，一由藉官行私過甚。惟有大減浮費，節止流攤，聽商散售，庶銷暢價平，私鹽自靖。」命裁巡鹽御史，歸總督管理。自九年後，御史王贈芳、侍講學士顧蒓、光祿卿梁中靖皆請就場定稅，太僕少卿卓秉恬又請仿王守仁贛關立廠抽稅法。下澍議。澍商於運使兪德淵，以爲難行。遂覆稱：「課歸場竈有三難。一由竈丁起課。淮南煎鹽以鐅，淮北曬鹽以池，約徵銀百餘兩。竈皆貧民，若先課後鹽，則力未逮；先鹽後課，設遇產歉，必課宕丁逃。此竈丁起課之難行也。一由垣商納課。寓散於整，較爲扼要。惟竈以己業而聽命商人，情必不願。況商惟利是視，秤收則勒以重斤，借貸則要以重息。竈不樂以鹽歸垣，商亦必無資完課。此垣商納課之亦難行也。一由場官收買。就各場產鹽引額攤定課額照納，似亦核實。無如淮課爲數甚鉅，豈微員所能任？若聽其儘收儘解，難保不匿報侵欺。此場官收稅之亦難行也。」又言：「鹽在場竈，每斤僅值錢一二文，若就而收稅，則價隨課長，爭其利者必多。海濱民竈雜處，掃煎至易，將比戶皆私，課且更絀。至設場抽稅，或可試行一隅。若各省豈皆有隘可守？漏私必比場竈爲甚。總之無官無私，必須無課無稅。業經有課有稅，卽屬有官有私。如謂歸場竈或設鹽廠，卽可化梟爲良，恐未能也。」上韙之。

明年，澍周歷各場，擬行票鹽法於淮北，奏定章程十條。一，由運司刷印三聯票，一留爲票根，一存分司，一給民販行運。立限到岸，不准票鹽相離及侵越到岸。二，每鹽四百斤爲一引，合銀六錢四分，加以諸雜費，爲一兩八錢八分。三，各州縣民販，由州縣給照赴場買鹽。其附近海州者，卽在海州請領。四，於各場適中地立局廠，以便竈戶交鹽，民販納稅。五，民販買鹽出場，由卡員查驗，然後分赴指銷口岸。六，委員駐紮青口。七，嚴飭文武查拏匪棍。八，防河。九，定運商認銷法，以保暢岸。十，裁陋規。時窟穴鹽利之官胥吏舉囂然議其不便，澍不爲動，委員領運倡導。既而人知其利，遠近輻輳，鹽船銜尾抵岸，爲數十年中所未有。未及四月，請運之鹽，已逾三十萬引。是歲海州大災，飢民賴此轉移傭值，全活無算。是法成本既輕，鹽質純淨，而售價又賤，私販無利，皆改領票鹽。但所試行者，僅在湖運滯岸，皖之鳳陽、懷遠、鳳臺、靈璧、阜陽、潁上、亳州、太和、蒙城、英山、泗洲、盱眙、五河，豫之汝陽、正陽、上蔡、新蔡、西平、遂平、息縣、確山，與食岸在江蘇境之山陽、清河、桃源、邳州、睢寧、宿遷、贛榆、沭陽、安東、海州三十一州縣，而皖之壽州、定遠、霍山、霍丘、六安，豫之信陽、羅山、光州、光山、固始、商城十一州縣，皆昔所定爲暢岸，尙仍舊法也。十三年，乃一律改票，惟前議科則較原額爲減，復依原額引徵一兩五分一釐，益以各費，定銀二兩五分一釐，永不議加。於是所未改者，惟例由江運之桐城、舒城、無爲、合肥、廬江、巢縣、滁州、來安，及由高郵湖運之天長九州縣，以地與淮南相錯，未宜招販，啓浸灌之端故也。

其立法在改道不改捆。蓋淮北舊額未嘗不輕，而由暢運至口岸，每引成本已達十餘兩，價不償本，故官不敵私。今票鹽不由槓壩淮所舊道，而改從王營減壩渡河入湖，且每包百斤，出場更不改捆，直抵口岸，除鹽價錢糧外，止加運費一兩，河湖船價一兩，每引五兩有奇，減於綱鹽大半。其江運數萬引亦倣此。自改章後，非特完課有贏無絀，兼疏場河、捐義廠、修考院，百廢俱興，蓋惟以輕課敵私，以暢銷溢額，故以一綱行兩綱之鹽，卽以一綱收兩綱之課。時頗欲推行於淮南，不果。

及二十九年，湖北武昌塘角大火，燒鹽船四百餘號，損錢糧銀本五百餘萬，羣商請退。於是總督陸建瀛從護理運使童濂言，請淮南改票法，較淮北爲詳。如運司書吏積弊，則改爲領引納課。設揚州總局辦理。漢口匣費雖裁，而應酬仍多，則改爲票鹽運至九江，驗票發販，鹽船經過橋關，有掣驗規費，則改爲壩掣後不過所掣，在龍江一關驗票截角，餘皆停免。鹽包出場至江口，其駁運船價及槓鹽各人工勒索，則改爲商自雇覓。凡省陋規歲數百萬，又減去滯引三十萬，年祇行百零九萬引，每引正課一兩七錢五分，雜課一兩九錢二分，經費六錢五分八釐，食岸正課同，雜費減半。其要尤在以帶運之乙鹽爲新引之加斤。乙鹽者，乙巳綱鹽船遭火，而商已納課，例得補運，故定爲每運新鹽一引，帶乙鹽二百斤，每引六百斤，出場至儀徵，改爲六十斤子包，一引十包。既裁浮費，又多運鹽二百斤，成本輕減過半。故開辦數月，卽全運一綱之引，楚西各岸鹽價驟賤，農民歡聲雷動。是年兩淮實收銀五百萬兩，雖兩綱後復引滯課虧，則以起票自十引至千引不等，大販爲小販跌價搶運所誤。始滯行於淮北，亦自十引起。然淮北地隘，淮南則廣，故利弊殊。又值粵亂起，鹺務全廢，非無補救之方也。

其在長蘆，乾隆以來，正雜課共徵七十餘萬。自嘉慶十四年南河大工，每斤加價二文，謂之河工加價。五年，又因高堰大工加價，三年後，半歸商，半歸公。八年，復將充公一文歸商，然歷年欠項已積至千數百萬矣。時銀價翔貴，商虧彌鉅，於是又加價以調劑之，或一文或二文。旋議行減引並包法，蓋蘆鹽三百斤成引，連加耗包索重三百四十斤，搬運築包等費，歷年加增，亦足病商。今以十引改筑九包，減引一成。二十一年，再減引二成，照前改筑。二十四年，又奏停額引十五萬，減去課銀六萬餘兩，而困仍莫蘇。蓋本因浮費重而欠課，因欠課多而增價，官鹽價貴，私鹽乘之，薊、遵六屬，梟販與官爲敵，而永平七屬尤甚，不得已改爲官辦。二十八年，商倒引懸，河南二十州縣、直隸二十四州縣，未運積引至百餘萬，未完積欠至二千餘萬。命定郡王載銓、倉場總督季芝昌，會同直隸總督訥爾經額查究。每引因費重需成本五兩有奇，乃就正課、帑利、雜款、積欠，釐爲四類，其鹽價每斤減制錢二文以敵私，斤重則每引加百五十斤以恤商，州縣陋規則嚴行裁汰。引地懸岸，則直隸招商，河南改票，皆先課後鹽。至停引原限五年再酌展，約每引攤算僅二兩有奇。

其在山東，乾隆以來，引票正課徵銀十八萬九千八百八十餘兩，雜款共十萬一千八百餘兩。自嘉慶初帑息遞增至二十一萬餘兩，較正課增倍。十四年，南河大工加價二文，每年應欠二十九萬兩，較正雜課又增一倍。十七年，復議加價一文，以半歸商，半彌補商欠。而當年課項不能完，乃歸次年帶徵。帶徵又未完，乃按年分限，或十二限，或二十限，遞年推展。至道光元年，將河工加價停徵，而積欠已五百三十餘萬，然尚完課額。五年，因高堰大工，又議加價二文，奏明三年後半歸商、半歸公。然所完僅及半，正課反因之拖欠。至七年，全綱傾敗，於是設法調劑，以積欠并爲一案，俟堰工加價歸商後，彌補帑本，酌留百二十九萬生息，餘銀二十七萬。至十二年起限，分二十限拔繳，南運每引加二十五斤，北運加二十斤，其歸補舊欠之半文加價，並歸商以輕成本，免徵南運十三州縣與票地臨朐等六縣堰工加價以敵私。而舊欠曁現年應交帑息猶不能完，於是將報撥之一文堰工加價悉數歸商，並將一分帑息減三釐，此道光十五年也。

時銀價日昂，虧折彌甚，迨臨朐等九州縣票商倒乏，因改官運。十七年，命鹽務歸巡撫管理，尋又議加二文。二十三年，停引票二成，以八成作總額，並停餘引。二十七年，又議引地加價二文，票地加一文。逾年，各岸竟倒懸二十餘處。時新舊積欠計八百餘萬，而十五年後所欠正雜課又九十餘萬，十九年後積欠八十餘萬，二十七八年皆未奏銷。於是定郡王等會同山東巡撫徐澤醇奏准將兩年奏銷免其造報，積引停運，積欠停徵。自二十九年始，改爲先課後鹽，除有商運州縣外，皆改官運，無論官商，每引加七十斤，帑息每引減一錢，十八年二文加價亦減一文，以便民食。

其在浙江，自道光元年裁巡鹽御史，以巡撫帥承瀛兼管鹽政。承瀛疏言：「嘉慶十五年前，撫臣蔣攸銛清查浙江運庫墊缺銀數僅五十五萬餘兩，甫十載乃至百七十三萬三百兩。緣遞來引壅，舊綱未畢，新綱卽開，套搭行銷，不能以一綱之課歸一綱之用。而每年奏銷有定限，但完正課，卽報全完，其帶輸之款及外用銀，並未徵足，歷次河餉又須撥解，是以不得不於徵存銀內挪墊。而商捐用欵，每遇交辦公事，奸商復借名浮支。臣今飭運司遇支解銀兩，如本欵無銀卽停給。或不得已，亦止以外欵墊發內欵，不准以內欵墊給外款。」嗣後至六年，銷數皆及額運，庫存銀百二十八萬。自七年至十年復短銷，僅存十一萬。蓋因巡撫程含章請加增餘價，鹽貴引壅所致。迨十一年停止，銷數遂至九成。二十九年，命芝昌往查，時又短銷，僅至五六成。乃請將停歇各地招商承辦，並酌加鹽斤。

其在廣東，所辦羨銀頗多。蓋粵鹽至西省，每包申出鹽十餘斤，嗣又添買餘鹽萬包，發埠運銷，按九折較羨，是爲秤頭鹽羨，約二萬七千餘兩。慶遠等五府苗疆食鹽無引額，皆捆運餘鹽，交近埠帶銷，爲土司鹽羨，約五千餘兩。海船運鹽，竈戶補船戶耗，官爲收買，發商運銷，是爲花紅鹽羨，約四千餘兩。粵省鼓鑄，歲資滇銅十餘萬斤，滇省廣南府屬歲資粵鹽九萬餘包，每年兩省委員辦運，至百色交換，謂之銅鹽互易。又廣州駐防食鹽、育英堂鹽，各數十包，皆取之餘鹽，按包計羨，藉此充外支經費，故無雜課。正餉有部飯、平頭、紙硃等銀，又東省鹽船所過抽稅約四千餘，西省約四萬餘，其帑息則八萬餘。各項歷年拖欠，初省河因損欵多，致奏銷遲緩。道光二十四年後，潮橋疲滯，甚於省河。然軍興糜爛，廣西淮鹽全棄於地，而粵課猶十得八九焉。

其在四川，始以潼川府之射洪、蓬溪產鹽爲旺，嘉定府之犍爲、樂山、榮縣，敍川府富順次之。不數年，射洪、蓬溪廠反不如犍、樂、富、榮。方乾隆四十九年，各處鹽井衰歇。有林儁者，官鹽茶道，聽民穿井不加課，蜀鹽始盛。惟潼川難如初。且產鹽花多巴少，又煎鹽用草工費，致欠課七萬，始議與犍商合行，以十二年爲限，期滿歸淸積欠，因請續合十二年，及期滿自辦。甫一載卽欠二萬餘，於是復請續合。至道光八年，三次期滿，而其廠產鹽愈少，每年僅完正課，不完羨截。羨卽羨餘。截者，於繳課截角時交納也。時漢州、茂州、巴州、劍州、蓬州、什邡、射洪、鹽亭、平武、江油、彰明、石泉、營山、儀隴、新寧、閬中、通江、安岳、羅江、安縣、綿竹、德陽、梓潼、南江、西充、井硏、銅梁、大足、定遠、榮昌、隆昌三十一州縣，因滷衰銷滯，商倒岸懸，民在近廠買鹽以食，正雜課銀歸入地丁攤徵。蓋鹽商奢侈，家產日衰，乃覓殷戶出租於引商，名曰「號商」。所完課羨，須交引商封納，引商往往挪用，且官復有與爲弊者。至三十年，全綱頹廢。會徐澤醇爲總督，查積欠羨截銀共二十三萬七千餘兩，未繳殘引二十二萬八千五百八十一張。於是酌撥代銷，將號商姓名入册，責其自行封匭。時惟犍、富邊商及成都、華陽計商稍殷實，銷岸亦暢，餘皆疲滯，而潼商尤甚。乃撤出黔邊所行水引，交犍、富兩商承辦。

其在雲南，自改章後，私鹽尤多，而諸井或常缺額，又在迤西、迤南。其東北隅食川鹽，東南隅食粵鹽，至難如期。道光六年，總督趙愼畛疏請就井稽鹽多寡，定地行銷。御史廖敦行又言分地行鹽，不若廣覔子井。上命新任總督阮元試行。其後諸大井淹廢，猶賴子井挹注，乃復振云。

長蘆於咸豐八年，經蒙古親王僧格林沁防津，奏准將道光二十八年減價二文起徵，名鹽斤復價，得銀十八萬餘。時粵匪北犯，運道多阻，鹽集濬縣之道口鎮，自道口南皆以販運。運商省岸費，有餘利，而坐地引商，借官行私，所獲尤厚。故同治五年，河南巡撫因河防，又議行銷河南引鹽，每斤再加二文，得八萬兩撤防。以七年滎陽大工耗帑百數十萬，改爲滎工加價。於是較道光末增欵二十六萬。山東因捻匪，不能南運。同治三年，積引百三十餘萬，分八年帶銷，雖部議提撥道光十八年一文加價解充京餉，每年約加銀七萬，而正課未能全完。

河東自嘉慶十四年南河大工，每斤加價一文，較乾隆課額已增至十六萬餘。十七年加入吉蘭泰活引，又六萬餘兩。河東鹽向侵淮岸，至道光十一年，淮北改票，反灌河東，而商力益困。乃將活引減半，河工加價減二成，既由招商變爲舉報，又變爲簽商，破產者衆。咸豐二年，命戶部侍郎王慶雲往查。尋奏定留商行票，分立總岸，商運鹽至，發販行銷，裁革州縣陋規銀二十七萬餘兩，運城商廳所攤公費七萬餘兩，並知池價踊貴，由坐商銷乏，將畦地出租，坐食銷價，夥租者按年輪曬，先曬者盜挖鹽根，囤私肥己，故每名價至百二三十兩。

於是嚴禁，定白鹽不得過六十兩，青鹽不得過四十兩，澤、潞節省等銀攤入通省引內，每引九分，另籌經費辦公，每引七分，並酌加鹽斤，計成本引僅一兩六錢，商情悅服，願將活引之半及加價二成完納。未幾，殷商九十餘家，以急軍需，共捐銀三百萬，給永免充商執照，改爲民運民銷。山西、陝西、河南爲官運官銷，删除河工活引節費名目，定每斤徵課銀三釐五毫，每名合銀百五兩，較前增七萬餘，此咸豐四年也。時長江梗阻，河東以侵淮綱大暢，先後加河南靈寶口岸引三百名。

山西岢嵐等食土鹽十三州縣，引二千四百九十四道，惟陝甘鹽池舊轄於河東。康熙二十八年，改令花馬小池歸甘肅疆臣管理，而大池如故。自咸豐五年，陝西巡撫王慶雲議改課歸地丁。慶雲旋調山西。吳振棫之奏言：「陝民貧乏，若徵鹽課，力實不遑，小民納無鹽之課，驅僉賣無課之鹽，事殊欠允。請飭豫省改招爲便。」諭與慶雲會商。尋改爲官民並運。時庫欵支絀，部議令河東抽釐濟餉。巡撫以難行，第於額引加引，每名各取羨餘，約加銀五萬。直隸總督因海防亦請加斤加價，庚申綱遂加引六百名，辛酉綱加五百名，共加銀四十八萬，然惟辛酉綱全完。旋值陝回亂，捻匪竄河南、陝西，銷路驟塞，乃酌停加引。

兩淮於咸豐三年，以江路不通，南鹽無商收賣，私販肆行，部議令就場徵稅。四年，復令撥鹽引運赴琦善、向榮大營抵餉。怡良旋奏易引爲斤，每百斤抽稅錢三百，以二百四十文報撥，以六十文作外銷經費。時湖廣總督、江西巡撫皆以淮引不至，請借運川、粵鹽分售於太湖南北，江西則食閩、浙、粵之鹽。部議由官借運，不若化私爲官，奏准川、粵鹽入楚，商民均許販鬻，惟擇堵私隘口抽稅，一稅後給照放行。

北鹽自軍營提鹽抵餉，遂爲武人壟斷。提督李世忠部下赴壩領鹽，棧鹽不足，輒下場自捆，夾私之弊，不可究詰。同治三年，御史劉毓楠疏請整頓。事下江督曾國藩。國藩疏論：「淮南鹽務，運道難通，籌辦有二難。一在鄰鹽侵灌太久。西岸食浙私、粵私而兼閩私，楚岸食川私而兼潞私，引地被占十年，民藉以濟食，官亦藉以抽釐，勢不能驟絕。一在釐卡設立太多。淮鹽出江，自儀徵以達楚西，層層設卡報稅，諸軍仰食，性命相依，不能概撤。臣思辦法不外疏銷、輕本、保價、杜私四者。自鄰鹽侵占淮界，本輕利厚，淮鹽難與之敵。查之既煩，堵且生變。計惟重稅鄰私，俾鄰本重而淮本輕，庶鄰鹽化私爲官，淮鹽亦得進步。現已咨湖廣、江西各督撫，將鄰私釐金加抽，待至淮運日多，銷路日暢，然後逐之而申其禁，此疏銷之略也。近年楚西之鹽，每引完釐在十五兩以上。今改逢卡抽收爲到岸銷售後彙總完釐。前收十五兩有奇，今楚岸祗十一兩九錢八分，西岸九兩四錢四分，皖省四兩四錢。既減釐以便商，人先售而後納，此輕本之略也。商販求利，皆願價昂，然往往跌價搶售。其始一二奸商零販，但求卸物先銷，不肯守日賠利。其後彼此爭先，愈跌愈賤，雖欲挽回以保成本，不可得也。現於楚西各岸設督銷局，鹽運到岸，令商販投局挂號，懸牌定價，挨次輪銷，時而鹽少，民無食貴之虞，時而銷滯，商無虧本之慮，此保價之略也。鹽法首重緝私。大夥私梟，不難捕拏，最易偷漏者，包內之重斤，船戶之夾帶。現改復道光三十年舊章，每引六百斤分八包，每包給滷耗七斤半，包索二斤半，共重八十六斤，刊發大票，隨時添給，並於大盛關、大通、安慶等處驗票截角，如有重斤夾帶，即提鹽充公。其各岸之兼行鄰鹽者，亦另給稅單，苟無單販私，即按律治罪，此杜私之略也。」

又論：「淮北鹽務，有必須停止者三，急宜整理者四。漕臣以清淮設防，令場商每包捐鹽五斤，每引共二十斤，旋因逐包捐繳不便，改每運鹽百包，帶繳五包，其應完鹽課及售出鹽價，雖經吳棠奏明作爲清淮軍需，但錙銖而取之，瑣屑而派之，殊非政體所宜。此須停止者一也。徐州本山東引地，前因捻氛，引未到岸，經督辦徐宿軍務田在田奏准散運北鹽，晝收東課，日久弊多，採買則私自赴場，售銷則旁侵皖界。今東引業已通行，不能再託借運虛名，貽侵銷實患。此須停止者二也。北鹽已改捆爲凈鹽，未改爲毛鹽，皆須納課方准出湖。近來私梟句串營弁，朋販毛鹽，堵之嚴，則營員出而包庇，緝之疏，則官引盡被占銷。此須停止者三也。夫榷鹽之法，革其弊而利自興。臣所謂整理之方，蓋亦就諸弊既去，因勢利導耳。淮北綱引，前奏至戊午爲止。今於五月接開己未新綱，惟兵燹後戶口大減，斷不能銷四十六萬引。請先辦正額二十九萬六千九百八十二引，引收正課一兩五分一釐，雜課二錢，又外辦經費四錢，倉穀河費鹽捕營各一分，他款一概删除。此現籌整理者一也。近來軍餉賴鹽釐接濟，而處處設卡，商販視爲畏途。從前每包約完釐錢二千餘。今擬自西壩出湖，先在五河設卡，每包收五百文，運赴上海，再於正陽關收五百文。他卡只准驗票，不准重收。蓋非減釐不足以輕本，非裁卡不足以恤商。此現籌整理者二也。淮北解餉，向以十成分攤。臨淮軍營四成，滁州四成，安徽撫營二成。今臨、滁兩營已裁，而漕臣應量予撥濟，嗣後仍應以十成分派，臣營五成，撫營四成，漕營一成。論兵數則小有裒益，論舊制則無甚更張。此現籌整理者三也。北鹽每引例定四百斤，捆四包，每包連滷耗重百十斤。近來棧鹽出湖，皆在西壩改捆，大包重百三十斤，鹽票不符。臣已嚴禁，並於例給大票外，將每船裝鹽包數亦塡明艙口清單，庶可杜避重就輕，不致以多報少。此現籌整理者四也。」均如所請行。

國藩更張鹽法，與陶澍不同者，澍意在散輪，與玉庭、若霖同。國藩意在整輪，與全德、曾燠同。然玉庭、若霖籌辦散輪，必前兩月之輪賣畢，再開後兩月續到之輪，未嘗不以散寓整，澍實師其意。故國藩鑑於搶售之弊而主整輪，爰有總棧督銷之設，一以保場價，一以保岸價。總棧初以儀徵未易修復，設於瓜洲，後岸爲水齧而圮，復移儀徵。督銷局鄂岸於漢口，湘岸於長沙，西岸於南昌，皖岸於大通。未幾，國藩移督直隸，李鴻章繼之。其所增捐，莫要於循環給運。其法以認引之事併歸督銷，俾商販售出前檔之鹽，即接請後檔之引。初行之淮南，後及於淮北。蓋參綱法於票法之中，以舊商爲主而不易新商。商有世業，則官有責成，視以前驗貲掣簽流弊爲少，自是歷任循之。

至光緒五年而增引之說起。增引者，部咨淮北增額八萬。時總督沈葆楨疏言：「近年鹽商以票價昂，覬覦增引。歷任鹽臣精鹽政者無過曾國藩，每審定一法，必舉數十年之利病，如身入其中，而通盤計之。然淮北引額，僅定爲二十九萬有奇，豈置國計商情於不顧哉？鹽政之壞，首由額浮於銷，其始尚勉符奏銷之限，久乃不可收拾。於是新陳套搭，未幾而統銷融銷矣，又未幾而帶徵停運矣。惟額少則商少，商少則剔弊易，疏銷亦易也。」八年，左宗棠督兩江，乃請增引，淮北十六萬，淮南鄂岸十一萬、湘岸四萬、皖岸四萬二千餘。部議淮北照行，其鄂岸僅增三萬、湘岸一萬、皖岸一萬七千餘。

及曾國荃涖任，復將淮北加引奏免。蓋兩淮正課，初合織造、河工、銅斤等欵，祗百八十餘萬，每引徵銀一兩餘。織造、河工、銅斤者，因鹽政運司養廉厚，陋規亦多，每年解送織造銀二十二萬，捐助河工五萬。三藩之變，滇銅阻隔，派各鹽差採買捐辦，水脚又五萬。及雍正中，裁減養廉規費以爲正欵，嗣復及他項。於是正雜內外支欵遂鉅，每引增至六七兩，自改票後始輕。同治中，引地未復，而以蠹補課實過之，正無庸增引也。

至南鹽銷數，向以鄂岸爲多。及爲川鹽所據，同治七年，國藩請規復引地，部議令川鹽停止行楚。湖廣總督李瀚章疏言未可停，惟於沙市設局，以川八成、淮二成配銷。後以包計，淮鹽較川鹽每包斤少，名二成實不及一成。十年，國藩復言：「川侵淮地，當使淮八成而川二成，或淮七、川三。今楚督以鄂餉數鉅，恐川鹽不暢，入欵驟減。臣所求者，淮鹽得銷行楚岸，則商氣蘇，願將應得釐銀，多撥數成或全數歸鄂。」命川、楚督撫會議。國藩等疏言以「武昌、漢陽、黃州、德安四府還淮南，安陸、襄陽、鄖陽、荆州、宜昌五府，荆門州仍淮川鹽借銷，湖南祗岳、常、澧三屬行銷川鹽，岳州、常德亦應歸淮，澧州暫銷川鹽」。經部議准。光緒二年，貴州肅清，御史周聲澍疏陳川鹽引地已復，請將湖南北各府州全歸淮南。部議如所請。於是葆楨奏稱湖北川釐，每年報部百五十餘萬串，計合銀不足九十萬，請令淮商包完。然湖廣督撫以川釐有定，慮包餉難憑，合辭祖川拒淮。至八年，宗棠復移文商榷，迄不果行。

長蘆自順治初祗徵課二十萬二千有奇。十二年，按明制查出寧餉酬商滴珠缺額等欵，照舊徵解。康熙中，復增課增引，遂至四十二萬六千有奇。乾隆季年，以逐年誤課，參革者衆，於是衆商公議，完課外每引捐銀二錢，以備彌補，名爲參課。迨道光末，課額愈重，岸懸愈多，於是又添懸岸課，每引交銀四分，而仍不足。至是國藩督直，疏言：「認商既交寄庫銀千餘兩，宜與保商以三年定限，凡欠在限內，於本商追繳二成，其一成綱總與出結之散商分賠，過限卽無涉，以免畏避。」從之。

是時鹽臣自國藩、鴻章、葆楨外，惟宗棠及丁寶楨以能名。同治初，宗棠撫浙，疏言：「自金陵陷，淮鹽侵灌杭、嘉、松三所，惟紹所勉力搘柱。後行鹽地多不守，浙省亦陷。及浙東克復，始飭紹興暫辦票鹽，省城及嘉、湖繼定，而舊商力難運銷，請將四所通改票鹽，並設局稽查銷數。」經部議准。十年，御史奇臣奏言：「浙東府局，於商販鹽至，輒低其價，以便鹽行收買，旋復高其價，以便轉售，利歸中飽。應請裁撤。」部議敕下巡撫楊昌濬查覆。尋覆稱：「兩浙本先課後鹽。自改票運，因商力薄，僅完半課，其半課俟銷後補完。擬撤鹽行，仍留府局，督催後半課銀。」報可。

福建當乾隆時，西路延平、建寧、邵武三府屬十五州縣，東路福寧府屬五州縣，南路閩侯二縣，歸商辦，號「商幫」。南路福州、興化、漳州、泉州四府屬二十一廳州縣，由官辦，號「官幫」，亦謂之「縣澳官幫」，包與商辦，名「樸戶」。嗣後勻配西路各商代銷，於是有「代額」之名。商幫以課輕，樂於承運，而本課轉拖欠。嘉慶初，乃行帶徵與減引法。旋革除代額，久之倒罷相繼。道光元年，乃改簽商。時舊欠皆價新商，加以場務廢弛，官居省城，聽海船裝鹽，私相買賣，謂之「便海」，流弊滋多。至二十九年復倒罷，乃改官運，而承辦者以運本半入囊橐。蓋閩省行鹽，乾隆時用團秤，每百斤折申砝秤百六十斤，以三十斤抵償折耗。嘉慶中，改用部砝秤，又不給耗鹽，其擔引折篷引每百斤僅給四十二斤，令作百斤售賣，而完代額百斤之課，是以虧折日甚。其後法愈變愈壞。同治四年，宗棠爲閩督，乃請改票運，飭各場官住場。西路以引商爲票商，縣澳以樸戶爲販戶，用鹽道票代引，名曰「販單」。西路以三十引起票，東南兩路及縣澳以百引起票，蓋西路每引六百七十五斤，東南路並縣澳每引百斤故也。裁雜課，令正課一兩加耗一錢，於領票時交納。外抽釐五錢，於行鹽各地設局抽收。計西路每引徵銀四兩五錢零，東南路及縣澳四錢四分零。後以西路課重，奏減每課一兩隨徵釐四錢。凡舊欠各欵豁免。帑息既免，帑本則責令陸續歸還。是年徵課耗釐銀四十萬餘，帶收舊欠課十九萬餘，卽以四十萬定爲正額。行之數年，商情大歡，私販斂迹。

陝西花馬池鹽課，向由布政使收納。及同治十二年，宗棠爲陝甘總督，因西陲用兵，改課爲釐，在定邊設局抽收，名曰花定鹽釐。於是陝西鹽利歸於甘省。

初川鹽以滇、黔爲邊岸。而黔岸又分四路，由永寧往曰永岸，由合江往抵黔之仁懷曰仁岸，由涪州往曰涪岸，由綦江往曰綦岸。至是運商困敝，所恃以暢銷者，惟濟楚一策。及淮南規復引地，滯引積至八萬有奇，積欠羨截百數十萬金。光緒初，寶楨督川，定官運商銷，先從事黔岸，籌章程十五條：曰裁減浮費，曰清釐積引，曰酌核代銷，曰局運商銷，曰兼辦計岸，曰引歸局配，曰展限奏銷，曰嚴定交盤，曰愼重出納，曰認眞黔釐，曰實給船價，曰刪減引底（引底者，運商向於坐商租引配鹽，引給銀二十餘兩，由商總租收，作爲課稅羨截，領繳引費，及官吏委員提課規費，商局公費，餘數二兩，分交各坐商。至是歷年羨截，運商已繳，本應全革。惟因年久，姑准存一兩），曰添置辦票，曰酌留津貼，曰酌給獎敍。設總局於瀘州，四岸各設分局，檄道員唐炯爲督辦。其後接辦滇岸，川鹽行滇，祇昭通、東川兩府有張窩、南廣兩局，謂之大滇邊、小滇邊。其辦理較黔岸爲難者，滇自有鹽，侵越最易。寶楨籌堵遏法，至五年乃開運。

自官運商銷，計本年邊計各額引全數銷清外，復帶銷積引萬餘，所收稅羨截釐及各雜欵又百餘萬，而奸民不便。會上遣恩承、童華查辦他岸，至川，富順富紳王余照假竈戶具詞呈控，請改官督商銷。有旨垂詢。寶楨奏言：「官督商銷，利歸官與商，官運官銷，權全歸官，流弊皆大。惟官運商銷，官商可相箝制。」旣而控案訊明，奏請拏辦。迨光緒末，各計岸亦多改官運焉。

此外如奉天由納稅改行引，自康熙中停止，無課者百七十餘年。同治六年，將軍都興阿奏淮行榷鹽法，每鹽一榷東錢千，爲本地軍需。光緒三年，將軍崇厚請加作二千四百文。八年，將軍崇綺再請加二千四百文，名四八鹽釐，是爲練兵之款。十七年，戶部籌餉加二千四百文，名二四鹽釐，是爲解部之款。二十四年，將軍依克唐阿加千二百文，名一二鹽釐，是爲興學之款。此三項總稱八四鹽釐。二十八年，將軍增祺又奏設督銷局，每斤加榷制錢四，謂之加價，以爲官本。然原議由官設局收買，置倉運售，名爲督銷，實則官運也。值日、俄戰起，亦未實行。三十二年，將軍趙爾巽請裁督銷之名，在奉天立官鹽總局，吉林、黑龍江立分局，聽商就灘納稅運銷。三十三年，東三省設行省，總督徐世昌又改官鹽總局爲東三省鹽務總局，於是吉林、黑龍江始實行官運。初歲徵課銀二十四萬或四十萬，及爾巽至，滿百萬，其後至百四十萬。

蒙古鹽向歸藩部經理。其行銷陝、甘者，以阿拉善旗吉蘭泰池鹽爲大宗，俗謂之紅鹽。道光以前，聽民運銷。咸豐八年，始招商承運，每百斤收銀八兩。同治間，遭回亂，商困課逋，經宗棠改課爲釐，斤加制錢五。其在山西者，亦紅鹽最多。嘉慶初，阿拉善王獻吉蘭泰池，由官招商辦運，將口外各廳，大同、朔平二府，及太原、汾州等屬，向食土鹽州縣，劃爲吉岸引地。至十七年廢除。凡入口者，由殺虎口徵稅，每斤一分五釐。其外尙有三種：曰鄂爾多斯旗鹽，曰蘇尼特旗鹽，俗謂之白鹽，曰烏珠穆沁旗鹽，謂之青鹽。初照老少鹽例，於口內行銷。嘉慶末納稅。至光緒時，皆改用抽釐法。其在直隸者，則青鹽、白鹽，光緒二十八年察哈爾都統奏請抽釐，每斤制錢四，約年得銀十二萬有奇。明年，熱河都統亦照抽，每斤五文。是年直督又請在張家口設督銷局，在口外設廠收鹽，招商承辦，每千斤包納課銀二兩，約年得三萬有奇。三十三年，熱河亦設局，每百斤徵銀四錢。宣統元年，減爲二錢五分，約年得六萬有奇。

新疆向聽民製銷。光緒三十四年後，始於精河鹽池徵稅萬四千四百兩，迪化徵五千一百兩，鄯善徵二千四百兩，餘仍無稅。

初，鹽釐創於兩淮南北，數皆重。自國藩整頓，乃稍減。繼以規復淮綱，又議重抽川釐。咸豐五年，定花鹽每引萬斤抽釐八兩，嗣因商販私加至萬七千斤，川督駱秉章請就所加斤按引加抽十七兩，共正釐二十五兩。後各省皆加。及光緒時行銅圓，鹽價已暗增，而釐金外更議加價。

其事起雍正時。蓋長蘆鹽價，自康熙二十七年定每斤銀一分四毫至一分二釐六毫不等。雍正六年，巡鹽御史鄭禪寶疏稱「商課用銀，民間買鹽用錢。康熙時，銀一兩換制錢千四五百，每鹽一斤，錢十六文。今每兩合錢二千，而鹽價如故，亦有減至十三四文者，以錢易銀，不敷原數。應請部臣會同督臣詳議」。至十年，題准每斤加銀一釐。乾隆後推行他省，然其意在恤商而已。嘉慶五年，長蘆巡鹽御史觀豫因川、楚未靖，奏請加價濟用。仁宗諭曰：「以餉需擾及閭閻，朕不爲也。今計食鹽者每日止一二文，若增價則人人受累。且私販必因鹽價過昂而起。」已而以河工需費，道光後猶多。至光緒二年，辦西徵糧臺，戶部侍郞袁保恆奏請各省一體加二文，以兩江總督沈葆楨力爭乃寢。

嗣是新政舉行，罔不取諸鹽利。如二十年因日本搆釁設防，部咨各省每斤加收二文。二十七年因籌還賠欵，加四文。三十四年，因抵補藥稅，又加四文，半抵補練兵經費，半歸產鹽省分撥用，其最著者也。時疆吏集商會議，僉以滯銷爲憂，而勢不能已，自是所入較道光前又增數倍。然長蘆經拳匪之擾，商本損失，至借洋欵。山東引票各地，自同治六年酌歸官辦，弊竇殊多。河東仍歸官民並運，而不能暢銷。福建之票運、四川之官運皆然。廣東潮橋，舊由官運，至時與六櫃統歸商辦，成效亦寡。雲南子井，存者寥寥。而淮、浙衰敝尤甚。

宣統元年，度支部尙書載澤疏言：「淮南因海勢東遷，滷氣漸淡，石港、劉莊等場產鹽旣少，金沙場且不出鹽。若淮北三場，離海近，滷氣尙厚，惟曬鹽出於磚池，例須按池定引。近則磚池以外，廣開池基，甚至新基已增，舊灘未剗，致產額益無限制。而南商同德昌在淮北鋪池，北商尤以爲不便。兩浙產鹽之旺，首推餘姚、岱山，次則松江之袁浦、青村、橫浦等場，皆板曬之鹽也。而杭、嘉、寧、紹所屬煎鹽各場，滷料亦購自餘姚。近年滷貴薪昂，成本加重，商家既舍煎而取曬，竈戶亦廢竈而停煎。煎數日微，故龍頭、長亭、長林等場久缺，而注重轉在餘、岱。餘姚海灘距場遠，岱山孤懸海外，向不設場，雖經立局建廒，而官收有限，私曬無窮。此產鹽各處之情形也。淮、浙行鹽，各有引地，而豫之西平、遂平，久成廢岸，湘之衡、永、寶三府及靖州，本淮界而銷粵鹽，鄂之安、襄、鄖、荆、宜五府及荆門州，本淮界而銷川鹽，浙之溫、台、寧、處等處，祇抽釐尙未行引。就目前情形論之，淮北以三販轉運，於岸情每多隔膜，故票販不問關銷，豫販又多歸怨湖販，此其病在商情之不相聯，而各省抽稅，勢亦足以病商。淮南有四岸督銷，權等運司，故運司不能制督銷，分銷亦不盡受轄於督銷，此其病在官權之不相統，而商情渙散，勢亦足以自病。浙場距場近者，有肩引、住引之分。距場遠者，有綱地、引地之別。加以官辦商包，其法不一，紛紜破碎，節節補苴。至捆鹽出場，沿途局卡之留難，船戶之夾帶，則皆不免。此銷鹽各處之情形也。淮鹽行於蘇、皖，與浙鹽、東鹽引界鄰；行於豫岸，與東鹽、蘆鹽引界鄰；行於西岸，與浙、閩、粵鹽引界鄰；行於湘、鄂兩岸，與川鹽、鄂鹽引界鄰。而鄂之襄、樊，又爲蘆私、潞私所灌，湘之衡、永、寶，又爲粵私所佔，兩浙引地，蘇、皖、西三岸皆與淮鄰，卽本省之溫、台等處，亦爲閩私所侵，此皆犬牙相錯，時起爭端。近年京漢鐵路通車，貫豫省而下，淮、蘆之爭更烈。將來津浦、粵漢等路告成，淮界且四面皆敵，然此猶言鄰私也。尤甚者，皖、豫同爲淮界，而皖之潁州與汝、光界壤，則以加價輕而及豫岸，台、處同爲浙境，而處之縉雲爲台商承辦，則又以包薑徵而侵及處郡。江西建昌久爲廢岸，近設官運局以圖規復，而貶價敵私。撫州已虞倒灌，上海租界向爲私藪，近設事務所以籌官銷，而越界行運，蘇屬時有責言，是以淮侵淮、以浙侵浙也。大抵利之所在，人爭趨之，固未易遏，所恃惟緝私嚴耳。然弁勇竊敗，不能制梟販，而轉擾平民。地方官亦以綱法久廢，不負責成，意存膜視。此又引界毗連各處之情形也。近來籌欵，以鹽爲大宗，而淮、浙居天下中心，關於全局尤重。爲整頓計，非事權統一不可。擬請將鹽務歸臣部總理，其產鹽省分，督撫作爲會辦鹽政大臣，行鹽省分，均兼會辦鹽政大臣銜。」制曰可。其言南商鋪池者，蓋光緒三十三年，淮南因鹽不敷銷，於淮北埒子口葦蕩左營增鋪新池，謂之濟南鹽池。三十四年，北商稱有礙舊池銷路，經江督張人駿令按淮南缺額，以十萬引爲率。三販轉運者，淮北票鹽，舊由票販自垣運至西壩，售於湖販，再由湖販運至正陽關，按輪售於岸販也。

載澤既受督辦鹽政大臣之命，乃設鹽政處，按各區分爲八廳，先籌淮北。章程四：曰規復西壩廢岸，曰撤退淮邊蘆店，曰體恤路捐商累，曰包繳豫省薑價。咨商河南巡撫吳重熹，惟末條堅持仍舊。載澤又奏定於西壩設鹽薑總局，臨淮關設掣驗局，餘局卡悉裁，三販統改岸販，准自赴總局完納釐金加價，定每引爲銀幣二元二角，折收庫平銀一兩六錢零，均一次收清。至土銷引地，酌減銀幣四角，折收一兩二錢，較原額少三成。此二年七月事也。直隸張家口外收蒙鹽各場，向由商包辦，宣統元年，改爲公司。至是復改設官棧，以各廳州縣爲引岸，由商包引，每年二萬，徵銀十五萬七千。四川歸丁各地票運，咸豐後增至六十八廳州縣，官運常爲所礙。至是奏查井竈就現有者爲額，嚴禁偷賣，以杜票私。三年，以大清銀行欵七百萬、直隸銀行欵六十萬爲蘆商償外債，收引地三十六歸官辦，設局天津。其永平七屬，道光間由州縣辦課。光緒二十九年，改設官運局。至是與新河、平鄉二縣無商認辦者，統歸津局經理。

初與各國通商，違禁貨物，不許出入口，鹽其一也。乃奉天之大連、旅順，吉林之長春，有日本鹽；吉林之琿春、延吉有朝鮮鹽；黑龍江之滿洲里、黑河，吉林之東寧，有俄羅斯鹽；廣西之鎮南關，雲南之蒙自，有法蘭西鹽；香港、澳門所在侵灌。至山東膠州灣租借於德，而侵卽墨鹽場；奉天遼東半島租借於俄，又轉於日，而佔金州鹽灘；與復州之交流、鳳鳴兩島，有包購餘鹽、派員緝私兩議。後緝私策行，購鹽不果。廣東廣州灣租借於法，吳川之茂琿場爲所佔，每運鹽至香港及越南銷售，以入內地，實皆敗亂鹽法。治鹺政者當有以善其後云。

清史稿卷一百二十四

志九十九

食貨五

錢法　茶法　鑛政

錢法　太祖初鑄「天命通寶」錢，別以滿、漢文爲二品，滿文一品錢質較漢文一品爲大。天聰因之。世祖定鼎燕京，大開鑄局，始定一品。於戶部置寶泉局，工部置寶源局。「順治通寶」錢，定制以紅銅七成、白銅三成搭配鼓鑄。錢千爲萬，二千串爲一卯，年鑄三十卯。每錢重一錢。二年，增重二分，定錢七枚準銀一分，舊錢倍之。民間頗病錢貴，已更定十枚準一分。各省、鎭遵式開鑄，先後開山西、陝西、密雲、薊、宣、大同、延綏、臨清、盛京、江西、河南、浙江、福建、山東、湖廣及荆州、常德、江寧三府鑄局。五年，停盛京、延綏二局。六年，移大同局於陽和。七年，開襄陽、鄖陽二府鑄局。八年，停各府、鎮鑄。十年，復開密雲、薊、宣、陽和、臨清鑄局。初戶部以新鑄錢足用，前代惟崇禎錢仍暫行，餘準廢銅輸官，償以直，並禁私鑄及小錢、僞錢，更申舊錢禁。嗣以輸官久不盡，通令天下，限三月期畢輸，逾限行使，罪之。

是年廷議疏通錢法，以八年增重一錢二分五釐爲定式，幕左漢文「一釐」二字，右寶泉鑄一字曰「戶」，寶源曰「工」，各省、鎮並鑄開局地名一字，如太原增「原」字、宣府增「宣」字之類，錢千準銀一兩，定爲畫一通行之制。禁私局，犯者以枉法贓論。時官錢壅滯，通以斂散法，酌定京、外局錢，配搭俸餉。錢糧舊制徵銀七錢三，皆著爲令。而直省局錢不精，私鑄乘之，卒壅不行，悉罷鑄，專任寶泉、寶源，精造一錢四分重錢，幕用滿文，俾私鑄艱於作僞。現行錢限三月銷燬。更定私鑄律，爲首及匠人罪斬決，財產沒官，爲從及知情買使，總甲十家長知情不首，地方官知情，分別坐斬絞，告奸賞銀五十兩。

十七年，復直省鑄，令準重錢式，幕兼用滿、漢文。康熙元年，鑄紀元錢，後凡嗣位改元，皆鑄如例。高宗內禪，鑄乾隆錢十二，嘉慶錢十八，非常例也。自改鑄一錢四分錢，奸民輒私銷，乃定律罪之比私鑄。遂禁造銅器，爲私銷也。十八年，申嚴其禁，軍器、樂器之屬，許造用五斤以下者。時重錢銷益少，直苦昂。二十三年，允錢法侍郎陳廷敬糾復一錢舊制。久之，錢貴如故，乃申定錢直禁，銀一兩易錢毋得不足一千，然錢直終不能平。季年銀一兩易錢八百八十至七百七十。乃發五城平糶錢易銀以平其價。

自舊錢申禁，而閩地僻遠，猶雜制錢行之。二十四年，巡撫金鋐以爲言，學士徐乾學疏稱：「自古皆古今錢相兼行使，聽從民便。」因歷數歷代舊事，謂「自漢五銖以來，未嘗廢古而專用今。隋銷古錢，明天啓後盡括古錢充鑄，錢之變也。且錢法敝，可資古錢以澄汰，故易代仍聽流通。矧閩處嶺外，宜聽民行使」。上韙其言，盡寬舊錢廢錢之禁。是年定旗籍私鑄私銷罪如律。四十一年，以循舊制改輕錢，私鑄復起，廷臣請罷小制錢，仍鑄一錢四分重錢，新舊錢暫兼行，新錢千準銀一兩，舊錢準七錢。詔從之。然私鑄竟不能止。

四十五年，山東請鑄大錢。會獲得常山私鑄，上以私鑄不盡大錢，必多私銷，宜先收後禁，乃令錢糧銀一兩折收二千文，錢盡，折收銅器。戶部以新錢不敷，請展至五年後燬舊鑄。越二年，襄陽私鑄錢潛貯漕艘入京，大理卿塔進泰奉命會查，疏請嚴禁收燬，再犯私鑄私販罪如律，船戶運弁罪同私鑄，地方官知情，斬決，沒其家；失察，奪職。法益加嚴。

官局用銅，自四十四年兼採滇產。雍正元年，巡撫楊名時請歲運滇銅入京。廷議即山鑄錢爲便，因開雲南大理、霑益四局，鑄運京錢，幕文曰「雲泉」。上以錢爲國寶，更名「寶雲」，並令直省局錢，幕首「寶」字，次省名，純滿文。其後運京錢時鑄時罷。

乾隆二年，以錢價久不平，飭大興、宛平置錢行官牙以平錢價。上念私銷害尤甚，益厲行銅器禁。官非三品以上不聽用，舊有銅器限三年內輸官，逾限以私藏禁物論，已禁仍造，罪比盜鑄爲從。遂通令禁造銅器。尋益嚴限制，惟一品始聽用，餘悉禁之，藏匿私用，皆以違禁論。十二年，上以錢重則私銷，輕則私鑄，令復一錢二分舊制。十三年，定翦錢邊律罪爲絞監候。先是尙書海望以銅禁病民，疏陳四弊，高宗然之，遂罷禁銅收銅令。

復以京師錢價昂，銀一兩僅易八百文，詔發工部節愼庫錢平價。御史陶正靖疏陳錢價不平，弊由經紀蠹害錢法，遽命革除之。浙江布政使張若震言錢貴弊在私燬。如使配合銅鉛，參入點錫，鑄成青錢，則銷者無利。試之驗，因採其議，鑄與黃錢兼行。定私鑄鉛錢禁，爲首及匠人絞監候，爲從及知情買使，減一等。申嚴販運及囤積制錢之禁，凡積錢至百千以上，以違例論。上諭廷臣曰：「今之言禁者，亦第補偏救弊，非能正本淸源也。物之定直以銀不以錢，而官民乃皆便錢不便銀，趨利之徒，以使低昂爲得計，何輕重之倒置也？嗣是宜重用銀，凡直省官修工程，民間總置貨物，皆以銀。」

二十二年，兩廣總督李侍堯請禁舊錢、僞錢。上以民間雜用吳三桂「利用」、「洪化」、「昭武」諸僞錢，第聽自檢出，官爲易之以充鑄，舊錢仍聽行使。二十四年，回部平，頒式於葉爾羌，鑄「乾隆通寶」，枚重二錢，幕鑄葉爾羌名，左滿文，右回文，用紅銅，並燬舊普爾錢充鑄。越二年，阿克蘇請鑄，如葉爾羌例。復允西藏開鑄銀錢，重一錢與五分二種，文曰「乾隆寶藏」，幕用唐古忒字，邊郭識年分。以上二類錢，第行之回、藏，內地不用。二十九年，令回部鑄錢，永用乾隆年號。

時至中葉，錢直昂，直省皆增鑪廣鑄，價暫趨於平。會銅運遲滯，市儈居奇增直，害錢法，通飭督撫毋得輕請停鑪減卯。季年私鑄益多，四川、雲、貴為淵藪，流布及江、浙。雲、貴官錢亦以不善罷鑄。又自律嚴私鑄，常寬之以收燬，莠民恃以行詐，私錢日出不窮。五十七年，湖廣總督畢沅請收買毋立限。上謂湖北乃私鑄總匯，不圖禁絕而預思所以卸過，命嚴稽私販，仍予寬限二年。五十九年，以官私錢錯出，錢賤，乃暫罷直省鑄，私錢通限一年收繳，而吏胥緣為奸。嘉慶元年，復直省鑄。至十年，直省未盡復卯，錢復貴，通飭各督撫按卯鼓鑄。然嗣是局私私鑄相踵起，京局錢至輪郭肉好模糊脆薄，「寶蘇」鑄中雜沙子，擲地即碎，而貴州、湖廣私鑄盛行，江蘇官局私局秘匿。至道光間，閩、廣雜行「光中」、「景中」、「景興」、「嘉隆」諸夷錢，奸民利之，輒從仿造。貴陽大定官局亦別鑄底大錢，錢法自是益壞。

時華洋互市，以貨易銀，番船冒禁，歲漏出以千萬計，御史黃中模、章沅咸以為言。而大髻、小髻、蓬頭、蝙蝠、雙柱、馬劍各種番銀，亦潛輸內地以規利，自閩、廣通行至黃河以南。而洋商復挾至各省海口，陽置貨而陰市銀，至洋銀日多，紋銀日少而貴。上患之，命粵督申嚴禁約，然所禁不及洋銀，仿鑄之廣板、福板、杭板、吳莊、行莊，耗華銀如故。御史黃爵滋請並禁使出洋，更立專條，議從重科。十七年，詔沿江沿海督撫、海關監督，飭屬嚴稽偷漏，定功過，行賞罰，而海內銀卒耗竭，每兩易錢常至二千。廷臣謀所以重錢以殺銀之勢，而議格不行。

先是道光中葉，銀外洩而貴，朝野皆欲行大錢以救之。廣西巡撫梁章鉅疏言其利。文宗卽位，四川學政何紹基力請行大錢以復古救時。上意初不謂然，卒與官票、寶鈔行焉。鈔嘗行於順治八年，歲造十二萬八千有奇。十年而罷。嘉慶間，侍講學士蔡之定請行鈔。咸豐二年，福建巡撫王懿德亦以爲請。廷議以窒礙難行，卻之。是時銀虧錢匱重，而軍需河餉糜帑二千數百萬，籌國計者，率以行官票請。次年，命戶部集議。惠親等請飭部製造錢鈔與銀票相輔並行。票鈔製以皮紙，額題「戶部官票」，左滿、右漢，皆雙行，中標二兩平足色銀若干兩，下曰「戶部奏行官票」。凡願將官票兌換銀錢者，與銀一律，並準按部定章程，搭交官項。僞造者依律治罪。邊文龍。鈔額題「大淸寶鈔」，漢字平列，中標準足制錢若干文，旁八字爲「天下通寶，平準出入」，下曰「此鈔卽代制錢行用，並準按成交納地丁錢糧一切稅課捐項，京、外各庫一概收解」。邊文如票。大錢當千至當十，凡五等，重自二兩遞減至四錢四分。當千、當五百，淨銅鑄造，色紫；當百、當五十、當十，銅鉛配鑄，色黃。百以上文曰「咸豐元寶」，以下曰「重寶」，幕滿文局名。四年，以乏銅，兼鑄當五鐵錢及制錢。已而更鑄鉛制錢。乾隆間，京局用銅，滇、洋兼資，後專行滇運。時以道梗銅滯，故權宜出此。定議票銀一兩抵制錢二千，鈔二千抵銀一兩，票鈔亦準是互相抵，民間完納丁糧稅課及一切官欵，亦準五成，京、外應放庫欵如之。大錢上下通行如票鈔，抵銀如制錢之數，輸官以三成，鐵錢通用如大錢。阻撓罪以違制，僞造鈔票斬監候，私鑄加嚴。通飭京、外設置官錢局。尋以直省延不奉行，嗣後議於各府置鈔局，發大錢於行店，俾錢鈔通融互易以便民，丁糧搭收票鈔，零星小戶銀鈔尾零，搭交銅鐵大錢，皆先從直隸、山東實行。官吏折勒骫法，商民交易不平價，從嚴處治。七年，令順天直隸各屬錢糧，自本年上忙始，以實銀四成、寶鈔三成、當十銅鐵大錢三成搭交，一切用項，亦按成搭放。尋從戶部議，自本年下忙始，直隸照銀七票三徵收，大錢三成即納在鈔票三成內，交票交錢聽便。

然鈔法初行，始而軍餉，繼而河工，搭放皆稱不便，民情疑阻。直省搭收五成，以欵多抵撥旣艱，搭放遂不復肯搭收。民間得鈔，積爲無用，京師持鈔入市，非故增直，卽匿貨，持向官號商鋪，所得皆四項大錢，不便用，故鈔行而中外兵民病之。其後京師以官號七折錢發鈔，直益低落，至減發亦窮應付，鈔遂不能行矣。大錢當千、當五百，以折當過重最先廢，當百、當五十繼廢，鐵錢以私票梗之而亦廢，乃專行當十錢。盜鑄叢起，死罪日報而不爲止。局錢亦漸惡，雜私鑄中不復辨，奸商因之折減挑剔，任意低昂。商販患得大錢，皆裹足，三成搭收，徒張文告，屢禁罔效。法弊而撓法者多，固未有濟也。當十錢行獨久，然一錢當制錢二，出國門卽不通行。咸豐之季，銅苦乏，申禁銅、收銅令。同治初，鑄錢所資，惟商銅、廢銅，當十錢減從三錢二分。光緒九年，復減爲二錢六分。

時孝欽顯皇后銳意欲復制，下廷臣議，以滇銅運不如額，姑市洋銅，交機器局試鑄。戶部奏稱機器局鑄錢並京局開鑪之不便，懿旨罪其委卸，卒命直隸總督李鴻章於天津行之，重準一錢，遂賞唐炯巡撫銜，專督雲南銅政。十四年，廣東試鑄機器錢，以重庫平七分識於幕。二十四年，命直省鑄八分錢。而京師以制錢少，行當十錢如故。三十二年，鑄銅幣當十錢，民不樂用，於是創鑄銀、銅圓，設置銀行，思劃一幣制，與東西洋各國相抗衡。

初，洋商麕集粵東，西班牙、英吉利銀錢大輸入，總督林則徐謀自鑄圖抵制，以不適用而罷。嗣是墨西哥、日本以國幣相灌輸。光緒十四年，張之洞督粵，始用機器如式試鑄，李鴻章繼任續成之，文曰「光緒元寶，庫平七錢二分，廣東省造」，幕紋龍。並鑄三錢六分、一錢四分四釐、七分二釐、三分六釐四種小銀圓。中國自行銀錢自此始。湖北、江西、直隸、浙江、安徽、奉天、吉林以次開鑄。尋以廣東、湖北、江西所鑄最稱便用，許以應解京餉撥充鑄本。直省未開鑄者，飭從附鑄。京、外收放庫欵，準搭三成。因命劉坤一、張之洞、陶模籌議三局造鑄事宜。已復由戶部核定，七省所鑄規模成色苦參差，不利通行。會造幣總廠成，擬撤其三，而留江南、直隸、廣東爲分廠。初鑄準重墨圓，議者頗非之。之洞始於湖北試行一兩銀幣。戶部亦以中國立算，夙準兩錢分釐，因定主幣爲庫平一兩，而以五錢、一錢小銀幣暨銅圓、制錢輔助之，令總分廠如式造行。

銅元鑄始閩、廣，江蘇繼之。時京局停鑄，命各運數十萬入京，由戶部發行備用。沿江、沿海省分，並飭籌欵附鑄。而直省陸續開鑄，造幣總廠反後成。總廠擬鑄之幣凡三品：曰金，曰銀，曰銅。最先鑄銅幣。自當制錢二十降至當二，自重四錢降而四分，凡四種，文視直省小異大同。直省曰「光緒元寶」，總廠初同直省，嗣定曰「大清銅幣」，皆識某所造，幕皆龍文，紫銅鑄，直省間亦用黃銅。凡私造銅幣、僞造紙幣，罪視制錢加等。初鑄銅元，爲補制錢之不足，旋艷其餘利，新政餉需皆取給焉，競鑄爭售，乃至不能敷鑄本。兩江總督周馥首疏其弊，戶部爲立法限制之。繼與政務處上補救八事。旋以開鑄者多至十七省，省至二三局，恐終難言畫一，乃令山東歸併直隸，湖北歸併湖南，江南、安徽歸併江寧，浙江歸併福建，廣西歸併廣東，合奉天、河南、四川、雲貴爲九廠，由部派員會辦，遣大臣周歷察核，與戶部籌定會辦事宜。顧銅元以積賤，當十錢僅能及半數，民私局私頗叢奸弊。應準銀者，銅元折合，類致虧損，物價翔貴，民生日益凋敝。省與省復相軋，至不相流通。山東巡撫袁樹勛繼陳十害。時總廠初鑄銅幣，尚留寶泉鑄六分制錢。廣東請改鑄一文錢，由總廠頒式通行。三十四年，命各銅元廠加鑄一文新錢，如銅圓式，蓋存一文舊制，藉爲銅圓補救也。

自大理少卿盛宣懷奏設通商銀行，議者以東西洋各國皆有國立銀行，能持國內外財政，二十九年，允戶部請，設置官銀行，以部專其名，糾合官商資本四百萬，通用國幣、發行紙幣、官欵公債皆主之。尋爲發行紙幣，並開紙、印刷二廠。會戶部改度支，更銀行名曰「大清」，設正副監督各一，造幣總廠亦如之。銀行內並附設儲蓄銀行。畫一幣制，載入各國新定商約。部議宜先審定銀幣，試行效，則積金鑄幣三品之制，可使同條共貫。第計元計兩，尚持兩端。德宗下其事於督撫。適有以實行商約速定幣制請者，下政務處核議，各督撫亦先後議上。主兩者至十一省，主圓者僅八省。度支部前亦頒布用兩，遂定一兩爲主幣。復由部設幣制調查局，而審愼於鑄造推行、畫一成色分量之間。至宣統二年，仍前定名曰「圓」，銀幣一圓爲主幣，五角、二角五、一角三種，鎳幣五分一種，銅幣二分、一分、五釐、一釐四種，爲輔幣。銀幣重七錢二分，餘遞降。並撤直隸銀銅造幣廠，而留漢口、廣東、成都、雲南四廠。前所鑄大小銀元，暫照市價行使，將來由總廠銀行收換改鑄。

三品之制，首金，次銀。光緒中葉，英金磅歲騰長，每磅自華銀四兩一錢六分五釐增至八兩有奇。御史王鵬運、通政司參議楊宜治嘗建議積金仿鑄。三十年，戶部疏請備造幣之用，納官者皆準金。出使大臣汪大燮極言用金之利。孫寶琦則請對內用銀，對外必預計用金。廷臣之論國幣者，亦以不臻至用金，幣制不爲完善，皆請速定用本位金，卒未能實行云。

茶法　我國產茶之地，惟江蘇、安徽、江西、浙江、福建、四川、兩湖、雲、貴爲最。明時茶法有三：曰官茶，儲邊易馬；曰商茶，給引徵課；曰貢茶，則上用也。清因之。於陝、甘易番馬。他省則召商發引納課，間有商人赴部領銷者，亦有小販領於本籍州縣者。又有州縣承引，無商可給，發種茶園戶經紀者。戶部寶泉局鑄刷引由，備書例欵，直省預期請領，年辦年銷。茶百斤爲一引，不及百斤謂之畸零，另給護帖。行過殘引皆繳部。凡僞造茶引，或作假茶興販，及私與外國人買賣者，皆按律科罪。

司茶之官，初沿明制。陝西設巡視茶馬御史五：西寧司駐西寧，洮州司駐岷州，河州司駐河州，莊浪司駐平番，甘州司駐蘭州。尋改差部員，又令甘肅巡撫兼轄，後歸陝甘總督管理。四川設鹽茶道。江西設茶引批驗大使，隸江寧府。

歲徵之課，江蘇發引江寧批發所及荆溪縣屬張渚、湖汊兩巡檢司。安徽發引潛山、太湖、歙、休寧、黟、宣城、寧國、太平、貴池、青陽、銅陵、建德、蕪湖、六安、霍山、廣德、建平十七州縣。江西發引徽商及各州縣小販。此三省稅課，均於經過各關按則徵收。浙江由布政使委員給商，每引徵銀一錢，北新關徵稅銀二分九釐二毫八絲，彙入關稅報解。又每歲辦上用及陵寢內廷黃茶共百一十餘簍，由辦引委員於所收茶引買價內辦解。湖北由咸寧、嘉魚、蒲圻、崇陽、通城、興國、通山七州縣領引，發種茶園戶經紀坐銷。建始縣給商行銷。坐銷者每引徵銀一兩，行銷者徵稅二錢五分，課一錢二分五釐，共額徵稅課銀二百三十兩有奇。行茶到關，仍行報稅。湖南發善化、湘陰、瀏陽、湘潭、益陽、攸、安化、邵陽、新化、武岡、巴陵、平江、臨湘、武陵、桃源、龍陽、沅江十七州縣行戶，共徵稅銀二百四十兩。陝、甘發西寧、甘州、莊浪三茶司，而西安、鳳翔、漢中、同州、榆林、延安、寧夏七府及神木廳亦分銷焉。每引納官茶五十斤，餘五十斤由商運售作本。每百斤爲十篦，每篦二封，共徵本色茶十三萬六千四百八十篦。改折之年，每封徵折銀三錢。其原不交茶者，則徵價銀共五千七百三十兩有奇。亦有不設引，止於本地行銷者，由各園戶納課，共徵銀五百三十兩有奇。四川有腹引、邊引、土引之分。腹引行內地，邊引行邊地，土引行土司。而邊引又分三道，其行銷打箭鑪者，曰南路邊引；行銷松潘廳者，曰西路邊引；行銷邛州者，曰邛州邊引。皆納課稅，共課銀萬四千三百四十兩，稅銀四萬九千一百七十兩，各有奇。雲南徵稅銀九百六十兩。貴州課稅銀六十餘兩。凡請引於部，例收紙價，每道以三釐三毫爲率。盛京、直隸、河南、山東、山西、福建、廣東、廣西均不頒引，故無課。惟茶商到境，由經過關口輸稅，或略收落地稅，附關稅造銷，或彙入雜稅報部。此嘉慶前行茶事例也。

厥後泰西諸國通商，茶務因之一變。其市場大者有三：曰漢口，曰上海，曰福州。漢口之茶，來自湖南、江西、安徽，合本省所產，溯漢水以運於河南、陝西、青海、新疆。其輸至俄羅斯者，皆磚茶也。上海之茶尤盛，自本省所產外，多有湖廣、江西、安徽、浙江、福建諸茶。江西、安徽紅綠茶多售於歐、美各國。浙江紹興茶輸至美利堅，寧波茶輸至日本。福州紅茶多輸至美洲及南洋羣島。此三市場外，又有廣州、天津、芝罘三所，洋商亦麕集焉。蓋茶之性喜燠惡寒，喜濕惡燥，又必避慓烈之風，最適於中國。泰西商務雖盛，然非其土所宜，不能不仰給於我國，用此駸駸徧及全球矣。

其業此者，有總商，有散商。領引後，行銷各有定域。亦有兼行票法者，如四川自乾隆五十二年開辦堰工茶票後，名目甚繁，然第行於產多或銷暢之區，非遍及各州縣也。惟甘商舊分東、西二櫃，東櫃多籍隸山西、陝西，西櫃則回民充之。自咸豐中回匪滋事，繼以盜賊充斥，兩櫃均無人承課。總督左宗棠勘定全省，乃奏定章程，以票代引。遴選新商採運湖茶，是曰南櫃。時領票止八百餘張。嗣定爲三年一案，領票准加不准減。計自光緒十三年至二十七年，逐案加增。三十年，又於湖票外更行銷伊、塔之晉票。迄於宣統二年，茶務日盛。

茶之與鹽，辦法略相似。惟鹽爲歲入大宗，故掌國計者第附於鹽而總核之。其始但有課稅，除江、浙額引由各關徵收無定額外，他省每歲多者千餘兩，少祇數百兩或數十兩。卽陝、甘、四川號爲邊引，亦不滿十萬金。咸豐以來，各省次第行釐，光緒十二年，福建册報至十九萬餘兩，他省欵亦漸多，未幾收數復絀。宣統三年豫算表所載，茶稅特百三十餘萬而已。

順治初元，定茶馬事例。上馬給茶篦十二，中馬給九，下馬給七。二年，差御史轄五茶馬司。時商人多越境私販，番族利其值賤，趨之若鶩。兼番僧馳驛往來，夾帶私茶出關，吏不能詰。戶部奏言：「陝西以茶易馬，明有照給金牌勘合之例。今可勿用，但定價值。至番僧所至，如官吏縱容收買私茶，聽巡按御史參究。」茶馬御史廖攀龍又言：「茶馬舊額萬一千八十八匹，崇禎三年增解二千匹，請永行蠲免。」並從之。四年，命巡視茶馬滿、漢御史各一，直隸河寶營地當張家口之西，明時鄂爾多斯部落會於此交易茶馬，旋封閉。至是，戶部差理事官履勘，以狀聞。諭仍准互市。七年，以甘肅舊例，大引篦茶，官商均分，小引納稅三分入官，七分給商。諭嗣後各引均由部發，照大引例，以爲中馬之用。又舊例大引附六十篦，小引附六十七斤。定爲每茶千斤，概准附百四十斤，聽商自賣。

十三年，以甘肅所中之馬既足，命陳茶變價充餉。十四年，復以廣寧、開成、黑水、安定、淸安、萬安、武安七監馬蕃，命私馬私茶沒入變價。原留中馬支用者，悉改折充餉。十八年，從達賴喇嘛及根都台吉請，於雲南北勝州以馬易茶。康熙四年，遂裁陝西苑馬各監，開茶馬市於北勝州。七年，裁茶馬御史，歸甘肅巡撫管理。十九年，以軍需急，加福建茶課銀三百五十九兩，至二十六年豁免，並除湖廣新增茶稅銀。時四川產茶多，其用漸廣，戶部議增引，迄康熙末，天全土司、雅州、邛、榮經、名山、新繁、大邑、灌縣並有所增。

二十四年，刑科給事中裘元佩言洮、岷諸處額茶三十餘萬篦，可中馬萬匹。陳茶每年帶銷，又可中數萬匹。請遣員專管。三十六年，遂差部員督理茶馬事務。四十年，以陝西私茶充斥，令嚴查往來民人，凡攜帶私茶十斤以下勿問，其馱載十斤以上無官引者論罪。四十四年，以奸商恃有前例，皆分帶零運，私販轉多，飭照舊緝捕，停差部員，仍歸甘肅巡撫兼理。自康熙三十二年，因西寧五司所存茶篦年久浥爛，經部議准變賣。後又以蘭州無馬可中，將甘州舊積之茶，在五鎮俸餉內，銀七茶三，按成搭放。尋又定西寧等處停止易馬，每新茶一篦折銀四錢，陳茶折六錢，充餉。至六十一年，復增西寧、莊浪、岷州、河州茶引，各處所存舊茶，悉令變賣。

雍正三年，遂議自康熙六十一年始，五年內全徵本色，五年後卽將舊茶變賣。嗣是出陳易新，總以五年爲率。四年，定陝西行茶，改令產茶地方官給發船票，照商人引目茶數開明，如於部引外搭行印票，及附茶不遵定額者，照私鹽律論，查驗失察故縱，均加處分。八年，命陝西商運官茶，於舊例每百斤准附帶十四斤外，再加耗茶十四斤。又諭：「四川茶稅皆論園論樹，夫樹有大小，園有寬狹，豈能一致？若據以爲額，未得其平。應照斤兩收納，著該撫詳議。」尋議：「舊例每斤徵課二釐五毫，今但徵四絲九忽有奇，前後懸絕，應酌減其半，無論邊、土、腹引，俱納銀一釐二毫五絲。」時川茶行銷，引尚不敷，於是復增，各府、州、縣再行給發。九年，命西寧五司復行中馬法。十年，又命中馬應見發茶。時安徽亦增引，照四川例，以餘引暫存司庫，遇不敷時，配給行運。十三年，復停甘肅中馬。始定雲南茶法，以七斤爲一筒，三十二筒爲一引，照例收稅。

乾隆元年，令甘肅官茶改徵折色，每篦輸銀五錢。時西寧五司陳茶充牣，令每封減價二錢，刻期變賣。二年，以江西南昌等三十二州縣地不產茶，四川成都、彭、灌等縣滯銷，其引或停或減，並豁除課銀。七年，免甘肅地震處之課，乃命西寧五司徵本色。八年，免四川天全所欠乾隆七年前之羨餘截角，成都、彭、灌等縣之未完銀兩。十一年，甘肅巡撫黃廷桂奏言：「西寧、河州、莊浪三司，番、民錯處，惟茶是賴。邇年以糧易茶，計用茶六萬五千五百餘封，易雜糧三萬八千一百餘石，請著爲例。」報可。十三年，定甘肅應徵茶封，每年收二成本色、八成折色，並申明水陸各路運商驗引截角法，推行安徽、浙江、四川、雲南、貴州。二十四年，從甘肅巡撫吳達善言，命西寧五司茶封，照康熙三十七年例，搭放各營俸餉。二十五年，吳達善又言：「甘省茶課向爲中馬設。今其制已停，在甘、莊二司地處衝衢，西河二司附近青海，猶有銷路，惟洮司偏僻，商銷茶斤，歷年俱改別司售賣，而交官茶封，仍歸洮庫，往往積至數十萬封，始請疏銷。應將洮司額頒茶引，改歸甘、莊二司給商徵課，俟洮司庫貯搭餉完日，卽行裁汰。」

二十七年，陝甘總督楊應琚復條上疏銷事宜四：「一，官茶應改徵折價也。查甘肅庫貯官茶，向例如存積過多，改徵折色。今五司庫內，自乾隆七年至二十四年，已存百五十餘萬封。經前撫臣吳達善奏准每封作價三錢，搭放兵餉，已搭放四十餘萬封。在市肆官茶日多，非十年之久，不能全數疏銷。且每年商人又增配二十四萬封，商茶既多，官茶益滯。莫若將商交二成官茶五萬四千餘封，照例每封徵折價三錢，俟陳茶銷售將完，再徵本色。一，商茶應准減配也。查甘肅茶法，商人每引交茶五十斤，無論本折，卽係額課。外有充公銀三萬九千餘兩，亦係按年交納，無殊正供。至商人自賣茶封，每引止應配正茶五十斤，連附茶共配售三十餘萬封，商人卽以配售之茶納課。經吳達善奏准增配以紓商力，並無課項。

第茶封既增，又有搭放兵餉之官茶，勢致愈積愈多，難免停本虧折。今商人願每引止五封，內應減無課茶十五萬八千三百十六封，共止配茶四十萬九千四百四十封，二成本色茶封既議改徵折價，無庸配運。一，陳積茶封應召商減售也。查各司俱有陳茶，而洮司爲多。現每封四錢發售，商民裹足。請仍照原議，每封定價三錢，召商變賣。一，內地、新疆應一體搭放也。查乾隆二十四年吳達善奏准滿、漢各營以茶封搭餉。至新疆茶斤，向資內地。今官茶以沿途站車輓運，無庸脚費，其自肅州運至各處，將脚價攤入茶本之內，較之買自商賈，尚多減省。」疏入，議行。

二十九年，裁甘肅巡撫，茶務歸陝甘總督兼理。三十四年，以甘省庫貯官茶漸少，復徵本色一成。三十六年，又以伊犁等處安插投誠土爾扈特等衆，賞給茶封，仍議照舊徵收二成。三十八年，四川總督劉秉恬奏准三雜谷等處土司買茶，以千斤爲率，使僅敷自食，不能私行轉售。四川設邊引，商人納稅領運於松潘等處銷售，無論土司蠻商，俱准赴邊起票販運。嘉慶七年，以陝西神木官銷茶引久經撥歸甘省商銷，令豁除舊存羨餘名目。四川敎匪滋擾，蠲除大寧、廣元、太平、通江、南江五州縣茶稅。十年，復免大寧、太平、通江、巫山四縣廳稅課。十七年，以甘肅庫茶充羨，定商納官茶，全徵折色。二十二年，諭：「閩、皖、浙商人販運武夷、松羅茶赴粵銷售，向由內河行走，近多由海道販運，夾帶違禁貨物私賣。飭令茶商仍由內河行走，永禁出洋販運，違者治罪，茶入官。」

道光三年，諭：「那彥成奏定新疆行茶章程，經戶部議覆，烏里雅蘇台、科布多磚茶不得侵越新疆各城售賣。茲將軍果勒豐阿等奏，此項磚茶，由歸化城、張家口請領部票納稅而來，已六十餘年，未便遽行禁止。惟新疆既爲官茶引地，商茶究有礙官引，令嗣後商民每年馱載磚茶一千餘箱，前赴古城，仍照例給票，無許往他處售賣。」六年，諭：「前因新疆各城運茶，前將軍等請給引招商納課。茲據慶祥等奏稱，各城無殷實之戶，若遽令承充官商，必致運課兩誤。著北路商民專運售雜茶，並在古城設局抽稅，卽以所收銀抵蘭州茶商課。俟試行三年，再行定額。至附茶仍由甘商運銷。」八年，欽差大臣那彥成言：「甘肅官茶，年例應出關二十餘萬封。近來行銷至四五十萬封，皆以無引私茶影射，價復遞加，每附茶一封，售銀七八兩至十餘兩不等。請嗣後每封定價，阿克蘇不得過四兩，喀什噶爾不得過五兩，並於嘉峪關外及阿克蘇等處設局稽查。」詔如所請。九年，命甘肅茶務責成鎭迪道總司稽查，奇臺縣就近經管。

咸豐三年，閩浙總督王懿德奏請閩省商茶設關徵稅。五年，福建巡撫呂佺孫復言：「閩茶向不頒給執照，徵收課稅。自道光二十九年，直隸督臣訥爾經額以閩商販運，官私莫辨，議由產茶之崇安縣給照，經過關隘，驗稅放行。嗣因產茶不止一處，商人散赴各縣購買，繞道出販，復經撫臣王懿德奏請，自咸豐三年爲始，凡出茶之沙、邵武、建安、甌寧、建陽、浦城、崇安等縣，一概就地徵收茶稅，由各縣給照販運，先後下部議准。前歲因粵匪竄擾，江、楚茶販不前，暫弛海禁，各路茶販，遂運茶至省，不從各關經過，不特本省減稅，卽浙、粵、江西亦形短絀。臣履任後，徧詢茶商獲利，較前不啻倍蓰。商利益厚，正賦轉虧。現粵匪未平，軍需孔急，衆商身擁厚貲，什一取盈，初無所損。且徵諸販客，不致擾累貧民，完自華商，無慮糾纏洋稅，以天地自然之利，爲國家維正之供，迥非加增田賦者比。但閩茶不止數縣，必在附省扼要處所設關增卡，給印照以憑查核。連界各省，亦應一體設立，俾免趨避。請自咸豐五年始，凡販運茶斤，概行徵稅，所收專欵，留支本省兵餉。惟創行伊始，多寡未能預定，俟行一二年後，再行比較定額。」自此閩稅始密。然至十年，猶未報部，經部飭催，乃按期奏報。六年，允伊犂將軍扎拉芬泰請，伊犂產茶，設局徵稅，充伊犂兵餉之用。十一年，廣東巡撫覺羅耆齡奏請抽收落地茶稅。

同治元年，飭下湖南、湖北、江蘇、安徽、江西、浙江、福建各督撫，詳查本省產茶及設茶莊處所，妥議章程具奏。二年，兩江總督曾國藩疏，略言：「江西自咸豐九年，定章分別茶釐、茶捐。每百斤除境內抽釐銀二錢，出境又抽一錢五分有零外，向於產茶及設立茶莊處所勸辦茶捐，每百斤捐銀一兩四錢或一兩二錢不等，塡給收單，准照籌餉事例彙齊請奬。

臣仍照舊章辦理。本年據九江關署監督蔡錦青詳，請遵照戶部奏准，飭將鹽、茶、竹、木四項統徵關稅，已於三月起徵。江西茶葉運至九江，有華商、洋商之分。洋商旣完子口半稅，固不抽釐，華商旣納潯關正稅，亦未便再令完釐。臣卽照部章，於義寧州開辦落地稅。惟原奏內大箱淨茶科則稍重，分別核減。參酌茶捐向章，每百斤，義寧州等處徵一兩四錢，河口鎭徵一兩二錢五分，概充臣營軍餉，由臣刊發稅單護票，委員經收。或業戶自行完納，或茶莊代爲完稅領單，至發販時，統由茶莊繳銷稅單。華商換給護票，洋商卽憑運照，販至各處銷售。除華商完納九江關稅、洋商完納子口半稅外，經過江西、安徽各釐卡，驗明放行。如此辦理，與戶部原奏、總理衙門條約，一一符合。稅單雖係茶莊經手，稅銀實爲業戶所出。洋商不得藉口於子口半稅，而禁中國之業戶不完中國之地稅。華商旣免逢卡抽釐，亦不至紛紛私買運照，冒充洋商。」得旨允行。

五年，戶部奏准甘省引滯課懸，暫於陝西省城設官茶總店，潼關、商州、漢中設分店。商販無引之茶，到陝呈報。上色茶百斤收課銀一兩，中色六錢，下色四錢。所收解甘彌補欠課。七年，議准歸化城商人販茶至恰克圖，假道俄邊，前赴西洋各國通商，請領部照，比照張家口減半，令交銀二十五兩，每票不得過萬二千斤。十一年，議准甘省積欠舊課，仍追舊商。召募之新商試新課。其雜課、養廉、充公、官禮四項緩徵。十三年，議准甘省仿淮鹽之例，以票代引，不分各省商販，均令先納正課，始准給票。其雜課歸併釐稅項下徵收。各項名色概予刪除。行銷內地者，照納正課三兩外，於行銷地各完釐稅，每引以一兩數錢爲度，多不過二兩。出口之茶，則另於邊境局卡加完釐一次，以示區別。

光緒十年，戶部統籌財政，於茶法略言：「據總理衙門單開，光緒八、九等年出口茶數多至萬九千餘萬斤。查道光年間英國所收茶稅，約每百斤收銀五十兩，而我之出口稅僅納二兩五錢，不及十一。擬照甘肅茶封之例，每五十斤就園戶徵銀三錢。增課既多，洋人無所藉口。或照寧夏、延、榆、綏等處茶引每道徵銀三兩九錢之例，於產茶處所設局驗茶，發給部頒茶照，每照百斤，徵銀三兩九錢，經過內地關卡，另納釐稅，驗照蓋戳放行，不准重複影射。所有茶照，按年豫行赴督請領，原照一年後作廢。或於產茶處所驗茶發給部照，既完課三兩，再倍收銀三兩九錢，前後共徵七兩八錢，一切雜費均予豁除。惟於各海關及邊卡，凡應納洋稅，仍照向章完納。若在內地行銷販運，無論經過何省何處釐卡關榷，均免再徵。則改釐爲課，改散爲總，既便稽查，復免侵漁。惟園戶及販商若何防其走漏，應令各省參酌定章，覆奏辦理。」

十二年，以山西商人在理藩院領票，詭稱運銷蒙古地方，實私販湖茶，侵銷新疆南北兩路。一票數年，循環轉運，往往逃釐漏稅。經部奏准，嗣後領票，註明「不准販運私茶」字樣。

如欲辦官茶，卽赴甘肅領票繳課完釐。倘復運銷私茶，查出沒官。

是時泰西諸國嗜茶者衆，日本、印度、意大利豔其利厚，雖天時地質遜於我國，然精心講求種植之法，所產遂多。蓋印度種茶，在道光十四年，至光緒三年乃大盛。錫蘭、意大利其繼起者也。法蘭西旣得越南，亦令種茶，有東山、建吉、富華諸園。美利堅於咸豐八年購吾國茶秧萬株，發給農民，其後愈購愈多，歲發茶秧至十二萬株，足供其國之用。故我國光緒十年以前輸出之數甚鉅，未幾漸爲所奪。印度茶往英國者，歲約七十三萬二千石，價約二千四萬兩。吾國茶往者八十九萬八千石，價約千八百六十八萬兩。印度茶少於華，而價反多。迨二十二年我國運往，乃止二十一萬九千四百餘石而已。日本之茶，多售於美國，亦有運至我國者。光緒十三年，我茶往日本者萬二千餘石，而彼茶進口萬六千餘石。其專尙華茶取用宏多者惟俄。蓋自哈薩克、浩罕諸部新屬於彼，地加廣，人加衆，需物加多，而茶尤爲所賴。光緒七年定約，允以嘉峪關爲通商口岸，而往來益盛。十年後我國運往之茶，居全數三之一。十三年，併雜貨計，出口價九百二萬兩有奇，而進口價僅十一萬八千餘兩，凡輸自我者八百九十萬兩。然十二年茶少價多，十三年茶多價少，華商已有受困之勢，厥後亦兼購於他國，用此華茶之利驟減。蓋我國自昔視茶爲農家餘事，惟以隙地營之，又採摘不時，焙製無術，其爲他人所傾，勢所必至。

三十三年，茶葉公會以狀陳於度支部，稅務司亦以茶稅減少爲言，於是命籌整理之策。宣統初，農工商部遂有酌免稅釐之議。漢口、福州皆自外國購入制茶機器，且由印度聘熟練教師。江西巡撫又籌欵貸與茶戶。自是銷入歐洲及北阿非利加洲者乃稍暢旺。夫吾國茶質本勝諸國，往往澀味中含有香氣，能使舌本回甘，泰西人名曰「膽念」，他國所產鮮能及此。故日本雖有茶，必購於我，荷蘭使臣克羅伯亦言爪哇、印度、錫蘭茶皆不如華茶遠甚。然則獎勵保護，無使天然物產爲彼族人力所奪，是不能不有望於今之言商務者。

鑛政　清初鑒於明代競言鑛利，中使四出，暴斂病民，於是聽民採取，輸稅於官，皆有常率。若有礙禁山風水，民田廬墓，及聚衆擾民，或歲歉穀踊，輒用封禁。

世祖初開山東臨朐、招遠銀鑛，順治八年罷之。十四年，開古北、喜峯等口鐵鑛。康熙間，遣官監採山西應州、陝西臨潼、山東萊陽銀鑛。二十二年，悉行停止。並諭開鑛無益地方，嗣後有請開採者，均不准行。世宗即位，羣臣多言鑛利。粵督孔毓珣、粵撫楊文乾、湘撫布蘭泰、廣西提督田畯、廣東布政使王士俊、四川提督黃廷桂相繼疏請開鑛，均不准行，或嚴旨切責。十三年，粵督鄂彌達請開惠、潮、韶、肇等府鑛，下九卿議行。上以妨本務停止。

蓋粵東山多田少，而礦產最繁，土民習於攻採。礦峒所在，千百為羣，往往聚衆私掘，嘯聚剽掠。故其時粵東開礦，較他省尤為厲禁。

乾隆二年，諭凡產銅山場，實有裨鼓鑄，准報開採。其金銀礦悉行封閉。先是，五年允魯撫朱定元請，開章丘、淄川、泰安、新泰、萊蕪、肥城、寧陽、滕、嶧、泗水、蘭山、郯城、費、莒、蒙陰、益都、臨朐、博山、萊陽、海陽各州縣煤礦，而藁城知縣高對請自備貲開嶧、滕、費、淄、沂、平陰、泰安銀銅鉛礦則禁之。然貴州思安之天慶寺、鎮遠之中峯嶺，陝西之哈布塔海哈拉山，甘肅之扎馬圖、敦煌、沙洲南北山，伊犂之皮裏沁山、古內、雙樹子，烏魯木齊之迪化、奎騰河、呼圖壁、瑪納斯、庫爾喀喇烏蘇、條金溝各金礦，貴州法都、平遠、達摩山，雲南三嘉、麗江之廻龍、昭通之樂馬各銀礦，相繼開採。嘉慶四年，給事中明繩奏言民人潘世恩、蘇廷祿請開直隸邢臺銀礦。上謂：「國家經費自有正供，潘世恩、蘇廷祿覬覦礦利，敢藉納課為詞，實屬不安本分。」命押遞回籍，明繩下部議。六年，保寧以請開塔爾巴哈台金礦，明安以請開平泉州銅礦，均奉旨申飭。

道光初年，封禁甘肅金廠、直隸銀廠。蓋其時歲入有常，不輕言利。惟雲南之南安、石羊、臨安、箇舊銀廠，歲課銀五萬八千餘兩；其餘金礦歲至數十兩，銀礦歲至數千兩而止。又旋開旋停，興廢不常，賦入亦尠。銅鉛利關鼓鑄，開採者多邀允准，間有蠲除課稅者。廣東自康熙五十四年封禁鑛山，至乾隆初年，英德、陽春、歸善、永安、曲江、大埔、博羅等縣，廣州、肇慶兩府，銅鉛鑛均行開採。百餘年來，雲、貴、兩湖、兩粤、四川、陝西、江西、直隸報開銅鉛鑛以百數十計，而雲南銅鑛尤甲各行省。蓋鼓鑄鉛銅並重，而銅尤重。秦、鄂、蜀、桂、黔、贛皆產銅，而滇最饒。

滇銅自康熙四十四年官爲經理，嗣由官給工本。雍正初，歲出銅八九十萬，不數年，且二三百萬，歲供本路鼓鑄。及運湖廣、江西，僅百萬有奇。乾隆初，歲發銅本銀百萬兩，四五年間，歲出六七百萬或八九百萬，最多乃至千二三百萬。戶、工兩局，暨江南、江西、浙江、福建、陝西、湖北、廣東、廣西、貴州九路，歲需九百餘萬，悉取給焉。鑛廠以湯丹、碌碌、大水、茂麓、獅子山、大功爲最，寧臺、金釵、義都、發古山、九度、萬象次之。大廠鑛丁六七萬，次亦萬餘。近則土民遠及黔、粤，仰食鑛利者，奔走相屬。正廠峒老砂竭，輒開子廠以補其額。故滇省銅政，累葉程功，非他項鑛產可比。

道光二十四年，詔雲南、貴州、四川、廣東等省，除現在開採外，如尚有他鑛願開採者，准照現開各廠一律辦理。二十八年，復詔「四川、雲、貴、兩廣、江西各督撫，於所屬境內確切查勘，廣爲曉諭。其餘各省督撫，亦著留心訪查，酌量開採，不准託詞觀望。至官辦、民辦、商辦，應如何統轄彈壓稽查之處，朝廷不爲遙制」。一時鑛禁大弛。咸豐二年，以寬籌軍餉，招商開採熱河、新疆及各省金銀諸鑛。三年，詔曰：「開採鑛產，以天地自然之利還之天地，較之一切權宜弊政，無傷體制，有裨民生。當此軍餉浩繁，左藏支絀，各督撫務當權衡緩急，於鑛苗豐旺之區，奏明試辦。」時軍興餉乏，當時開採者，僅新疆噶爾，蒙古達拉圖、噶順、紅花溝之金鑛，直隸珠窩山、偏山綫、室溝、土槽子、錫蠟片、牛圈子溝，蒙古哈勒津、羅圈溝、庫察山、長杭溝之銀鑛，新疆迪化、羅布淖爾、三個山之銅錫鑛數處。同治七年，吉林請開火石嶺子等處煤鑛，以伏莽未靖，格部議不果行。十三年，以滇鑛經兵燹久廢，諭飭開辦，從滇督岑毓英請也。

是年海防議起，直隸總督李鴻章、船政大臣沈葆楨請開採煤鐵以濟軍需，上允其請，命於直隸磁州、福建臺灣試辦。光緒八年，兩江總督左宗棠亦言北洋籌辦防務，製造船礮，及各省機器輪船所需煤鐵，最爲大宗，請開辦江蘇利國驛煤鐵。報聞。嗣是以次修築鐵路，煤鐵益爲當務之急。於是煤鑛則吉林大石頭頂子、亂泥溝、半拉窩、鷄溝、二道河、陶家屯、石牌嶺，黑龍江太平山、察漢敖拉卡倫，直隸開平、唐山，內丘縣之上坪、永固、磁窰溝、南陽寨，臨城縣之岡頭、石固、膠泥溝、楊家溝、新莊、竹壁、牟村、焦村，宣化府之鷄鳴、玉帶、八寶寺山，阜平縣炭灰鋪村，曲陽縣白石溝、野北村，張家口廳海拉坎山、馬連圪達，宛平縣青龍澗、碑碣子，承德府榆樹溝，奉天海龍府遠來、義和、進寶、玉盛、永順、永益、萬利、人和、同德、順發，錦州府大窰溝，錦西廳碭石溝，本溪縣王干溝，興京廳蜜蜂溝，遼陽州窖子峪，江西萍鄉、永新、餘干，山東嶧縣，安徽貴池、廣德、繁昌、東流、涇縣，湖北荆門，河南禹州，山西平定、鳳台，浙江桐廬、餘杭，江蘇上元、句容，湖南湘鄉、祁陽，廣西富川、賀縣、奉議、恩陽、南寧、那坡，陝西白水、澄城、同官、宜君、邠州、隴州、淳化。鐵鑛則直隸遷安縣、灤州，湖北大冶，廣西永寧州，江西永新縣，雲南開、廣兩府，貴州青谿，皆先後開採，而秦、晉商民零星開採，尤難悉數。

二十二年，詔開辦各省金銀鑛廠。自光緒初年，開直隸窯溝銀鑛，甘肅西寧、甘、涼，黑龍江漠河觀音山、奇乾河各金鑛外無聞焉。自明令頒行而後，金鑛則直隸之平泉州屬轉山子，建昌縣屬金廠溝，撫寧縣屬雙山子，灤平縣屬寬溝，豐寧縣大營子、西碾子溝，翁牛特旗之紅花溝、水泉溝、拐棒溝，而遷安縣所產尤旺。奉天之鳳凰、安東、遼陽、通化、寬甸、懷仁、鐵嶺、開原、通化、海城、錦縣，蒙古之賀連溝、大小槽、碾溝、除虎溝、朱家溝、板橋子、珠爾琥珠、克勒司、布恭、特勒基、哈拉格囊圖、奎騰河、圖什業圖汗，四川之冕溝，湖南之平江，浙江之諸暨，黑龍江之黑河，新疆之和闐，焉者。銀鑛則四川之天全、盧山、大穴山頭，皆報明開採。

而銅、錫、鉛、銻、石油、硫磺、雄黃等鑛，亦接踵而起。銅則雲南迤東湯丹、茂麓正廠六，子廠十一。迤西回龍、得寶正廠八，子廠九。楚雄永北及雲武所屬萬寶、雙龍，又永安順寧、臨安、開化、曲靖各廠，均招商承採。而江西贛州，陝西鎭安，湖南綏寧，新疆拜城、庫車亦有銅廠。錫則廣東儋州，廣西南丹土州、富川、賀縣。鉛則湖南常寧，湘鄉、臨武，四川會理，浙江鎭海、奉化、象山、寧海、太平。銻則湖南益陽、邵陽、新化、沅陵、慈利、湘鄉、祁陽、新安、漵浦，貴州銅仁，四川秀山，廣東曲江、防城、乳源，廣西南太、泗鎭、陵陽都。石油則陝西延長，甘肅玉門，新疆庫爾喀喇烏蘇。硫磺則山西陽曲，奉天遼陽、錦州。雄黃則湖南慈利。或官辦，或商辦，或官商合辦。或用土法，或用西法。

九年，詔各省煤礦招商集股舉辦。自是雲南、四川均設招商及礦務局，貴州設礦務公商局，山西設礦務公司。粵東瓊州之銅礦，浙江寧波之鉛礦，皆率招商集股開辦。開辦歷數十年，惟開平、萍鄉之煤，大冶之鐵，規模宏遠。次則平江之金，益陽之銻，常寧之鉛，猶爲民利。漠河金礦所產雖富，歲解部銀僅二十萬兩。滇銅自十三年命唐炯督辦，歲運京銅不過百餘萬，各省鼓鑄，猶以重直購洋銅。鐵產爲漢陽廠鍊鋼造軌，略供輪路之需。粵、桂、晉出鐵雖饒，以提鍊不精，國內製造，仍多購自英廠。

二十四年，詔設礦務鐵路總局於京師，以王文韶、張蔭桓主之。奏定章程二十二，准華商辦礦，假貸洋欵，及華洋合股，設立公司。自是江西萍鄉煤礦則借德欵，湖北大冶鐵礦則借日本款，浙江寶昌公司則借義款，直隸臨城煤鑛則借比款。當其議定合同，於抵押息金外，輒須延聘鑛師，甚者涉及用人管理。至直隸井陘、安徽宣城煤鑛，山西盂平、澤、潞、平陽，四川江北煤鐵鑛，新疆塔城，直隸霍家地、廠子溝金鑛，廣西上思，貴州正安鉛鐵，福建邵武、建寧、汀州，直隸八道河，奉天尾明山，及吉林新舊鑛，均華洋合辦，一經訂約，時生轇轕。若福公司之於晉鑛，其尤甚者也。二十四年，河南豫豐公司以其專辦懷慶左右黃河以北各鑛之權，山西商務局以其專辦盂平、澤、潞、平陽煤鐵各鑛之權，同時讓與辦理。一公司壟斷兩省鑛務，更議修鐵道自晉訖汴，因鑛及路，利權損失，爭持三年，始允合辦。汴既侵攘華官主權，晉復干涉人民開採。全晉紳民，堅持廢約。遲之又久，始以銀二百七十餘萬贖回。他如陝西延長，四川富順、巴、萬石油鑛，湖南常寧龍王山，湖北興國龍角山鑛，均因商民私相授受，釀成交涉。

自議訂膠濟、東清路約，附路十三里內華人無開鑛權。而開平煤鑛，漠河觀音山金鑛，復因內亂爲外人所侵佔。開平煤鑛，自光緒元年直隸總督李鴻章集官商之力，經營二十年，效力大著。二十六年，拳匪亂後，洋員德璀琳因督辦張翼委其保護，與鑛師胡華私立賣約，而張翼亦卽簽押移交，轉以加招洋股中外合辦奏聞。由是而唐山西山、半壁店、馬家溝、無水莊、趙各莊、林西各鑛，秦皇島口岸地畝附屬之承平、建平、永平金銀鑛，悉操於英公司。嚴詔責令收回，赴英控訴，卒未就緒。三十四年，籌辦灤州煤鑛，英公司阻撓之。乃劫爲營業聯合之法，合設開灤總局。觀音山金鑛，亦因拳亂爲俄人佔據。三十二年，始以俄銀萬二千盧布贖回。

二十八年，外務部改定鑛章，凡華洋商人得一體承辦鑛務，惟必稟部批准，乃爲允行之據。是年皖撫聶緝槼許英人凱約翰承辦歙、銅陵、大通、寧國、廣德、潛山鑛產，嗣以專辦銅陵之銅官山，訂約定期百年，佔地三十八萬四千餘畝。皖中紳民合力爭之，始以銀四十萬兩贖回自辦。法人彌樂石亦於是年以勘辦全滇鑛務請於滇督及外務部，皆拒之，仍獲澂江、臨安、開化、雲南、楚雄、元江、永北等府、廳、州鑛權以去。繼是英商立樂德以合辦東、昭兩府金銀鑛不獲，遂援彌樂石例，索廣南、曲靖、麗江、大理、順寧、普洱、永昌七府鑛，亦堅拒未允。一時舉國上下，咸以保全鑛產爲言。由是蜀設保富公司，華洋承辦川省鑛務，購地轉租事宜屬之。閩設商政局，旋奏設鑛務總公司，凡請辦各鑛場，查核准駁之權屬之。山西保晉公司，安徽鑛務總局，類能集合股富，鳩貲開辦。湘、鄂則於所屬鑛地勘明圈購，以杜私售。

二十五年，江南籌辦農工鑛路各學堂，兩湖復籌設高等鑛業學堂。三十一年，商部以洋商私佔鑛地鑛山，疏請申明約章，以維權限。尋奏設各省鑛政調查局，以勘明全國鑛產、嚴禁私賣爲先務。鄂督張之洞條上鑛務正章七十四，附章七十三。蓋自二十四年以來，鑛章屢易，每因鑛務齟齬，洋商輒引爲口實。二十九年，商約大臣呂海寰與各國議訂商約，許以開採鑛產之利，但必須遵守中國鑛章。而中國鑛章，則比較各國通行者爲之準則，特詔張之洞擬定。乃取英、美、德、法、比利時、西班牙鑛章參互考證，區別地面地腹，釐定鑛界鑛稅，分晰地股銀股，暨華洋商，限制至周；尤注重於中國主權，華民生計，地方治理。閱歲年乃成，下部議行，中國鑛章始具云。

清史稿卷一百二十五

志一百

食貨六

征榷 會計

征榷 清興，首除煩苛，設關處所，多仍明制。自海禁開，常關外始建洋關，而釐局之設，洋藥之徵，亦相繼而起。三者皆前代所無，茲列著於篇。至印花稅、煙酒加徵，均試行旋罷，不具載。

常關。順治初，定各省關稅，專差戶部司員督徵。左、右兩翼，張家口稅，差滿官督徵。時京師初定，免各關徵稅一年，並豁免明季稅課虧欠。嗣浙、閩以次蕩平，復禁革明末加增稅額，及各州縣零星落地稅。三年，革明末加增太平府姑溪橋米稅、金柱山商稅。四年，定戶、工各關，兼差滿洲、漢軍、漢官。八年，減定關差員數，並停止關差議敍。九年，併西新關、江寧倉爲一差，停獨石口差。嚴關差留用、保家委官之禁。凡額設巡攔，各製號衣、腰牌。

十年，令各關刊示定則，設櫃收稅，不得勒扣火耗、需索陋規，並禁關役包攬報單。十一年，用給事中杜篤祜言，清釐關弊四事：一，裁吏役；一，查稅累；一，關差廻避本籍；一，批文核對限期。十六年，移潘桃口於永平，移古北口於密雲，並設關徵木植稅，十分取二。十七年，裁永平、密雲新關，歸併古北口兼督管理。十八年，定各口木植什一而稅。停臨清甎差。其板閘稅交北河分司徵收。

康熙元年，移設河西務於天津，更名天津關。更定各關兼差滿、漢官筆帖式各一，由六部咨送輪掣，停蒙古、漢軍差。其張家、殺虎二口，專差滿、蒙官。二年，定盤詰漕船，止於儀眞、瓜州、淮安、濟寧、天津五關。免外國貨物入崇文門稅。四年，嚴禁各關違例徵收，永免溢額議敍之例。五年，命各關稅均交地方官管理。於是崇文門歸治中，天津歸天津道，龍泉等歸井陘道，紫荊歸直隸守道，臨淸歸東昌道，屹運廳歸通薊道，居庸歸昌密道，西新歸鎭江道，蕪湖歸池太道，揚州歸驛傳道，滸墅歸蘇昌道，淮安歸淮海道，北新歸浙江布政使，荊歸荊州同知，九江歸九江道，贛歸吉南贛道，太平橋歸南雄知府，遇仙橋、滄光廠歸韶州知府，各稽徵稅課。又裁古北口差歸密雲縣管理，惟兩翼、張家口、殺虎口如故。只差戶部司員，申令直省關刊示稅則。罷崇文門出京貨物稅。

八年，臨淸倉歸併臨淸關。以給事中蘇拜言「地方官兼關稅，事務繁多，且恐畏懼上司，希圖足額，派累商民」，復定稅額較多之滸墅、蕪湖、北新、九江、淮安、太平橋、揚州、贛、西新、臨淸、天津、鳳陽倉，仍差部員督徵，餘如故。是年定關差缺出，以六部俸深司員輪掣，其差過之員，不准重差。又定關差考覈法：欠稅不足半分者罰俸；半分至四分，分別降調；五分以上革職。旋又定不及半分者降留，全完者紀錄。凡部差官員，不令督撫管轄。

九年，定淮安關兼轄淮安倉及工部淸江廠，兩翼專差滿官筆帖式。十年，裁西新戶關歸併龍江工關，裁蕪湖工關歸併蕪湖戶關，各兼理。旣而改鳳陽倉歸鳳陽知府，正陽歸通判，臨淮交大使徵收，停差部員。十七年，裁北河分司，臨淸閘稅歸濟寧道兼管。十九年，開山東海禁，令查船戶匿稅。差滿部員督收潼關、山海關稅課，潼關兼轄大慶關、龍駒寨稅務。二十一年，移九江關駐湖口，停潼關、山海關部員差，仍歸地方官管理。鳳陽仍差六部滿員。二十三年，更定各關輪差各部院司員例。

是時始開江、浙、閩、廣海禁，於雲山、寧波、漳州、澳門設四海關，關設監督，滿、漢各一筆帖式，期年而代。定海稅則例，免海口內橋津地方抽稅，分設西新、龍江二關課稅專官。

二十四年，西新仍歸戶部。免外國貢船稅，減洋船丈抽例十之三。二十五年，定州縣海船隱匿處分。時海禁初開，沿海漁船，州縣既徵漁課，海關復稅梁頭，民甚苦之。上用福建巡撫張仲舉言，定漁船五尺以上，梁頭稅統歸地方官徵收。先是康熙四年罷抽稅溢額議敍例。至十四年，又定溢額多寡，分別加級升用。及是，上以苛取累商，復停止溢額議敍。二十六年，滸墅監督桑額徵收溢額二萬一千有奇，上以擾累閭閻，罪之。永減閩海稅額六千四百兩有奇。二十八年，蠲沿海魚蝦船及民間日用物糊口貿易之稅，著爲令。先是沙溝於二十六年歸併淮關，其朦朧、軋東、岔河等處悉免稽查。至是以沙溝係朦朧、軋東總匯，不宜再增一稅，將朦朧歸海關，軋東歸淮關，沙溝免稅。復歸併西新戶關於龍江工關。三十三年，仍差部員督收山海關稅，張家口稅歸宣化府兼收。三十四年，分設浙海關署於寧波、定海，令監督往來巡視。三十五年，定洋海商船往天津運米至奉天者，但收貨物正稅。三十六年，嚴關差官自京私帶年滿舊役謀佔總科庫頭之禁。三十七年，永減粵海關額稅三萬二百兩有奇。三十八年，上恐各關差苛取瘠商，停罷額外盈餘銀。設河寶營，差滿官督收大青山木稅。四十年，裁陝西三原縣商稅，歸潼關、龍駒寨、大慶關兼收。裁通會河分司，通州木廠歸通永道管理。四十一年，大青木稅歸併殺虎口兼轄。

四十六年，以金州、牛莊交山海關監督巡察越關漏稅。設渝關於重慶，歸川東道徵收木稅。四十七年，仍差工部司員督收荆關稅。五十三年，以臨清關稅缺額，改歸巡撫監收。未幾，鳳陽、天津、杭州、荆州、江海、浙海、淮安、板閘及淮關，先後改交各巡撫監收。停瓜州稅，裁稅課大使。定臺灣收泊江、浙等省商船，經過廈門就驗者不重徵。福建糖船至廈門者，赴關納稅，其往江、浙貿易者免徵。設橫城稅口，歸山海關監督監收，增稅千兩，作爲定額。六十一年，禁各番部落夾帶硝磺軍器出邊，其進口稅許從輕減。

雍正元年，移湖口關於九江，並設大孤塘分口。裁淮安、北新、鳳陽、天津、臨清、江海、浙海、荆州各關加增贏餘銀。嚴禁各省關及崇文門胥役分外苛求。是年定各關稅務俱交地方官管理，惟崇文門仍差內務府官；山海關、兩翼，古北、潘桃、殺虎三口，暨打箭鑪，仍差部員。盛京呼爾哈河木稅，亦交將軍、府尹委沿河官徵收。明年，淮安仍差部員，滸墅改歸蘇州織造，鳳凰城中江稅，派盛京部員各督收。河西務運糧船料，改於通州徵收。三年，以暹羅進獻稻種果樹等物，免回空壓載貨物稅。禁邊關城門索取蒙古貢物稅，其假名匿稅者罪之。五年，宿遷關歸併淮關徵收，由牐稅交地方官管理。河寶營木稅，由殺虎口監督徵收。奉天牛馬稅，改差部院司員。

六年，更定臨清關米麥雜糧船稅。定各關稅則。龍江、西新二關，交江寧織造兼管。永免暹羅米稅。七年，夔州關改委專員督收。南北二新關交杭州織造兼收。移荆州之徐關於田家洲，更名田關。江蘇廟灣稅歸淮關兼管。定閩海關減折船稅丈尺例。裁古北口監督，交密雲縣徵收。以潼關商稅浮於部例，相安已久，照現徵之數，著爲令。移潘桃口正關於潘家、桃林二分口徵收。八年，減各關餘平銀之半，革除天津戥耗例外徵收。定落地稅搜求溢額議處例。嚴黃金出洋之禁。十年，設交城縣水泉灘木廠，武元城設立稅口徵收。十一年，改天津關歸長蘆鹽政管理。十三年，設居庸關稅課大使，定潘桃、古北、殺虎三口給商印票，兼滿、漢、蒙三體文字。山東海口各州、縣、衞設兩聯印票，塡註客商年貌籍貫、船隻字號、梁頭丈尺、豆石數目、出口年月，分給商船，回日查銷。

乾隆元年，革除龍江、西新二關衙規票銀。初，外洋夾板船到粵，起其礮位，候交易事畢給還。其稅法每船按梁頭徵銀二千兩左右，貨稅照則徵收。革除額稅外另徵置貨銀加一繳送稅。定閩省漁船稅，分上、中、下三則起科，除額外重徵。定各省稅課則例頒行。定九江、贛州二關三聯稅單例，一給商人，一交撫署，一存稅署。准張家口、居庸關收取車馱貨物過稅飯錢，以資養贍。禁偷運米穀接濟外洋，分別擬罪有差。免沿海採捕魚蝦單桅船稅。二年，定米穀稅，凡遇地方旱潦，米穀船到卽放行，俟成熟後照舊徵收。永停徵廣東開建、恩平二縣米船稅。三年，裁滸墅關之轉水、柏瀆二口，改瓜州由閘稅歸兩淮鹽政。九江差內務府司員，蕪湖、鳳陽派部員，各管理監督。四年，定歸化城木稅額，歸殺虎口徵收。五年，復差部員監督荆關。用御史陸尹耀言，嚴揑名討關之禁。

六年，復定考覈關稅贏餘例，淸查外省私增口岸。免領帑採銅錫鉛及米穀稅，仍徵船料，惟黄豆非麥秫比，雖歉歲照常徵收。改宿遷之豐、沛、蕭、碭四縣陸稅，仍交各縣分徵。永禁龍江關木稅飛量法。定各關贏餘，比較上年數目考核，著爲令。七年，永免直省關豆米額稅。復設通州分司之黄村，臨淸關之德州、魏家灣、尖冢、樊口等口岸。免徵臨淸關船料。以揚州關歸兩江總督遴員徵收。停止閩海關之南山邊口徵稅，專司稽查。八年，定官運米穀免徵船料。九年，嚴蒙古來京漏稅，及爲奸商私運貨物之禁。

十年，交阯亂平，復開徵雲南馬臼稅。禁止宿遷關通船一載收稅例，改按擔數徵收。定一官兼管兩關，其徵額有此贏彼絀者，准其抵補；再有短歉，仍著追賠。移福建詔安之雅溪稅館於懸鐘，以閩省舊有船子頭船包攬走私，永禁製造。十三年，復徵米豆稅。十四年，定各關贏餘，以雍正十三年爲准，短少者按分數分別議處，罰俸降調有差。十五年，移福建寧德縣稅口於酒嶼。十七年，改淤關木稅歸併夔關徵收。十八年，移廈門查稅之玉洲館駐石美，鳳陽關查稅之濉陽口駐虹縣，改虹縣徵稅之靑陽鎭駐濉河口。二十年，移淮南關之流均口駐涇河。

二十二年，增定浙、閩二海關稅則，照粵海關例。尋又申禁洋船不准收泊浙海，有駛至者，仍令回粵貿易納稅。二十四年，定葉爾羌、喀什噶爾牲畜稅二十取一，緞布皮張稅十之一，自外番販入者倍徵，嚴絲斤出洋之禁。二十五年，始派員徵收多倫諾爾皮張等稅，並設盛京拉林、阿勒楚喀稅局，派員徵收，如寧古塔、伯都訥例。革除粵海關陋規銀，歸公造報。二十六年，設淮安關石礎稅口，又設歸化城總稅局，並綏遠、歸化、和林格爾、托克托、薩拉齊、西包頭、崑都崙、八十家子等口，差蒙古筆帖式二員，分督徵收牲畜稅。

二十七年，以龍江、淮安二關歸兩江總督，滸墅歸江蘇巡撫，各稽查嚴禁榷關漏稅積弊，並定漏稅罰數。江蘇巡撫陳宏謀條上滸墅關四弊：一，舖戶代客完稅，包攬居奇，仍令商人自行完納，按簿親填；一，貨船抵關，籤驗納稅，給票後始准過關，以杜偷越；一，官員遴委佐雜官，半年而代；一，督撫與監督原相助爲理，所徵數目，應令監督按月知會督撫，再於年滿奏報時統咨知會。從之。是年弛絲斤出洋之禁，仍示限制。定崇文門、兩翼稅差期滿，由部開列滿、蒙大學士、尚書、都統、侍郎、副都統等職名，請簡更代，遂爲永制。二十八年，晝一天津各口稅則。定商販山東豆石由海運浙，照運赴江南例輸稅。張家口出口鐵器，照殺虎口例納稅。革除蕪湖關之戶、工幫貼飯費，江海關之駁票給單挂號、油燭飯費、看驗艙錢文，揚關由閘之給串錢。

二十九年，更定臨清關船隻補稅例。定外番商貨至回部貿易者，三十抽一，皮貨二十抽一；回商往外番貿易，二十抽一，皮貨十之一；其牲畜貨物不及抽分之數，視所值折算。三十年，更定吉林等處稅額，裁潘桃口監督稅歸張家口徵收，所屬六小口，改歸通永道管理。明年，復改潘桃口稅歸多倫諾爾同知徵收。設局大河口，差理藩院司員督收歸化城稅。既而改歸山西巡撫遴員徵收。岫巖城屬之鮑家馬頭等七口岸海船商稅，歸山海關監督設局徵收。三十三年，定山海關、張家口、八溝、塔子溝、三座塔、烏蘭哈達、多倫諾爾交直隸總督，殺虎口、歸化城交山西巡撫，盛京牛馬稅、中江稅交盛京戶部侍郎，坐糧廳交倉場侍郎，打箭鑪交四川總督，荆關交湖廣總督，均兼管稽差。各監督有侵蝕、情弊、參處後不能完項者，卽令兼管之員代賠。三十四年，准九江關正稅一兩加平餘一分，以供飯食費需之用。停洋船入口夾帶硫磺之禁，著爲令。三十五年，裁潯、梧二廠公費歸入正稅。

三十八年，裁多倫諾爾監督，歸多倫諾爾同知管理。移由閘、南壩稅口於中閘。四十年，封閉廣西由村隘口，禁內地商民越關交易。四十一年，改通州分司及河西務計價科稅爲計數科稅，並革除張家灣油麫等出店進店稅。改定打箭鑪商貨按數徵稅例。明年，定打箭鑪稅差，照山海關例，於宗人府及部院司員內選派。四十五年，停荆關、打箭鑪司員差，交各督撫遴員管理。四十六年，裁荆關監督養廉銀，於荆宜施道、荆州知府遴派一員監收。四十九年，定粵海關珍珠寶石概不徵稅，著爲令。五十一年，裁荆州之郝關及郝支關，另設口於越市，更名越關。移楊關於調賢口，更名調關。定除暹羅貢使船外，其帶貨私船，照例徵收。

五十二年，定各關預期請領收稅册檔，及請領遲延，擅用本關簿册參處例。以安南奉貢請封，弛水口等關之禁。越四年，緬甸效順，亦准開關通市，於永昌、騰越、順寧收徵出口稅，杉木籠、暮福、南河口徵收入口稅。以福建五虎門與臺灣淡水八里岔設口開渡，由閩安鎭徵收進口稅，南臺口徵收出口稅。貨物進口，復運往他處，限一月內免重徵；若逾限出口，或限內移貨別船，均徵出口稅。

五十七年，定粵海關到關船貨，責成督撫查明，按月册咨。一年期滿，與監督清册覈對不符，參辦。五十八年，定西洋除貢船外，別項商船不得免徵。以杭州織造改歸鹽政，南北二新關交巡撫管理。開山西得勝口歸殺虎口監督稽徵。時英吉利貨船求往江、浙寧波、珠山及天津、廣東等處收泊交易，上不許，仍令照例於澳門五市，向粵海關納稅，並徵船料。

嘉慶二年，併左、右翼爲一差。越二年，復簡派二員。定辰關、渝關、潘家口、通永道、古北口五處各關例。是年命覈減各關贏餘額數，於是定戶關之坐糧廳六千兩，天津二萬，臨清一萬一千，江海四萬二千，滸墅二十三萬五千，淮安十一萬一千，海關廟灣口二千二百，揚州六萬八千，西新二萬九千，九江三十四萬七千八百，贛關三萬八千，閩海十一萬三千，浙海三萬九千，北新六萬五千，武昌一萬二千，夔關十一萬，粵海八十五萬五千五百，太平七萬五千五百，梧州七千五百，潯州五千二百，歸化城一千六百，山海關四萬九千四百八十七，殺虎口一萬五千四百十四，張家口四萬五百六十一，打箭鑪儘收儘解；工關之辰關三千八百兩，宿遷七千八百，蕪湖四萬七千，龍江五萬五千，荊關一萬三千，通永道三千九百；閘、南新、渝三關，潘桃、古北、殺虎三口，竹木稅向無贏餘，無庸更議。

五年，議准回空漕船於六十石例額外夾帶二十石，均免輸稅。嚴禁崇文門、盧溝橋及各省關役訛索行旅。以辰州知府李大霳接管稅額外贏餘萬兩有奇，下部議敍。六年，定盛京牛馬稅差，於盛京五部侍郎內簡派。定打箭鑪正稅額二萬兩。革除閩海徵收二八添平銀。七年，改密雲縣徵收古北口木稅爲儘收儘解，並繳銷原額監督關防。九年，復增定各關贏餘額數，浙海四萬四千，西新三萬三千，九江三十六萬七千，滸墅二十五萬，淮安十三萬一千。十一年，定辰關歲徵加一耗銀二千七百七十餘兩。十五年，定崇文門蔑稅則例。令營汛官分查崇文門私放私收冒充白役之弊。二十二年，飭各海關查禁例不出洋之貨。

道光元年，裁浙江鹽政，改設杭州織造，兼管南北新關稅務。三年，飭各省關整頓奸蠹包攬、書吏徇縱等積弊，嚴各關員例外橫徵及糧船夾帶偷漏之禁。定多倫諾爾木稅。更定浙海關稅則。九年，申定回疆稅課三十抽一。時英吉利大班等以洋行閉歇，拖欠貨銀，商船停泊外洋，延不進口。每言在粵海關年納稅銀六七十萬，以爲居奇。上曰：「洋商私帶鴉片入口，偸買紋銀出洋，得不償失。倘故刁難，卽不准開艙。少此一國貨稅，所損幾何！至請分別商船大小納餉，尙可變通。」

十年，定各關盈餘銀以六成爲額內，四成爲額外，覈其溢額絀額分別功過例。先是御史許乃濟言崇文門稅局需索，曾令巡視五城御史隨時稽查。至是，御史晉昌復言巡役勒索，胥吏賣放，特派滿、漢御史各一，專司稽查，一年而代。十一年，減滸墅盈餘二萬兩，淮安二萬一千兩。定賠繳短徵關稅，按數多寡分別限期久暫例。命廣東嚴緝快蟹船爲洋商運私偸稅。十二年，停止白鉛出洋。十三年，革除各關標禮並查船謝儀，及地棍報單等名目。以霍罕悔罪輸誠，復准入卡貿易，並免稅課。十四年，嚴禁各關家丁需索賣放，及書役盤踞、地棍包攬之弊。又查禁粵商增收洋商私稅。定貢物到京，崇文門免稅驗放。十七年，嚴禁紋銀出洋。查辦粵省匪艇及窰口走私漏稅。十九年，設韶州、東江二關，歸南韶連道管理。二十一年，移設荆州正關於柳家集，更名柳關，並改支關爲柳支關。二十四年，免暹羅接正貢使船貨稅。二十五年，裁龍江關查驗木植稅局。

咸豐二年，查禁沿海各關走私積弊。三年，以捻匪擾江南，滸墅、淮安、蕪湖、鳳陽等關，紛請儘徵儘收，漫無限制，令仍遵定額照常徵收。六年，定打箭鑪稅額二萬兩。八年，定盛京盈餘稅以錢抵銀，及漁船、大小牛船交納船規例。九年，設山東煙臺稅局。十年，以士子會試入京，照例驗放，嚴禁崇文門巡役訛詐。更定奉天海口稅則，增收黃豆、豆餅、包頭、油簍四稅，加贏餘八萬兩。又定各關監督未及一年離任者，交後任接徵，扣足一年分晰彙報例。革除北新關南北二口貨稅過關五日十日之限。是年，俄羅斯於黑龍江互市免稅課。

同治二年，免巴爾楚克過稅，加徵葉爾羌正稅。三年，設福建臺南之打狗口海關，歸巡撫管理。暫停北新關徵稅。四年，暫停龍江、西新關、滸墅三關徵稅。湖北新關竹木稅，遴本省道府一員督徵。先是粵海關額徵，常洋不分。至是，定貨由華船裝運者爲常稅，額徵五萬六千五百餘兩，贏餘十萬兩；再有贏餘，儘徵儘解。是年裁革太平關文武各署規費，並飭粵海關嚴查各口偷漏隱匿。裁山海關監督，改設奉錦山海關道稽徵。七年，定太平關歸南韶連道專管，其四分廠委員，仍由巡撫遴派。八年，申定貢物解京，崇文門放行，毋許留難勒索。十一年，停江蘇淮關傳辦活計。

光緒二年，復開蕪湖、鳳陽兩關。三年，嚴定考核各關章程。四年，定輝發、穆欽等處及寧古塔、三姓稅務，均由吉林將軍委員徵收。山西交城縣木稅，由知縣設口於武元城故交村徵收。八年，定蕪湖關稅額十三萬六千餘兩。九年，中江稅務改歸東邊道徵收。十三年，改廣東黃江廠稅委員專管，裁廠書、簽子、官房、總散房名目，並革除額外加平、辦用官錢、釐頭、船錢、墟艇錢、黑錢、包攬錢七項陋規，榜示通衢。定梧、潯二廠贏餘六萬兩。改滬尾、打狗兩關歸臺灣巡撫監督。二十五年，勅各將軍、督撫綜核各關卡陋規中飽之數，酌量歸公，勒限稟報。三十四年，減崇文門華商稅爲值百抽三，如洋商稅例；免日食蔬菜等物稅。宣統元年，設立吉林省稅務處，分設稽徵、庶務、支應、核銷四所，所有捐稅各局、所、公司概行裁撤歸併。更定四川常關徵收章程及辦事規則。

洋關之設，自五口通商始。前此雖有洋商來粵貿易，惟遵章向常關納稅而已。道光十九年，有躉船繳煙之役。是秋各商船來粵者，皆爲英兵船所阻，不得入口。粵海稅課，以洋貨爲大宗，至是徵收短絀。二十二年秋，英人要求通商口岸，允於沿海廣州、福州、廈門、寧波、上海五口開埠通商。明年，定洋貨稅則值百徵五，先於廣州、上海開市。洋貨進口，按則輸納。後由華商運入內地，所過稅關，只照估價若干，每兩加稅不過某分。

二十四年，定法商條約：一，允法人赴五口通商船隻，不得進別口及沿海岸私行交易，違者貨沒官；一，法商出入五口，照則輸貨稅船鈔外，不再收別項規費；一，商船進口，二日不繳船牌貨單，由領事照會海關者，每逾一日罰洋五十元，但不得過二百元，倘未領海關牌照，擅自開艙卸貨，罰銀五百元，貨並沒官；一，船進口未卸貨，在二日內可往別口，卽在彼口納稅；一，船進口二日外全完船鈔，百五十噸以上噸納銀五錢，以下噸納一錢；一，估價之貨有損壞者，得核減稅銀；一，船進口按卸貨之多寡輸納，餘貨如帶往別口卸賣，卽在彼口輸稅。二十五年，定比利時商約，照章納稅輸鈔。二十七年，定瑞典那威商約，稅鈔亦如之。

咸豐四年，設江海關於上海。八年，復定英約：一，牛莊、臺灣、登州、潮州、瓊州等口，均准開埠通商；一，值百抽五之貨，多有價值漸減者，應將舊則重修，此次新定稅則，如欲重修，以十年爲限，須先六月知照，否則照前章完納，復俟十年；一，子口稅按值百抽二五，如願一次輸納，洋貨在進口、土貨在經過第一關納稅給票後，他口不再徵；一，英船納鈔給照後，四月內不重徵；一，貨船進口二日，卽全納鈔；一，英商自用艇，如帶例應納稅之貨，每四月納鈔一次；一，商貨納稅後，改運他口，係原包，免重徵。是年，允法商於潮州、瓊州、臺灣之淡水、登州、江寧通市，納稅輸鈔均同有約國。

九年，設粵海關於廣州。允俄人於上海、寧波、福州、廈門、廣州、臺灣、瓊州七口通商，稅則視各國例。定美約亦如之，並允於潮州、臺灣兩口開市，照新章完納稅鈔。十年，設潮海關於汕頭。允英人於漢口、九江通商。以英人李泰國爲總稅務司，幫司各口稅務。設天津、牛莊、登州三口通商大臣。十一年，設浙海關，歸寧紹台道監督，津海關歸通商大臣統轄。並設閩海、鎭江、九江三關。定各國洋稅自上年八月始，每三月結報一次，四結奏銷一次。英、美二國於九江、漢口開埠，俄亦於漢口通商，於是定長江及各口通商章程。洋貨入江，於上海納正稅及子口稅；土貨出口，納出口稅；復進口時，完一正稅，准扣二成；若完半稅，不扣二成，再入內地，仍照納稅釐。又定德商約，其稅約與英同。

同治元年，設廈門關。以五口商務歸通商大臣兼理。二年，設東海、臺南、淡水三關。免英租界洋貨釐金，並准添開宜昌、蕪湖、溫州、北海四口岸，其沿江之大通、安慶、湖口、武穴、陸溪口、沙市，均准英輪船暫時停泊，用民船上下貨物。除洋貨半稅單照章查驗外，土貨只准上船，不准卸賣。又英商自置土貨，非運出海口，不得援子口半稅例。是年定丹麥及荷蘭商約，輸納稅鈔如英例。三年，設山海關於牛莊。定日斯巴尼亞稅則，視咸豐八年各國例。明年，定比約，稅鈔亦如之。又改定法船鈔章程：凡商船進口已納稅，往他口，並往來安南之法國各埠，與附近之日本碼頭，由海關給照，逾四月再納鈔。初粵海關稅常、洋不分，至是始定由洋船裝運者爲洋稅。五年，定義商約稅鈔，商船入口漏捏者，罰船主五百兩，餘如法約。

八年，定奧商稅鈔，均視義約。又定俄商約：一，邊界百里內及往蒙古各盟貿易者，不納稅；一，俄商運貨至天津，納進口稅減三之一，其酌留張家口之貨納正稅，如再運赴通州、天津，不再徵，並將張家口多納之一分補還；一，由天津運俄貨至各口，須補足減一之稅，他口不再徵，如由他口復入內地，另納子口半稅；一，運土貨及洋貨由水路進口，納稅視各國例；一，在天津、通州運土貨由陸路返國，照例納正稅，不再徵，沿途不得銷賣；一，在津運復進口土貨由陸返國，納稅後，限一年起運，不再徵，並給還復進口稅，沿途不得銷賣；一，在津或他口運別國貨由陸返國，已交正稅子稅，不再徵，如只交正稅，應補交子稅；一，議定稅章，試行五年，限滿欲修改，先六月照會。九年，設江漢關。裁三口通商大臣，東海、山海二關均歸直隸總督統轄，另設津海關道，監督新、鈔兩關。

光緒三年，設蕪湖、宜昌二關，歸徽寧池太廣道、荊宜施道各監督；瓊海、北海二關，歸粵海關兼理。又設甌海關於溫州。六年，續定德商約：一，中國允除宜昌、蕪湖、溫州、北海前已添開岸並沿江之大通、安慶、湖口、武穴、陸溪口、沙市前已作爲上下客貨之處外，又允德船於吳淞口停泊，上下貨物；一，夾板進口，停泊十四日，應納減半之鈔；一，船貨報關有漏捏，應罰船主，不得過五百兩；一，德商運土煤出口，噸納正稅三錢；一，無照冒充引水者，罰銀不得過百兩；一，船隻損壞，准在各口修理，飾詞偷漏，罰倍圖免噸鈔之數；一，中船掛德旗而德人知情，與德船掛中旗而貨主知情，貨均沒官。是年定美商約，稅鈔視各國例。

七年，設嘉峪關，歸安肅道監督。改定俄陸路商約：一，俄貨至嘉峪關，照天津關例，納三分減一之稅，再運內地，納稅亦視天津例；一，貨至天津與原照不符者，沒官，查僅繞越避查驗者，罰令完一正稅；一，在通州運土貨回國，完出口正稅，在張家口運回，暨在內地運土貨至通州、張家口回國者，均納子口稅，沿途不得售賣。餘同前約。

十二年，復定法商約：一，中國准於北圻界擇開兩處通商，設關徵稅；一，洋貨入雲南、廣西兩邊關，納減半正稅三之一；一，洋貨入此關納稅，轉往彼關者，三十六月內不再徵，如轉入各口，另納正稅，土貨在此關納稅復轉彼關，只徵復進口稅，如轉入各口，另徵正稅，入內地仍納子口稅；一，進出口貨到關逾十八時不報驗，日罰五十兩，惟不得過二百兩，報有漏揑，貨並沒官。餘同前約。十三年，允法人於廣西之龍州、雲南之蒙自及蠻耗，開埠通商，並減洋貨進口稅十之三，出口稅十之四。尋改蠻耗爲河內，並添雲南之思茅口岸。由通商各口運土貨前往四口時，徵出口十成正稅，到四口照十分減四徵復進口半稅。又定葡約，其稅鈔及罰例均視上年法約。是年設拱北關於澳門，九龍關於香港，由粵海關監督。改臺南、淡水兩稅歸臺灣巡撫監督。十五年，設鎭南、蒙自二關。十六年，設重慶關。

二十年，開西藏之亞東關，允英通商。除禁運貨物外，自開關日始，免進口稅五年。限滿再定稅章照納。又允由蠻允、盞西兩路販運各貨，限六年內減進口稅十之四。二十一年，設思茅關及猛烈、易武二分關，歸思茅同知兼理。

二十二年，定日本商約：一，進出口貨視各國例，只輸進口或出口稅；一，已進口貨再運各口，不論貨主及運貨係何國人及何國船，所有鈔稅釐金雜派各項一概豁免；一，運貨入內地，再納子口稅，係免稅者，按值百抽二五；一，出口土貨，完正稅子稅後，限十二月運往外國，如係禁運出外洋之物，出口時只完正稅；一，洋貨已完進口稅，三年內復運出口，不再徵；一，船鈔視各國例。是年設杭州、蘇州及沙市三關。明年，設梧州、三水二關，並甘竹、江門二分關。改定英人長江通商章程：一，在長江貿易輪船，由上海稅務司給專照，年換一次，或在漢口及宜昌換領亦可，船鈔在給照之關交納，違者照罰，再犯繳銷專照；一，撤銷出口正稅復進口半稅同時完納之例，有專照江輪，出口及復進口稅照各口例，在裝貨起貨之口分次完納，至裝貨撥貨卸貨，亦如各口例。

二十四年，設岳州關及江海之吳淞分關。明年，設膠州關。與德會定徵稅辦法：一，青海設關，應揀派德人充稅務司；一，海運進口之貨不徵稅，若膠州界口運赴內地，徵進口稅，惟無海關准單不准出膠州界；一，土貨陸運入租界，再水運他口，徵出口稅，惟租界內產土貨並土產，及海運入口之物料製成各貨，出口時不徵；一，土貨進口復運內地，照約納稅；一，土貨納出口稅，復運他口納半稅。又定韓暨墨國稅鈔及各費，悉視海關例。是年設金陵關。又設福海關於三澳。二十六年，設騰越關及蠻允、弄璋二分關。二十七年，定常關距口岸在五十里內，稅由洋關兼徵。二十八年，設秦皇島分關。

先是商約大臣盛宣懷、聶緝槼等言，稅務司赫德籌擬洋貨進口稅，援照洋藥稅釐並徵之法，核估時值，按正稅子口稅七二五，統加釐金一倍，爲值百抽十五，由海關並徵，以免各處釐局留難紛雜，貨可暢銷，洋商或可允從。並擬出口土貨向完半稅者，改完釐金，以抵洋貨釐捐改歸海關並徵之數，於各省釐金亦無所損。上以此事利害出入關係甚大，下南北洋大臣、各督撫參酌各省情形，妥議具陳。至是，始與英定裁釐加稅之約：一，約欵照行時，中國允除現有各常關外，向設各釐卡及抽類似釐捐之關，概行裁撤；一，英國允於進口洋貨增至切實值百抽五加一額外倍半之稅，以抵撤釐金子口稅及各項稅捐，至土貨出口稅總數，不得逾值百抽七五之數；一，現有常關仍舊存留，其有海關而無常關，及沿海沿邊非通商口岸處，均可添設常關，如新開口岸應設海關者，可併設常關；一，民帆各船運貨所納出入口稅，不得少於輪船進口正稅及添加稅之總數，土貨運出至第一常關，照海關例徵出口加稅，給照單，限一年內無論經何關出口，不再徵，如運出各租界外銷售，應納銷場稅；一，土貨運出，除正稅外，加徵半稅，以爲裁撤釐捐之抵補，至絲斤出口正稅，不得逾值百抽五之數；一，向不出洋之貨，於銷售處徵銷場稅，凡民船運至口岸之土貨將銷售本地者，無論貨主何國，均徵銷場稅，惟不在租界內徵收；一，華洋各商在內地用機器紡織之紗布，只納出場稅，餘概豁免，凡機器織成類似之洋貨視此，惟漢陽大冶鐵廠，及國有免稅各廠，與後設之製造局、船澳等廠所出物件，不在此例。尋與美、日、大西洋各國均定此約，卒以事費調查，迄未能實行也。

二十九年，與俄協定北滿稅關試辦章程：一，鐵路運貨減三之一納稅，指定界限，按車站大小，四面各距十里或五里三里不等，如運出指定界限外，應補足正稅，並照運貨入內地章程辦理；一，鐵路運貨減價，此中俄特約，除俄貨外，各國貨經東省鐵路運入者准此；一，章程稅項有應更改者，俟一年再商定。又定通商進口善後章程：一，進口洋貨稅則不載者，照値百抽五例，按市價估貨，以市平合足關平，並扣除使費，方爲貨物實價；一，貨未報關已售於華商，卽視合同價値之總數爲市價；一，由海關估定之價與該商不合，卽由海關與該商本國領事，並領袖領事，各派一人公同斷定，若查出該商所報每百少至二十四兩，按估定價値徵正稅，並按所報應完之正稅罰繳四倍；一，洋船專載免稅之米糧等仍稅鈔。是年設澳門分關。

三十年，與德會定青島設關徵稅辦法，附件一。無論華洋輪船，行駛內港，應領關牌，一年而易。初次納牌費十兩，換領只納二兩，每四年納鈔一次。明年，與德修改青島徵稅辦法：一，改青島口岸，概行免稅，惟擇定稅界內一區爲無稅地，餘均起徵；一，無稅區外製咸各貨，出口納稅，不得逾運原料應完之稅數。改三水之江門爲正關。三十三年，設南寧、大連二關，又設安東關及大東溝分關。三十四年，設濱江關及滿洲里、綏芬河二分關。宣統元年，設瑷琿、三姓二分關。二年，設琿春關及延吉分關。三年，更定東海關各口稅則爲值百抽二五，再收一二五內地捐，所有規費概行裁免。

自光緒二十二年裁撤臺南、淡水、漢城各關外，爲關二十七。宣統三年，續增南寧、梧州、三水、岳州、福海、吳淞、金陵、膠海、騰越、江門、安東、大東溝、大連、濱江、滿洲里、綏芬河、瑷琿、三姓、琿春、延吉等，爲關四十七。

先是土藥各稅列入進口。同治十二年始列專款，合計洋關歲徵各稅。咸豐末年，只四百九十餘萬。同治末年，增至千一百四十餘萬。光緒十三年，兼徵洋藥釐金，增爲二千五十餘萬。三十四年，增至三千二百九十餘萬。宣統末年，都三千六百十七萬有奇，爲歲入大宗云。

釐金抽捐，創始揚州一隅，後遂推行全國。咸豐三年，刑部右侍郎雷以諴治軍揚州，始於仙女廟等鎮創辦釐捐。是年蘇、常疊陷，丁、漕無收，乃設釐局於上海，藉資接濟；又設江北釐捐，歸大營糧臺經理。五年，江西設六十五局卡，湖北設四百八十餘局卡，湖南亦設城內外總分各局，江蘇揚、常、鎮各府屬添設小河口、普安、新港、三江營、荷花池五局。御史宗稷辰言：「大江南北設卡過多，收捐太雜。」刑部左侍郎羅惇衍亦言：「泰州仙女廟釐局官紳弁兵，刁難勒索。」上令酌量裁併，嚴禁查辦。

六年，盛京抽收商貨及糧石捐，值百取一，吉林亦如之。烏魯木齊之吐魯番亦抽收棉花釐金。七年，設湖北釐金總局。八年，定豫省釐捐除水煙、藥材、茶葉外，餘概不抽收，並裁撤陝州、荆子關及沿河各局卡。是年福建、廣西均設局卡，抽收貨釐。九年，登、萊、青三府屬海口設局抽釐。山西設籌餉局，收行商藥稅及百貨釐捐，於各隘口設七總卡及各分卡。十年，以張家口辦理釐金不善，激成事變，文武各員俱獲嚴譴。兩江總督曾國藩以湘軍援鄂，請於長沙設東征局，克復一處，即酌添局卡，以濟軍儲。凡貨物皆於本省釐金外加抽半釐。允之。是時江北八里舖及廣東韶關、肇慶府俱設局卡抽釐。十一年，改山西行商藥釐爲稅。安徽抽收釐金，設立正卡，省局所屬四，皖南及淮北局屬各三，並設分卡分巡五十九。貴州亦設貨釐局於川、楚鄰近之區。時各省釐局過多，上恐有累商民，命除各省通衢要口外，其餘局卡概行裁撤。

同治元年，以廣東官紳辦理釐捐，營私病民，特命三品京堂晏端書駐紮韶關，督辦廣東釐金。四川總督駱秉章亦以粵省釐捐積弊爲言。上誡端書以「釐捐原出於不得已，總期有益軍餉，無戾民情」。御史丁紹周言：「釐捐各委員徒事中飽，民怨沸騰。」命裁革各委員，統歸地方官管理。其通都大邑釐捐事繁，著派道府等官辦理，並照部章分晰開載，榜示通衢。是年設江寧大勝關釐卡。河南禹州、陜州暨河內縣、清化鎭均設藥材釐金分局，禹州並抽收百貨。移設衢州府牙釐總局於浙江省城。除杭州、金華、嚴州三府外，餘八府均設分局分卡。設周口、三河尖兩釐稅局。

二年，幫辦揚州軍務漢軍統領富明阿言：「裏下河一帶，南北糧臺設立捐卡百餘處。有一處而設數卡，一卡而分數局。每月局用少者二百金，多者至千餘金。委員旣繁，局費尤濫。」上以江北如此，他省可知，嚴飭各督撫歸併裁革，遴委賢能地方官經理。尋湖北巡撫嚴樹森言：「胡林翼創辦湖北釐金，倣劉晏用士類不用吏胥之法，歷久著有成效。若改歸地方官，諸多窒礙。」並臚陳八弊，請仍舊章。又言：「湖北釐金年收百三十四萬，全賴分設小局，稽查偷漏，大局之徵收始旺，零卡勢難議裁。且以一省之財力，協濟數省軍餉，多藉資釐金，輕議更張，恐入款頓減。」均允之。是年江北設釐捐總局，裁併各卡，留存大勝關等二十六卡。江蘇亦設牙釐捐總局，裁併各卡，留存蘇城等十四卡。浙江定百貨釐捐值百抽九，浙東兩起兩驗，間卡抽收，貨值千文，起卡抽三十，驗卡減半，捐足兩起兩驗不重徵。浙西則一起一驗，由第一卡併徵，餘皆驗放。

三年，直隸設天津雙廟卡。淮南亦設卡抽收鄰私釐金。浙江定絲斤捐。河南以捻匪肆擾，停止禹州釐捐，尋復之。時湖廣總督官文言：「直隸、山東、山西、河南、陝、甘、雲、貴、廣西等省釐金不多，軍務告竣，即可議撤。其餘東南各省釐金，不可驟裁，留作善後之費。」曾國藩則以江寧克復，請停廣東釐金。上恐餉項不繼，未之許也。四年，撤湖南東征局，改江北總局爲金陵釐捐總局。福建設稅釐總局，徵收百貨及茶釐。六年，湖北裁存釐局分卡八十六。湖南合併分局，統名釐金鹽茶總局。七年，定釐金報部，照兩淮鹽釐排式，年分兩次。時軍務漸平，督撫、臺諫屢以裁撤釐金爲言。上飭各省酌留大宗，裁去零星分局。於是湖北又裁去五十四局卡，浙江裁併十六卡。

八年，甘肅開百貨及鹽茶釐捐。定廣東省城及佛山、江門、陳村各繁盛處所，補抽百貨坐釐，由商承辦。九年，廣西減釐，改徵西稅。十年，用御史黃槐森言，禁革廣東釐局幫費名目，並裁汰吏胥。直隸改天津府捐輸義館爲百貨釐捐局，設東河、西河、南河、海河四分卡，並於東關設洋藥釐捐局。十三年，停止山海關之臨榆縣釐局。雲南省城設牙釐總局，各府屬設分局二十三，及各井鹽釐局。

光緒元年，浙江復裁併十四卡，存留六十五卡。免湖北米穀釐金。二年，安徽規復，蕪湖、鳳陽兩關分別裁撤釐卡，永免湖南境內運售米穀釐金，販運出境者，仍於首卡完釐一次。三年，山西大祲，商貨滯銷，裁併各路添設之分卡。吉林於雙城堡、農安城抽收七釐貨捐。四年，貴州貨釐減收二成五。七年，給事中劉瑞祺言釐捐無裨國計，飭各督撫酌量截留。山西以釐金減收，復設各分卡。八年，江、揚裁撤分卡一、巡卡二，滬釐局裁併布貨捐局，閩、廣三幫雜貨捐局暨東溝四釐卡，並撤古山、水橋巡卡。明年，滬局又裁東溝、大涇兩巡卡。十年，陝西裁留二十八卡。十三年，貴州增設二十五分局。先是各省局卡林立，擾民病商，屢經奉飭裁併，而江西一省尚多至七十餘局。御史鄭思賀又以爲言，核實刪減。

二十三年，戶部疏言：「各省釐局中飽，弊在承辦之員不肯和盤托出。各省例不應支而非得已者，輒於釐稅收款提留濟用，所謂外銷者也。院司類有存案，原非自謀肥己。然既有外銷之事，卽有匿報之款，否則從何羅掘？無惑乎人言藉藉，僉謂各省實收之數，竟數倍報部之數。現在中飽之弊，已諭飭各將軍、督撫認眞整頓，自不至仍前泄沓。惟外銷之數若不和盤托出，臣部總握度支，歲入歲出，終於無可句稽。卽外銷款目不能驟議全裁，亦宜咨報臣部，權衡緩急，內外一氣，共濟時艱。擬准將外銷最要之款，切實聲明，量予留支，使無窘公用。此後再有隱匿，甚或巧立名目，謬稱入不敷出，則典守之官，不能辭咎。」上下大學士及廷臣議。越二年，上從諸臣議，飭各將軍、督撫詳細稽核，究竟裁去陋規中飽之數若干，酌量提歸公用之數若干，勒限奏明。其外銷款項，應准臚列報部，以昭核實。所有水陸總分各局卡，應如何因地制宜，官紳並委，著體察情形辦理。

二十九年，江西巡撫柯逢時言：「江西釐局積弊過深，改辦統捐，凡納捐貨物，黏貼印花，概不重徵。」報聞。宣統元年，四川以實行禁煙，籌抵土藥各稅釐，加倍徵收肉釐，允之。二年，貴州三江釐局改辦木植統捐局。陝西百貨釐捐亦改照統稅辦法，減爲二十七局。

洋藥。道光初，英吉利大船終歲停泊零丁洋、大嶼山等處，名曰躉船，凡販鴉片煙至粵者，先剝赴躉船，然後入口。省城包買戶謂之窰口。議定價值，同至夷船兌價給單，卽僱快艇至躉船，憑單取土。其快艇名快蟹，械礮畢具，行駛如飛，兵船追捕不及。灌輸內地，愈禁愈多。各項貨物，亦多從躉船私售。紋銀之出洋，關稅之偸漏，率由於此。疊經諭飭驅逐嚴拿，而躉船停泊、快蟹遞私如故。

十八年，鴻臚卿黃爵滋言：「自煙土入中國，粵奸商句通巡海弁兵，運銀出洋，運土入口。查道光初年，歲漏銀數百萬；十四年以前，歲漏二千餘萬；近年歲漏三千餘萬。此外各海口合之亦數千萬。年復一年，伊於胡底。耗銀之多，由於販煙之盛。販煙之盛，由於食煙之衆。實力查禁，宜加重罪名。」上韙其言，特命林則徐爲欽差大臣，赴粵查辦。明年，截獲躉船煙土二萬八百八十餘箱，焚之。時定禁煙章程，凡開設窰口及煙館，與興販吸食，無論華洋，均擬極刑。

咸豐七年，閩浙總督王懿德等，始有軍需緊要，暫時從權，量予抽捐之請。朝旨允行。八年，與法定約。向來洋藥不准通商，現稍寬其禁，聽商貿易。每百斤納稅銀三十兩，只在口銷售，離口卽屬中國貨物，准華商運往內地，法商不得護送。嗣與各國定約皆如之。九年，上以洋藥未定稅前，地方官多有私收情弊，現旣議定稅章，自應一律遵辦。上海爲各商薈萃之區，尤宜及早奉行，不得以多報少，藉肥私囊。兩江總督何桂淸請減輕洋藥稅，下廷議。尋議：「洋藥稅則，各省關均照辦，江蘇何得獨異？所徵稅銀，每三月報解，不准留支。至洋藥釐捐，與關稅有別，原定銀二十兩，毋庸再加十兩，惟不得以洋稅抵作釐捐。」允之。雲貴總督張亮基言滇省向無洋藥，上命先將所產土藥分別徵收稅釐，不得以洋藥混土藥。十一年，上海新行洋藥稅章程，而普魯斯領事密迪樂以洋商旣定進口稅，重徵華商，有礙洋商貿易。上曰：「洋商進口，華商出口，兩稅各不相礙。」不允其請。時稅務司赫德言：「洋藥抽稅，今昔情形不同，收稅愈重，則走漏愈甚。」上以其言可采，下所司酌議施行。

光緒初元，廣東招商包收洋藥捐，年認交四十二萬元，五年限滿，每年遞增二萬元。二年，與英定約，洋藥入口，由官稽查，封存棧房或躉船，俟售賣時，照則納稅；並令購者輸納例稅，以防偷漏：其數由各省酌定。六年，廣東新商接辦洋藥捐，年認交九十萬元，仍五年爲限。

七年，大學士左宗棠言：「禁食鴉片，宜先增稅。洋藥百觔，擬徵稅釐百五十兩。土藥價低，准依洋藥推算。」上命將軍、督撫及海關監督各就情形妥議以聞。尋直隸總督李鴻章言：「洋藥旣難驟禁，只可先加稅釐。煙價增，則吸者漸減，未始非徐禁示罰之意。惟釐稅太重，恐偷漏愈多，亦須通盤籌計。查洋藥由印度先到香港，然後分運各口，奸商即於該港私相授受。檢閱貿易總册，同治十三年至光緒四年，到港洋藥，每年八萬四千至九萬六千餘箱，運銷各口有稅者，只六萬五千至七萬一千餘箱。五年到港十萬七千餘箱，運銷各口有稅者，只八萬六千餘箱，年計私銷二萬數千箱。加捐易辦，偷漏難防。擬於洋藥每百觔正稅三十兩外，加徵八十兩，統計釐稅百一十兩。土藥不論價之高下，每百觔徵四十兩。」帝用其議。又以洋藥來自英商，命出使大臣曾紀澤與英確商。至九年，始如前議定約，併在進口時輸納。

十年，定不分洋土藥，給華商行坐部票例。其行票每限十斤，斤捐銀二錢，經過關卡，另納稅釐。無票，貨沒官。其行店坐票，無論資本大小，年捐二十兩，換票一次。無票不得售賣。十一年，定洋藥入口，由官驗明封存，俟每箱百斤，完納正稅三十兩、釐金八十兩，方允出運。十三年，與葡定議，在澳門協助中國徵收運往各口之洋藥稅釐，一如英香港辦法。

二十八年，定洋藥稅釐並徵，仍照現行約章，嗣後應以釐金作爲加稅。又定英商莫啡鴉之禁。其爲醫藥用者，進口仍照則納稅，俟領海關專單，方准起岸，違者沒官。是年裁浙江洋藥釐金局，歸海關釐稅併徵。三十二年，德宗銳意圖强，命限十年將洋藥一律革除淨盡。又以鴉片爲生民之害，禁吸尤必禁種，爲清源辦法，務令遞年減種，統限十年將洋土藥盡絕根株。是年開廣西巡撫柯逢時缺，賞侍郎銜，督辦各省土藥統稅，設總局於湖北，各省並設分局。逾年，以洋土兩藥稅釐爲歲入鉅欵，既嚴行禁斷，應預籌的款以資抵補。初定莫啡鴉進口每兩徵稅三兩，至是以旣准醫藥需用，減輕照百貨例，值百徵五。

宣統二年，度支部奏言：「各省土藥減收，業將浙江、福建、江蘇、安徽、山東、山西土藥統稅分局先後裁撤。其兩湖、陝、甘、兩粵，略有收數，自應及時收束。惟稅局之應否裁撤，以有無稅項爲斷，而統稅之應否停徵，以有無產土爲衡。」於是分遣司員，派赴各省調查。明年，又奏言：「現在擬裁土藥統稅分局，尙未據各省議定辦法，派員接收。而洋藥進口，已與英定約，稅釐並徵，每百兩增收二百五十兩，土藥亦須同時比例加稅。查土藥價值不及洋藥三分之二。以徵爲禁，稅則無妨略重，即照洋藥稅推算，定土藥百觔加徵二百三十兩。凡未禁運及本產本銷地方，卽按新章徵收。」從之。時與英議定，禁煙遞減，已滿三年，如於未滿之七年期內，土藥禁絕，則洋藥亦禁進口。以洋藥加稅實行，停止各項捐收。

會計　順治初，既除明季三餉，南服諸省尚未底定，歲入本少，而頻年用兵，經營四方，供億不貲，歲出尤鉅。至九年，海宇粗定，歲入則地丁等款徵銀二千一百二十六萬兩有奇，鹽課徵銀二百一十二萬兩有奇，關稅等銀一百餘萬兩，米、麥、豆之徵本色者五百六十二萬石有奇。歲出則諸路兵餉需千三百餘萬兩，王公官俸各費需二百餘萬兩，各省留支驛站等款三百餘萬兩。其後兵餉增至二千四百萬兩，地丁亦至二千五百餘萬兩。

康熙之初，三藩叛逆，歲入地丁等款，自二千六百餘萬減至二千一百餘萬。二十一年，三藩削平，歲入地丁等銀復至二千六百三十四萬兩有奇，鹽課銀亦至二百七十六萬兩有奇，關稅等銀二百餘萬兩，米、麥、豆之徵本色者爲六百三十四萬石有奇。雍正初年，整理度支，收入頗增。

至乾隆三十一年，歲入地丁爲二千九百九十一萬兩有奇，耗羨爲三百萬兩有奇，鹽課爲五百七十四萬兩有奇，關稅爲五百四十餘萬兩有奇，蘆課、魚課爲十四萬兩有奇，茶課爲七萬兩有奇，落地、雜稅爲八十五萬兩有奇，契稅爲十九萬兩有奇，牙、當等稅爲十六萬兩有奇，礦課有定額者八萬兩有奇，常例捐輸三百餘萬，是爲歲入四千數百餘萬之大數，而外銷之生息、攤捐諸款不與焉。

歲出爲滿、漢兵餉一千七百餘萬兩，王公百官俸九十餘萬兩，外藩王公俸十二萬兩有奇，文職養廉三百四十七萬兩有奇，武職養廉八十萬兩有奇，京官各衙門公費飯食十四萬兩有奇，內務府、工部、太常寺、光祿寺、理藩院祭祀、賓客備用銀五十六萬兩，採辦顏料、木、銅、布銀十二萬兩有奇，織造銀十四萬兩有奇，寶泉、寶源局工料銀十萬兩有奇，京師各衙門胥役工食銀八萬兩有奇，京師官牧馬牛羊象芻秣銀八萬兩有奇，東河、南河歲修銀三百八十餘萬兩，各省留支驛站、祭祀、儀憲、官俸役食、科場廩膳等銀六百餘萬兩，歲不全支，更定漕船歲約需銀一百二十萬兩，是爲歲出三千數百餘萬之大數，而宗室年俸津貼、漕運旗丁諸費之無定額者，各省之外銷者不與焉。

自是至道光之季，軍需、河工、賑務、賠款之用，及歷次事例之開，鹽商等報効修河工料之攤徵，凡爲不時之入與供不時之出者，爲數均鉅。然例定之歲入歲出，仍守乾隆之舊。是以乾隆五十六年，歲入銀四千三百五十九萬兩，歲出銀三千一百七十七萬兩。嘉慶十七年，歲入銀四千十三萬兩，歲出銀三千五百十萬兩。道光二十二年，歲入銀三千七百十四萬兩，歲出銀三千一百五十萬兩，均有奇。咸豐初年，粵匪驟起，捻、回繼之，國用大絀。迄於同治，歲入之項，轉以釐金洋稅爲大宗，歲出之項，又以善後籌防爲鉅款。

光緒五年八月，翰林院侍讀王先謙奏：「舊入之款，如地丁雜稅、鹽務雜款等，共四千萬，今止入二千七八百萬。新入之款，如洋稅一千二百萬，鹽釐三百萬。舊出款，如兵餉、河工、京餉、各省留支四千萬，今止支二千四五百萬。新有出款，如西征、津防兩軍約一千萬，各省防軍約一千萬。」

十七年，戶部奏更定歲出歲入，以光緒七年一年歲出入詳細册底爲據。言：「臣部爲錢糧總匯之區，從前出入均有定額。入欵不過地丁、關稅、鹽課、耗羨數端，出款不過京餉、兵餉、存留、協撥數事，最爲簡括。乃自軍興以來，出入難依定制。入款如扣成、減平、提解、退回等項，皆係入自出款之中。出款如撥補、籌還、移解、留備等項，又皆出歸入款之內。彙核良非易易。此次所辦册籍，以地丁、雜賦、地租、糧折、漕折、漕項、耗羨、鹽課、常稅、生息等十項爲常例徵收，以釐金、洋稅、新關稅、按糧津貼等四項爲新增徵收，以續完、捐輸、完繳、節扣等四項爲本年收款。除去蠲緩未完各數，通計實入共收銀八千二百三十四萬九千一百九十八兩，是爲銀收。以陵寢供應、交進銀、祭祀、儀憲、俸食、科場、餉乾、驛站、廩膳、賞卹、修繕、河工、採辦、辦漕、織造、公廉、雜支等十七項爲常例開支，以營勇餉需、關局、洋款、還借息款等四項爲新增開支，以補發舊欠，豫行支給兩項爲補支豫支，以批解在京各衙門銀兩一項爲批解支款。除去欠發未報各數，通計實出共支銀七千八百十七萬一千四百五十一兩，是爲銀支。原奏並及錢收、糧收、錢支、糧支，實爲明覈。今按十七年歲入歲出之籍，入項爲地丁二千三百六十六萬六千九百一十一兩，雜賦二百八十一萬有一百四十四兩，租息十四萬一千六百七十二兩，糧折四百二十六萬二千九百二十八兩，耗羨三百萬四千八百八十七兩，鹽課七百四十二萬七千六百有五兩，常稅二百五十五萬八千四百一十兩，釐金一千六百三十一萬六千八百二十一兩，洋稅一千八百二十萬六千七百七十七兩，節扣二百九十六萬四千九百四十四兩，續完七百十二萬八千七百四十四兩，捐繳一百八十七萬五千五百七十六兩，均有奇。統爲歲入八千九百六十八萬四千八百兩有奇。出項爲陵寢供應等款十三萬五百五十九兩，交進十八萬兩，祭祀三十三萬六千七百三十三兩，儀憲七萬四千八百七十九兩，俸食三百八十四萬一千四百二十四兩，科場十萬五千一百七十兩，餉乾二千三十五萬六千一百五十九兩，驛站一百七十三萬四千七百有九兩，廩膳十一萬二千有二十九兩，賞卹五十二萬五千二百十六兩，修繕二百二十萬九千七百四十八兩，採辦四百有三萬三千九百有三兩，織造一百有三萬四千九百十五兩，公廉四百五十七萬五千七百八十三兩，雜支三十萬三千二百七十八兩，勇餉一千八百二十六萬八千三百十三兩，關局經費三百十四萬四千六百十六兩，洋款三百八十六萬一千五十一兩，補支一千二百七十七萬五千五百二十五兩，豫支一百七十四萬二千七十三兩，解京各衙門飯食經費各項支款三百四十七萬二千五百三十三兩。統爲歲出七千九百三十五萬五千二百四十一兩。」

再三年爲甲午，朝鮮役起，軍用浩繁，息借洋款、商款。及和議既定，又借俄、法、英、德之款付日本賠款，增攤各省關銀一千二百萬兩，益以滙豐、克薩、華商各款本息，及新增宋慶等軍餉，共八百萬。蓋歲出之增於前者二千萬。迨於庚子，復釀兵禍。辛丑約成，遂有四萬五千萬之鉅，派之各省者一千八百萬兩有奇。二十九年，以練新軍，復攤各省練兵經費，而各省以創練新軍，辦巡警教育，又有就地自籌之款。奉天一省警費至三百餘萬兩。湖北一省撥提地丁錢價充學費者六十萬兩。捐例停於二十七年，以練兵復開，至三十二年復停。

庚子以後新增之徵收者，大端爲糧捐，如按糧加捐、規復徵收丁漕錢價、規復差徭、加收耗羨之類；鹽捐如鹽斤加價、鹽引加課、土鹽加稅、行鹽口捐之類；官捐如官員報効、酌提丁漕盈餘、酌提優缺盈餘之類；加釐加稅如菸酒土藥之加釐稅，百貨稅之改統捐，稅契加徵之類；雜捐如彩票捐、房舖捐、漁戶捐、樂戶捐之類；節省如裁節綠營俸餉、節省河工經費、核扣驛站經費、節省各署局經費之類；實業如鐵路、電局、郵政收入，及銀行、銀銅元局、官辦工廠商局餘利之類。出款自賠款、練兵費、學、警、司法諸費外，各官署新增費亦爲大端。

宣統二年，度支部奏試辦宣統三年預算，歲入爲類八：曰田賦，經常四千六百十六萬四千七百有九兩，臨時一百九十三萬六千六百三十六兩，皆有奇。曰鹽茶課稅，經常四千六百三十一萬二千三百五十五兩。曰洋關稅，經常三千五百十三萬九千九百十七兩。曰常關稅，經常六百九十九萬一千一百四十五兩，臨時八千五百二十四兩。曰正雜各稅，經常二千六百十六萬三千八百四十二兩。曰釐捐，經常四千三百十八萬七千九百七兩。曰官業收入，經常四千六百六十萬八百九十九兩。曰雜收入，經常一千九百十九萬四千一百有一兩，臨時一千六百有五萬六百四十八兩。附列者爲類二：曰捐輸，五百六十五萬二千三百三十三兩。曰公債，三百五十六萬兩。皆臨時歲入。歲出爲類十八：曰行政，經常二千六百六萬九千六百六十六兩，臨時一百二十五萬八千一百八十四兩。曰交涉，經常三百三十七萬五千一百有三十兩，臨時六十二萬六千一百七十七兩。曰民政，經常四百四十一萬六千三百三十八兩，臨時一百三十二萬四千五百三十一兩。曰財政，經常一千七百九十萬三千五百四十五兩，臨時二百八十七萬七千九百有四兩。曰洋關經費，經常五百七十四萬八千二百三十七兩，臨時九千一百六十三兩。曰常關經費，經常一百四十六萬三千三百三十二兩。曰典禮，經常七十四萬五千七百五十九兩，臨時五萬四千有三十七兩。曰教育，經常二百五十五萬三千四百十六兩，臨時一百四萬一千八百九十二兩。曰司法，經常六百六十一萬六千五百七十九兩，臨時二十一萬八千七百四十六兩。曰軍政，經常八千三百四十九萬八千一百十一兩，臨時一千四百萬有五百四十六兩。曰實業，經常一百六十萬三千八百三十五兩。曰交通，經常四千七百二十二萬一千八百四十一兩，臨時七百有八十萬四千九百有八兩。曰工程，經常二百四十九萬三千二四百兩，臨時二百有二萬二千有六十四兩。曰官業支出，經常五百六十萬四百三十五兩。曰各省應解賠款、洋款，三千九百有十二萬九百二十二兩。曰洋關應解賠款、洋款，一千一百二十六萬三千五百四十七兩。曰常關應解賠款、洋款，一百二十五萬六千四百九十兩。曰邊防經費，一百二十三萬九千九百有八兩。附列者爲類一：曰歸還公債，四百七十七萬二千六百十三兩。統爲歲入二萬九千六百九十六萬二千七百兩有奇。歲出三萬三千八百六十五萬兩有奇。十二月，資政院覆，於歲入有增加，於歲出有減削。次年卽值變更國體，故有預算而無決算。蓋自光緒三十三年，度支部卽奏准令京師各衙署及各省實報歲入歲出，又於各省設財政監理官以督之。凡昔日外銷之款項，與夫雜捐陋規之類，及新定之教育、司法、實業、軍政、外債諸費，皆列於簿書期會，故較順治、康熙之出入多至十倍。玆錄之以見一代財政之盈虧焉。

其軍需、河工、賑務、賠款之鉅者，乾隆初次金川之役，二千餘萬兩。準回之役，三千三百餘萬兩。緬甸之役，九百餘萬兩。二次金川之役，七千餘萬兩。廓爾喀之役，一千有五十二萬兩。臺灣之役，八百餘萬兩。嘉慶川、湖、陝教匪之役，二萬萬兩。紅苗之役，湖南一省請銷一千有九十萬。洋匪之役，廣東一省請銷三百萬兩。道光初次回疆之役，一千一百餘萬兩。二次回疆之役，七百三十萬兩。英人之役，一千數百萬兩。咸豐初年粵匪之役，二千七百萬，其後江南大營月需五十萬兩，徽寧防營月需三十萬兩，則一年亦千萬。湖北供東征之需者，歲四百餘萬，湖南亦不貲。而北路及西南各省用兵之費不與焉。同治中，曾國藩奏湘軍四案、五案，合之剿捻軍需，共請銷三千餘萬兩。李鴻章奏蘇滬一案、二案，合之淮軍西征兩案，共請銷一千七百餘萬兩。左宗棠奏西征兩案，共請銷四千八百二十餘萬兩。此外若福建援浙軍需，合之本省及臺灣軍需，截至三年六月，已逾六百萬兩。四川、湖南援黔軍需，歲約四百萬兩，積五年二千萬兩。雲南自同治二年至同治十二年，請銷軍需一千四百六十餘萬兩。而甘肅官紳商民集捐銀糧供軍需者，五千餘萬兩，再加各省廣中額學額計之，當不下數萬萬。光緒中，惟中法之役用三千餘萬兩。若西征之餉，海防之餉，則已入年例歲出，不複列。

河工，自康熙中即趨重南河。十六年大修之工，用銀二百五十萬兩。原估六百萬兩，迨蕭家渡之工，用銀一百二十萬兩。自乾隆十八年，以南河高郵、邵伯、車邏壩之決，撥銀二百萬兩。四十四年，儀封決河之塞，撥銀五百六十萬兩。四十七年，蘭陽決河之塞，自例需工料外，加價至九百四十五萬三千兩。浙江海塘之修，則撥銀六百餘萬兩。荆州江隄之修，則撥銀二百萬兩。大率興一次大工，多者千餘萬，少亦數百萬。嘉慶中，如衡工加價至七百三十萬兩。十年至十五年，南河年例歲修搶修及另案專案各工，共用銀四千有九十九萬兩，而馬家港大工不與。二十年睢工之成，加價至三百餘萬兩。道光中，東河、南河於年例歲修外，另案工程，東河率撥一百五十餘萬兩，南河率撥二百七十餘萬兩。逾十年則四千餘萬。六年，撥南河王營開壩及堰、盱大隄銀，合爲五百一十七萬兩。二十一年，東河祥工撥銀五百五十萬兩。二十二年，南河揚工撥六百萬兩。二十三年，東河牟工撥五百十八萬兩，後又有加。咸豐初，豐工亦撥四百萬兩以上。同治中，山東有侯工、賈莊各工，用欵二百餘萬兩。光緒十三年，河南鄭州大工，請撥一千二百萬兩。其後山東時有河溢，然用欵不及道光之什一。

賑務，康熙中，賑陝西之災，用銀至五百餘萬兩。乾隆七年，江蘇、安徽夏秋大水，撫恤、正賑、加賑，江蘇給被災軍民等米共一百五十六萬石有奇，銀五百五萬兩有奇。安徽給被災軍民等米八十三萬石有奇，銀二百三十三萬兩有奇。十八年，以高郵運河之決，撥米穀一百十萬石，銀四百萬兩，賑江蘇災，此其最鉅者。其後直隸、山東、江蘇、河南、湖北、甘肅諸省之災，發帑截漕及資於捐輸者，不可勝舉。嘉慶初，山東曹、單等縣災，賑銀米合計三四百萬兩。六年，以直隸水災，撥賑銀一百萬兩，截漕米六十萬石。江蘇、安徽、山東、河南諸省之因災賑恤者，節次糜帑，均不下數十百萬。資於捐輸者，如十九年江蘇、安徽之災，至二三百萬兩。道光十一年，撥江蘇賑需銀一百餘萬兩。二十七年，賑河南災銀一百餘萬兩。二十八年，賑河北災銀一百三十八萬兩。二十九年，撥江蘇等四省賑災銀一百萬兩。而安徽、浙江之截留辦賑者，皆近百萬，江蘇一省則一百四十餘萬，此外尚多，而官紳商民捐輸者尚不與。光緒初，山西、河南、陝西之災，撥帑截漕爲數均鉅，合官賑、義賑及捐輸等銀，不下千數百萬兩。鄭州河決，賑需河南用銀二百五十餘萬兩。時各省有水旱之災，輒請開賑捐。直隸自十六年之水至二十一年海嘯之災，用銀七百餘萬兩。山東自十一年後，頻年河溢，至二十五年，用銀七百餘萬兩。江蘇自十五年之水至二十四年淮、徐、海之災，用銀五百餘萬兩。二十七年秦、晉之災，則開實官捐以濟之，爲數至七百六十萬兩有奇。

賠款，始于道光壬寅江寧之約，二千一百萬兩。咸豐庚申之約，一千六百萬兩。光緒辛巳伊犂之約，六百餘萬兩。乙未中日之約，併遼南歸地，二萬三千萬兩。至辛丑公約，賠款四萬五千萬兩而極。以息金計之，實九萬萬餘兩。

清代田賦徵糧之數，乾隆三十一年，爲八百三十一萬七千七百石有奇。江蘇、安徽、山東、河南、浙江、江西、湖北、湖南八省，自歲漕京師外，留充本省經費。直隸、奉天、山西、陝西、甘肅、福建、四川、廣東、廣西、雲南、貴州則全充本省經費。光緒十年，新疆改行省，歲徵糧二十七萬一千石有奇，亦全充本省經費。吉林、黑龍江之徵米者亦如之。各省駐防旗營官兵、綠營兵丁皆支月米。凡留充本省經費者，大率供旗綠營月支米豆之需，有餘則報糶易銀候撥云。

清史稿卷一百二十六

志一百一

河渠一

黄河

中國河患，歷代詳矣。有清首重治河，探河源以窮水患。聖祖初，命侍衞拉錫往窮河源，至鄂敦塔拉，卽星宿海。高宗復遣侍衞阿彌達往，西踰星宿更三百里，乃得之阿勒坦噶達蘇老山。自古窮河源，無如是之詳且確者。然此猶重源也。若其初源，則出葱嶺，與漢書合。東行爲喀什噶爾河，又東會葉爾羌、和闐諸水，爲塔里木河，而匯於羅布淖爾。東南潛行沙磧千五百里，再出爲阿勒坦河。伏流初見，輒作黃金色，蒙人謂金「阿勒坦」，因以名之。是爲河之重源。東北會星宿海水，行二千七百里，至河州積石關入中國。經行山間，不能爲大患。一出龍門，至榮陽以東，地皆平衍，惟賴隄防爲之限。而治之者往往違水之性，逆水之勢，以與水爭地，甚且因緣爲利，致潰決時聞，勞費無等，患有不可勝言者。

自明崇禎末李自成決河灌汴梁，其後屢塞屢決。順治元年夏，黃河自復故道，由開封經蘭、儀、商、虞，迄曹、單、碭山、豐、沛、蕭、徐州、靈壁、睢寧、邳、宿遷、桃源，東逕淸河與淮合，歷雲梯關入海。秋，決溫縣，命內祕書院學士楊方興總督河道，駐濟寧。二年夏，決考城，又決王家園。方興言：「自遭闖亂，官竄夫逃，無人防守。伏秋汛漲，北岸小宋、曹家口悉衝決，濟寧以南田廬多淹沒。宜乘水勢稍涸，鳩工急築。」上命工部遴員勘議協修。七月，決流通集，一趨曹、單及南陽入運，一趨塔兒灣、魏家灣，侵淤運道，下流徐、邳、淮陽亦多衝決。是年孟縣海子村至渡口村河淸二日，詔封河神爲顯佑通濟金龍四大王，命河臣致祭。明年，流通集塞，全河下注，勢湍激，由汶上決入蜀山湖。五年，決蘭陽。

七年八月，決荆隆朱源寨，直往沙灣，潰運隄，挾汶由大淸河入海。方興用河道方大猷言，先築上游長縷隄，遏其來勢，再築小長隄。八年，塞之。九年，決封丘大王廟，衝圮縣城，水由長垣趨東昌，壞平安隄，北入海，大爲漕渠梗。發丁夫數萬治之，旋築旋決。給事中許作梅，御史楊世學、陳斐交章請勘九河故道，使河北流入海。方興言：「黃河古今同患，而治河古今異宜。宋以前治河，但令入海有路，可南亦可北。元、明以迄我朝，東南漕運，由清口至董口二百餘里，必藉黄爲轉輸，是治河即所以治漕，可以南不可以北。若順水北行，無論漕運不通，轉恐決出之水東西奔蕩，不可收拾。今乃欲尋禹舊蹟，重加疏導，勢必别築長隄，較之增卑培薄，難易曉然。且河流挾沙，束之一，則水急沙流，播之九，則水緩沙積，數年之後，河仍他徙，何以濟運？」上然其言，乃於丁家寨鑿渠引流，以殺水勢。

是年，復決邳州，又決祥符朱源寨。戶部左侍郎王永吉、御史楊世學均言：「治河必先治淮，導淮必先導海口，蓋淮爲河之下流，而濱海諸州縣又爲淮之下流。乞下河、漕重臣，凡海口有爲姦民堵塞者，盡行疏濬。其漕隄閘口，因時啓閉，然後循流而上。至於河身，剔淺去淤，使河身愈深，足以容水。」議皆不果行。十一年，復決大王廟。給事中林起龍劾方興侵冒，上解方興任，遣大理卿吳庫禮、工科左給事中許作梅往按。起龍坐誣，復方興任。十三年，塞大王廟，費銀八十萬。

十四年，方興乞休，以吏部左侍郎朱之錫代之。是年決祥符槐疙疸，隨塞。十五年，決山陽柴溝姚家灣，旋塞。復決陽武慕家樓。十六年，決歸仁隄。先是御史孫可化疏陳淮、黄隄工，事下總河。之錫言：「桃源費家嘴及安東五口淤澱久，工繁費鉅。且黄河諺稱『神河』，難保不旋濬旋淤，惟有加意修防，補偏救弊而已。」之錫陳兩河利害，條上工程、器具、夫役、物料八弊。又言：「因材器使，用人所亟。獨治河之事，非澹泊無以耐風雨之勞，非精細無以察防護之理，非慈斷兼行無以盡羣夫之力，非勇往直前無以應倉猝之機，故非預選河員不可。」因陳預選之法二：曰薦用，曰儲才；諳習之法二：曰久任，曰交代。又條上河政十事：曰議增河南夫役，曰均派淮工夫役，曰察議通惠河工，曰建設柳園，曰嚴剔弊端，曰釐覈曠盡銀兩，曰愼重職守，曰明定河工專職，曰申明激勸大典，曰酌議撥補夫役。均允行。

十七年，決陳州郭家埠、虞城羅家口，隨塞。康熙元年五月，決曹縣石香爐、武陟大村、睢寧孟家灣。六月，決開封黃練集，灌祥符、中牟、陽武、杞、通許、尉氏、扶溝七縣。七月，再決歸仁隄。河勢既逆入淸口，又挾睢、湖諸水自決口入，與洪澤湖連，直趨高堰，衝決翟家壩，流成大澗九，淮陽自是歲以災告。二年，決睢寧武官營及朱家營。三年，決杞縣及祥符閻家寨，再決朱家營，旋塞。四年四月，河決上游，灌虞城、永城、夏邑，又決安東茆良口。

五年，之錫卒，以貴州總督楊茂勳爲河道總督。六年，決桃源煙墩、蕭縣石將軍廟，逾年塞之。又決桃源黃家嘴，已塞復決，沿河州縣悉受水患，淸河衝沒尤甚，三汊河以下水不沒骭。黃河下流既阻，水勢盡注洪澤湖，高郵水高幾二丈，城門堵塞，鄉民溺斃數萬，遣官蠲賑。冬，命明珠等相視海口，開天妃、石閘、白駒等閘，毀白駒姦民閉閘碑。

八年，決淸河三汊口，又決淸水潭。副都御史馬紹曾、巡鹽御史李棠交章劾茂勳不職，罷之，以羅多爲河道總督。九年，決曹縣牛市屯，又決單縣譙樓寺，灌淸河縣治。是歲五月暴風雨，淮、黃幷溢，撞卸高堰石工六十餘段，衝決五丈餘，高、寶等湖受淮、黃合力之漲，高堰幾塌，淮陽岌岌可虞。工科給事中李宗孔疏言：「水之合從諸決口以注於湖也，江都、高、寶無歲不防隄增隄，與水俱高。以數千里奔悍之水，攻一綫孤高之隄，值西風鼓浪，一瀉萬頃，而江、高、寶、泰以東無田地，興化以北無城郭室廬。他如淥陽、平望諸湖，淺狹不能受水。各河港疏濬不時，范公隄下諸閘久廢，入海港口盡塞。雖經大臣會閱，嚴飭開閘出水，而年深工大，所費不貲，兼爲傍海奸竈所格，竟不果行。水迂回至東北廟灣口入海，七邑田舍沈沒，動經歲時。比宿水方消，而新歲橫流又已踵至矣。」御史徐越亦言高堰宜乘冬水落時大加修築。於是起桃源東至龍王廟，因舊址加築大隄三千三百三十丈有奇。臘後冰解水溢，沿河村舍林木剷刷殆盡。

十年春，河溢蕭縣。六月，決淸河五堡、桃源陳家樓。八月，又決七里溝。以王光裕總督河道。光裕請復明潘季馴所建崔壩鎭等三壩，而移季太壩於黃家嘴舊河地，以分殺水勢。是歲，茆良口塞。十一年秋，決蕭縣兩河口、邳州塘池舊城，又溢虞城，遣學士郭廷祚等履勘。十二年，桃源七里溝塞。十三年，決桃源新莊口及王家營，又自新河鄭家口北決。十四年，決徐州潘家塘、宿遷蔡家樓，又決睢寧花山壩，復灌淸河治，民多流亡。十五年夏，久雨，河倒灌洪澤湖，高堰不能支，決口三十四。漕隄崩潰，高郵之淸水潭，陸漫溝之大澤灣，共決三百餘丈，揚屬皆被水，漂溺無算。上遣工部尚書冀如錫、戶部侍郎伊桑阿訪究利病。是歲又決宿遷白洋河、于家岡，淸河張家莊、王家營，安東邢家口、二鋪口，山陽羅家口。塞桃源新莊。

十六年，如錫等覆陳河工壞潰情形，光裕解任勘問。以安徽巡撫靳輔爲河督。輔言：「治河當審全局，必合河道、運道爲一體，而後治可無弊。河道之變遷，總由議治河者多盡力於漕艘經行之處，其他決口，則以爲無關運道而緩視之，以致河道日壞，運道因之日梗。河水裹沙而行，全賴各處淸水併力助刷，始能奔趨歸海。今河身所以日淺，皆由從前歸仁隄等決口不卽堵塞之所致。查自淸江浦至海口，約長三百里，向日河面在淸江浦石工之下，今則石工與地平矣。向日河身深二三四丈不等，今則深者不過八九尺，淺者僅二三尺矣。河淤運亦淤，今淮安城堞卑於河底矣。運淤，淸江與爛泥淺盡淤，今洪澤湖底漸成平陸矣。河身旣墊高若此，而黃流裹沙之水自西北來，晝夜不息，一至徐、邳、宿、桃，卽緩弱散漫。臣目見河沙無日不積，河身無日不加高，若不大修治，不特洪澤湖漸成陸地，將南而運河，東而淸江浦以下，淤沙日甚，行見三面壅遏，而河無去路，勢必衝突內潰，河南、山東俱有淪胥沈溺之憂，彼時雖費千萬金錢，亦難剋期補救。」因分列大修事宜八：曰取土築隄，使河寬深；曰開淸口及爛泥淺引河，使得引淮刷黃；曰加築高家堰隄岸；曰周橋閘至翟家壩決口三十四，須次第堵塞；曰深挑淸口至淸水潭運道，增培東西兩隄；曰淮揚田及商船貨物，酌納修河銀；曰裁併河員以專責成；曰按里設兵，晝隄分守。廷議以軍務未竣，大修募夫多，宜暫停。疏再上，惟改運土用夫爲車運，餘悉如所請。

於是各工並舉。大挑淸口、爛泥淺引河四，及淸口至雲梯關河道，創築關外束水隄萬八千餘丈，塞于家岡、武家墩大決口十六，又築蘭陽、中牟、儀封、商丘月隄及虞城周家隄。明年，創建王家營、張家莊減水壩二，築周橋翟壩隄二十五里，加培高家堰長隄，山、淸、安三縣黃河兩岸及湖堰，大小決口盡塞。優詔褒美。十八年，建南岸碭山毛城鋪、北岸大谷山減水石壩各一，以殺上流水勢。二十年，塞楊家莊，蓋決五年矣。是歲增建高郵南北滾水壩八，徐州長樊大壩外月隄千六百八十九丈。

大修至是已三年，河未盡復故道，輔自劾。部議褫職，上命留任。二十一年，決宿遷徐家灣，隨塞。又決蕭家渡。先是河身僅一線，輔盡堵楊家莊，欲束水刷之，而引河淺窄，淤刷鼎沸，遇徐家灣隄卑則決，蕭家渡土鬆則又決。會候補布政使崔維雅上河防芻議，條列二十四事，請盡變輔前法。上遣尙書伊桑阿、侍郎宋文運履勘，命維雅隨往。維雅欲盡毀減水壩，別圖挑築。伊桑阿等言輔所建工程固多不堅，改築亦未必成功。輔亦申辨「工將次第告竣，不宜有所更張」。並下廷議。因召輔至京，輔言「蕭家口明正可塞，維雅議不可行」，上是之，命還工。二十二年春，蕭家渡塞，河歸故道。明年，上南巡閱河，賜詩褒美。二十四年秋，輔以河南地在上游，河南有失，則江南河道淤澱不旋踵。乃築考城、儀封隄七千九百八十九丈，封丘荊隆口大月隄三百三十丈，滎陽埽工三百十丈，又鑿睢寧南岸龍虎山減水閘四。上念高郵諸州湖溢淹民田，命安徽按察使于成龍修治海口及下河，聽輔節制。旋召輔、成龍至京集議。成龍力主開濬海口；輔言下河海口高內地五尺，應築長隄高丈六尺，束水趨海。所見不合，下廷臣議，亦各持一說。上以講官喬萊江北人，召問，萊言輔議非是。因遣尚書薩穆哈等勘議，還言開海口無益。會江寧巡撫湯斌入爲尚書，詢之，斌言海口開則積水可洩，惟高郵、興化民慮毀廬墓爲不便耳。乃黜薩穆哈，頒內帑二十萬，命侍郎孫在豐董其役。時又有督修下河宜先塞減水壩之議，上不許。召輔入對，輔言南壩永塞，恐淮弱不敵黃强，宜於高家堰外增築重隄，截水出淸口不入下河，停丁溪等處工程。成龍時任直撫，示以輔疏，仍言下河宜濬，修重隄勞費無益。議不決。復遣尚書佛倫等勘議，佛倫主輔議。二十七年，御史郭琇劾輔治河無績，內外臣工亦交章論之，乃停築重隄，免輔官，以閩浙總督王新命代之，仍督修下河，鐫在豐級，以學士凱音布代之。

明年，上南巡，閱高家堰，謂諸臣曰：「此隄頗堅固，然亦不可無減水壩以防水大衝決。但靳輔欲於舊隄外更築重隄，實屬無益。」並以輔於險工修挑水壩，令水勢回緩，甚善。車駕還京，復其官。三十一年，新命罷，仍令輔爲河督。輔以衰疾辭，命順天府丞徐廷璽副之。輔請於黃河兩岸值柳種草，多設涵洞，俱報可。是冬，輔卒，上聞，歎悼，予騎都尉世職。以于成龍爲河督。

越二年，召詢成龍曰：「減水壩果可塞否？」對曰：「不宜塞，仍照輔所修而行。」上曰：「如此，何不早陳？爾排陷他人則易，身任總河則難，非明驗耶？」三十四年，成龍遭父憂，以漕督董安國代之。明年，大水，決張家莊，河會丹、沁偪滎澤，徙治高埠。又決安東童家營，水入射陽湖。是歲築攔黃大壩，於雲梯關挑引河千二百餘丈，於關外馬家港導黃由南潮河東注入海。去路不暢，上游易潰，而河患日亟。三十六年，決時家馬頭。明年，仍以成龍爲河督。三十八年春，上南巡，臨視高家堰等隄，謂諸臣曰：「治河上策，惟以深浚河身爲要。河底浚深，則洪澤湖水直達黃河，興化、鹽城等七州縣無氾濫之患，田產自然涸出。若不治源，治流終無裨益。今黃、淮交會之口過於徑直，應將河、淮之隄各迤東灣曲拓築，使之斜行會流，則黃不致倒灌矣。」

明年，成龍卒，以兩江總督張鵬翮爲河督。是歲塞時家馬頭，從鵬翮先疏海口之請，盡拆雲梯關外攔黃壩，賜名大清口；建宿遷北岸臨黃外口石閘，徐州南岸楊家樓至段家莊月隄。四十一年，上謂永定河石隄甚有益，欲推行黃河兩岸，自徐州至清口皆修石隄。鵬翮言「建築石工，必地基堅實。惟河性靡常，沙土鬆浮，石隄工繁費鉅，告成難以預料」。遂作罷。四十二年，上南巡，閱視河工，製河臣箴以賜鵬翮。秋，移建中河出水口於楊家樓，逼溜南趨，清水暢流敵黃，海口大通，河底日深，黃水不虞倒灌。上嘉鵬翮績，加太子太保。四十六年八月，決豐縣吳家莊，隨塞。明年，鵬翮入爲刑部尙書，以趙世顯代之。四十八年六月，決蘭陽雷家集、儀封洪邵灣及水驛張家莊各隄。

六十年八月，決武陟詹家店、馬營口、魏家口，大溜北趨，注滑縣、長垣、東明，奪運河，至張秋，由五空橋入鹽河歸海。自河工告成，黃流順軌，安瀾十餘年矣，至是遣鵬翮等往勘。九月，塞詹家店、魏家口；十一月，塞馬營口。世顯罷，以陳鵬年署河道總督。六十一年正月，馬營口復決，灌張秋，奔注大淸河。六月，沁水暴漲，衝塌秦家廠南北壩臺及釘船幫大壩。時王家溝引河成，引溜由東南會滎澤入正河，馬營隄因無恙。鵬年復於廣武山官莊峪挑引河百四十餘丈以分水勢。九月，秦家廠南壩甫塞，北壩又決，馬營亦漫開；十二月，塞之。

雍正元年六月，決中牟十里店、婁家莊，由劉家寨南入賈魯河。會鵬年卒，齊蘇勒爲總河，慮賈魯河下注之水，山盱、高堰臨湖隄工不能容納，亟宜相機堵閉，上命兵部侍郎嵇曾筠馳往協議。七月，決梁家營、詹家店，復遣大學士張鵬翮往協修，是月塞。九月，決鄭州來童寨民隄，鄭民挖陽武故隄洩水，並衝決中牟楊橋官隄，尋塞。是歲建淸口東西束水壩以禦黃蓄清。二年，以嵇曾筠爲副總河，駐武陟，轄河南河務，東河分治自此始。六月，決儀封大寨、蘭陽板橋，逾月塞之。

三年六月，決睢寧朱家海，東注洪澤湖。明年四月，塞未竣，河水陡漲，衝塌東岸壩臺，睢寧、虹、泗、桃源、宿遷悉被淹，命兩廣總督孔毓珣馳勘協防，十二月塞。是月河清，起陝西府谷訖江南桃源。五年，齊蘇勒以朱家海素稱險要，增築夾壩月隄、防風埽，並於大溜頂衝處削陡岸爲斜坡，懸密葉大柳於坡上，以抵溜之汕刷。久之，大溜歸中泓，柳枝沾掛泥滓，悉成沙灘，易險爲平，工不勞而費甚省。因請凡河崖陡峻處，俱仿此行。六年，曾筠內遷禮部尚書，副總河如故，命署廣東按察使尹繼善協理江南河務。

七年，改河道總督爲江南河道總督，駐淸江，以孔毓珣任，省副總河。以曾筠爲山東河道總督，駐濟寧。上以明臣潘季馴有每歲派夫加高隄身五寸之議，前靳輔亦以爲言，計歲費不過三四萬，下兩河總督議。毓珣等請酌緩急，分年輪流加倍，約歲需二萬餘金，下部議行。八年，毓珣卒，曾筠調督南河，田文鏡兼署東河總督。五月，敕建河州口外河源神廟成，加封號。是月，河淸，起積石關訖撒喇城查漢斯。是歲決宿遷及桃源沈家莊，旋塞。以封丘荆隆口大溜頂衝開黑堈口至柳園口引河三千三百五十丈。十年，增修高堰石隄成。十一年，揀派部院司員赴南河學習，期以三年。授曾筠文華殿大學士兼吏部尚書，督南河如故，命兩淮鹽政高斌就習河務。曾筠旋遭母憂，斌署南河總督。

乾隆元年四月，河水大漲，由碭山毛城鋪閘口洶湧南下，隄多衝塌，潘家道口平地水深三五尺。上以下流多在蕭、宿、靈、虹、睢寧、五河等州縣，今止議濬上源而無疏通下游之策，則水無歸宿，下江南、河南各督撫暨兩總河委勘會議，並移南副總河駐徐州以專督率。旋高斌請濬毛城鋪迤下河道，經徐、蕭、睢、宿、靈、虹至泗州安河陡門，紆直六百餘里，以達洪澤，出清口會黃，而淮揚京員夏之芳等言其不便。明年，召斌詢問，斌繪圖呈覽，乃知之芳等所言失實，令同總督慶復確估定議，並將開濬有利無害，曉喻淮揚士民。初，斌疏濬毛城鋪水道，別開新口塞舊口，以免黃河倒灌。至三年秋，河漲灌運，論者多歸咎新開運口。斌言：「十月後黃水平退，湖水暢流，新淤隨溜刷去，可無虞淺澀。」四年，斌又言「上年清水微弱，時值黃水異漲，並非開新口所致」，而南人言者不已。上遣大學士鄂爾泰馳勘，亦言新口宜開。明年，黃溜仍南逼清口，仿宋陳堯佐法，製設木龍二，挑溜北行。

六年，斌以宿遷至桃源、清河二百餘里，河流湍激，北岸只縷隄六，並無遙隄，又內逼運河，將運河南岸縷隄通築高厚，作黃河北岸遙隄，更於縷隄內擇要增築格隄九。未成，斌調督直隸，完顏偉繼之。先是上以河溜逼清口，倒漾爲患，詔循康熙間舊迹，開陶莊引河，導黃使北，遣鄂爾泰會勘。議甫定，以汛水驟漲停工，斌亦去任。至是，完顏偉慮引河不就，於清口迤西、黃河南岸設木龍挑溜北走，引河之議遂寢。厥後四十一年，上決意開之，踰年工竣，新河直抵周家莊，會清東下，倒漾之患永絕。

七年，決豐縣石林、黃村，奪溜東趨，又決沛縣縷隄，旋塞。完顏偉調督東河，改白鍾山南河總督。初豐、沛決時，大學士陳世倌往勘，添建滾水石壩二於天然南北二壩處，以分洩水勢。十年，決阜寧陳家浦。時淮、黃交漲，沿河州縣被淹。漕督顧琮言：「陳家浦逼近海口，以下十餘里向無隄工，每遇水漲，任其散溢。若仍於此堵塞，是與水爭地，費多益少，應於上流築遙隄以束水勢。」事下訥親、高斌，仍議塞舊決口。十一年，鍾山罷，顧琮署南總河，建木龍三於安東西門，逼溜南趨，自木龍以上皆淤灘，化險爲平。十三年，琮調督東河，詔大學士高斌管南河事。斌以雲梯關下二套漲出沙灘，大溜南趨，直逼天妃宮辛家蕩隄工，開分水引河，並修補徐州東門外蟄裂石隄。琮亦以祥符十九堡南岸日淤，大溜北趨逼隄根，建南北壩臺，並於壩外捲埽籤樁。十六年六月，決陽武，命斌赴工，會琮堵築，十一月塞。十七年，上以豫省河岸大隄外有大行隄一，連接直、東，年久殘缺，在直隸者，令方觀承勘修，其山東界內，有無汕刷殘缺，令鄂容安查修。鄂容安言曹、單二縣大行隄大小殘缺三千四百三十丈，並加幫卑薄，補築缺口三百三十餘丈，疏濬隄南洩水河以宣坡水。

十八年秋，決陽武十三堡。九月，決銅山張家馬路，衝塌內隄、縷越隄二百餘丈，南注靈、虹諸邑，入洪澤湖，奪淮而下。以尹繼善督南河，遣尚書舒赫德偕白鍾山馳赴協理。同知李焞、守備張賓侵帑誤工，爲學習河務布政使富勒赫所劾，勘實，置之法。高斌及協理張師載坐失察，縛視行刑。是冬，河塞。

方銅山之始決也，下廷議，吏部尙書孫嘉淦獨主開減河引水入大清河，略言：「自順、康以來，河決北岸十之九。北岸決，潰運者半，不潰者半。凡其潰道，皆由大清河入海者也。蓋大清河東南皆泰山基脚，其道亙古不壞，亦不遷移。前南北分流時，已受河之半。及張秋潰決，且受河之全，未聞有衝城郭淹人民之事，則此河之有利無害，已足徵矣。今銅山決口不能收功，上下兩江二三十州縣之積水不能消涸，故臣言開減河也。上游減則下游微，決口易塞，積水早消。但河流湍急，設開減河而奪溜以出，不可不防，故臣言減入大清河也。現開減河數處，皆距大清河不遠。計大清河所經，只東阿、濟陽、濱州、利津四五州縣，卽有漫溢，不過偏災，忍四五州縣之偏災，可減兩江二三十州縣之積水，並解淮、揚兩府之急難，此其利害輕重，不待智者而後知也。減河開後，經兩三州縣境，或有漫溢，築土埂以禦之，一入大清河，則河身深廣，兩岸堵築處甚少，計費不過一二十萬，而所省下游決口之工費，賑濟之錢米，至少一二百萬，此其得失多寡，亦不待智者而後知也。計無便於此者。」上慮形勢隔礙，不能用。

自銅山塞後，月隄內積水尚深七八尺至丈八九尺。上命於引河兜水壩南再開引河分溜，使新工不受衝激。二十一年，決孫家集，隨塞。明年二月，上南巡至天妃閘閱木龍。時鍾山調總南河，偕東河總督張師載言：「徐州南北岸相距甚迫，一遇盛漲，時有潰決。請挑濬淤淺，增築隄工，並堵築北岸支河，爲南北分籌之計。」制可。二十三年，命安徽巡撫高晉協理南河。秋七月，決竇家寨新築土壩，直注毛城鋪，漫開金門土壩。晉言：「土壩過高，阻遏水勢，以致壅決，不須再築。」上不許，並令開蔣家營、傅家窪引河仍導入黃。二十六年七月，沁、黃並漲，武陟、滎澤、陽武、祥符、蘭陽同時決十五口，中牟之楊橋決數百丈，大溜直趨賈魯河。遣大學士劉統勳、公兆惠馳勘，巡撫常鈞請先築南岸。上謂河流奪溜，宜亟堵楊橋，鈞言大謬，調撫江西，以胡寶瑔爲河南巡撫，並令高晉赴豫協理。十一月塞，上聞大喜，命於工所立河神廟。

三十年，上南巡，祭河神，閱淸口東壩木龍惠濟閘。三十一年，決銅沛廳之韓家堂，旋塞。三十三年，豫撫阿思哈請以豫工節省銀加築隄岸，總河吳嗣爵言：「豫省河面寬，溜勢去來無定，旋險旋平，若將土埽劃爲成數，恐各工員視爲年例額支，轉啓興工冒銷之弊。」議遂寢。明年，嗣爵言：「銅瓦廂溜勢上隄，楊橋大工自四五埽至二十一埽俱頂衝迎溜。請於桃汛未屆拆修，加鑲層土層柴，鑲壓堅實。兩岸大隄外多支河積水，汛發時，引溜注隄，宜多築土壩攔截。」上俱可其奏。三十七年，東河總督姚立德言：「前築土壩，保固隄根，頻歲安瀾，已著成效。請俟冬春閒曠，培築土壩，密栽柳株，俾數年後溝槽淤平，可永固隄根。」上嘉獎之。

三十八年五月，河溢朝邑，漲至二丈五尺，民居多漂沒。三十九年八月，決南河老壩口，大溜由山子湖下注馬家蕩、射陽湖入海，板閘、淮安俱被淹沒，尋塞。四十一年，嗣爵言黃水倒灌洪湖、運河，清口挑挖引河恐於事無濟。會內遷，薩載署南總河，上命偕江南總督高晉勘議。晉等言：「臣晉在工二十餘年，歷經倒灌。惟有將清口通湖引河挑挖，使得暢流，匯黃東注，併力刷沙，則黃河不濬自深，海口不疏自治，補偏救弊，惟此一法。」又言：「清口西所建木龍，原冀排溜北趨，刷陶莊積土，使黃不逼清。但驟難盡刷，宜於陶莊積土之北開一引河，使黃離清口較遠，至周家莊會清東注，不惟可免倒灌，淤沙漸可攻刷，即圩堰亦資穩固，所謂治淮即以治黃也。」明年二月，引河成。上喜成此鉅工，一勞永逸，可廢數百年藉清敵黃之說，飭建河神廟於新口石壩，自製文記之。

四十三年，決祥符，旬日塞之。閏六月，決儀封十六堡，寬七十餘丈，地在諸口上，掣溜湍急，由睢州、寧陵、永城直達亳州之渦河入淮。命高晉率熟諳河務員弁赴豫協堵，撥兩淮鹽課銀五十萬、江西漕糧三十萬賑恤災民，並遣尚書袁守侗勘辦。八月，上游迭漲，續塌二百二十餘丈，十六堡已塞復決。十二月再塞之。越日，時和驛東西壩相繼蟄陷。遣大學士公阿桂馳勘。明年四月，北壩復陷二十餘丈。上念儀工綦切，以古有沈璧禮河事，特頒白璧祭文，命阿桂等詣工所致祭。四十五年二月塞。是役也，歷時二載，費帑五百餘萬，堵築五次始合，命於陶莊河神廟建碑記之。六月，決睢寧郭家渡，又決考城、曹縣，未幾俱塞。十一月，張家油房塞而復開。

四十六年五月，決睢寧魏家莊，大溜注洪澤湖。七月，決儀封，漫口二十餘，北岸水勢全注青龍岡。十二月，將塞復蟄塌，大溜全掣由漫口下注。四十七年，兩次堵塞，皆復蟄塌。阿桂等請自蘭陽三堡大壩外增築南隄，開引河百七十餘里，導水下注，由商丘七堡出隄歸入正河，掣溜使全歸故道，曲家樓漫口自可堵閉。上從其言。明年二月，引河成，三月塞。四十九年八月，決睢州二堡，仍遣阿桂赴工督率，十一月塞。

先是上念豫工連歲漫溢，隄防外無宣洩之路，欲就勢建減水壩，俾大汛時有所分洩，下阿桂及河、撫諸臣勘議。至是，阿桂等言：「豫省隄工，滎澤、鄭州土性高堅，距廣武山近，毋庸設減壩。中牟以下，沙土夾雜，或係純沙，建壩不能保固。至隄南洩水各河，惟賈魯河係洩水要路，經鄭州、中牟、祥符、尉氏、扶溝、西華至周家口入沙河。又惠濟係賈魯支河，二河窄狹淤墊，如須減黃，應大加挑浚，需費浩繁，非一時所能集事。惟蘭、儀、高家寨河勢坐灣，若挑濬取直，引溜北注，河道可以暢行。」上然之。五十一年秋，決桃源司家莊、烟墩，十月塞。明年夏，復決睢州，十月塞。十二月，山西河清二旬，自永寧以下長千三百里。五十四年夏，決睢寧周家樓，十月塞。五十九年，決豐北曲家莊，尋塞。

嘉慶元年六月，決豐汛六堡，刷開運河余家莊隄，水由豐、沛北注山東金鄉、魚臺，漾入昭陽、微山各湖，穿入運河，漫溢兩岸，江蘇山陽、清河多被淹。南河總督蘭錫第導水入藺家山壩，引河由荊山橋分達宿遷諸湖，又啓放宿遷十家河竹絡壩、桃源顧家莊隄，洩水仍入河下注，並於漫口西南挑空舊河，引溜東趨入正河，繪圖以聞。上令取直向南而東，展寬開空，俾溜勢直注正河，較爲得力。命兩江總督蘇凌阿、山東布政使康基田會勘籌辦。十一月，復因凌汛蟄塌壩身二十餘丈，時蘇凌阿按事江西，改命東河總督李奉翰赴工會辦。明年二月塞，加奉翰太子太保，調督兩江，兼管南河事。是年七月，河溢曹汛二十五堡。

三年春，壩工再蟄，奉翰自劾，遣大學士劉墉、尚書慶桂履勘，並責問奉翰等因循。墉等言漫口已跌成塘，晌屆凌汛，請展至秋後興工。八月，溢睢州，水入洪澤湖。上游水勢旣分，曹工遂以十月塞。明年正月，睢工亦塞。三月，以河南布政使吳璥署東河總督。璥言：「豫東兩岸隄工丈尺加增，而淤墊如故，病在豐、曹、睢疊經漫溢，雖塞後順軌安瀾，然引河不能寬暢，且徐城河狹，旁洩過多，遂成中梗。去淤之法，惟在束水攻沙，以隄束水。聞江南河臣康基田培築隄工，極爲認眞，應令酌看堤埽情形，守護閘壩，宣洩有度，自可日見深通。」上命與基田商辦。八月，決碭汛邵家壩。十二月，已塞復滲漏，又料船不戒，延燒殆盡，基田奪職留工，調敬督南河，以河南布政使王秉韜爲東河總督，移東河料物迅濟南河。

五年冬，邵家壩塞。六年九月，溢蕭南唐家灣，十一月塞。八年九月，決封丘衡家樓，大溜奔注，東北由范縣達張秋，穿運河東趨鹽河，經利津入海。直隸長垣、東平、開州均被水成災。上飭布政使瞻住撫卹，復遣鴻臚卿通恩等治賑，兵部侍郎那彥寶赴工，會同東河總督嵇承志堵築。明年二月塞。

十年閏六月，兩江總督鐵保言：「河防之病，有謂海口不利者，有謂洪湖淤墊者，有謂河身高仰者。此三說皆可勿論。惟宜專力於淸口，大修各閘壩，借湖水刷沙而河治。湖水有路入黃，不虞壅滯，而湖亦治。」上嘉其言明晰扼要。「至謂淸水敵黃，所爭在高下不在深淺，所論固是，但湖不深，焉能多蓄？是必蓄深然後力能敵黃。俟大汛後，會商南河總督徐端，迅將高堰五壩，及各閘壩支河，酌量施工。」時有議由王營減壩改河經六塘河入海者，鐵保偕南河總督戴均元上言：「新河隄長四百里，中段漫水甚廣，急難施工，必須二三年之久，約費三四百萬。堵築減壩，不過二三月，費只二百餘萬。且舊河有故道可尋，施工較易。」上從之。十一年四月，兵部侍郎吳璥再督東河。六月，復置南副總河，降徐端爲之。七月，決宿遷周家樓。八月，決郭家房。先後塞之。

十二年六月，漫山、安馬港口、張家莊，分流由灌口入海，旋塞。七月，決雲梯關外陳家浦，分流强半由五辛港入射陽湖注海。十三年二月，陳家浦塞。鐵保等請復毛城鋪石壩、王營減壩，培兩岸大隄，接築雲梯關外長堤，及培高堰、山盱隄後土坡。遣大學士長麟等馳勘。太僕寺卿莫瞻菉言：「河入江南，惟資淮以爲抵禦。淮萃七十二河之水匯於洪澤，以堰、盱石隄五壩束之，令出淸口匯黃入海，此卽束水攻沙之道。今治南河，宜先治淸口，保守五壩。五壩不輕啓洩，則湖水可並力刷黃。黃不倒灌，運河自可疏通。今河臣請接築雲梯關外長隄二百餘里，則於坐灣取直處，必須添築埽段以爲防護。旣設修防，必添建廳營，多設官兵。是徒多糜費之煩，未必收束刷之效。至謂修復毛城滾壩，挑空洪、濉，爲減黃流異漲，以保徐城則可，若恃此助淸濟運則不可。自黃水入湖淤停，水勢奔注，堰、盱五壩且難防守，又何能使之暢出淸口？故加培五壩，使湖水暢出，悉力敵黃，順流直下，卽可淘刷河身以入海。」御史徐亮言：「鐵保等條陳修防各事，惟於原議高堰石坦坡，未曾籌及蓄淸刷黃，專在固守高堰，實得全河關鍵，以柔制剛，其法最善。風浪衝擊，至坡則平。然全堰俱得坦坡外護，則五壩可永閉不開，淸水可全力刷黃，淮陽可長登衽席，此萬世永圖而目前急務也。海口，尾閭也。淸口，咽喉也。高堰則心腹也。要害之地，宜先著力。」璥亦以爲言。長麟等覆稱：「毛城壩易致衝決，應無庸議。王營減壩積水太深，難以施工。請改建滾壩於其西，並添築石壩。至碎石坦坡，工段綿長，時難猝辦，先築土坡。」餘如鐵保言。均元病免，端復督南河。

初，陳家浦漫溢，由射陽湖旁趨入海。鐵保等以挑河費鉅，徑由射陽湖入海，較正河爲近，因有改河道之議。至是，命璥等履勘。璥等言：「前明及康熙間所有灌河入海之路，覆轍俱在。現北潮河匯流馬港口、張家莊漫水尚在，壅積可見。去路不暢，又不能刷出河槽，此外更無可另闢海口之路。仍請修復故道，接築雲梯關外大隄，束水東注。」上如其言。是年六月，決堂子對岸千根棋杆及荷花塘，掣通臨湖甎百餘丈，堂子對岸及千根棋杆隨塞，荷花塘旣堵復蟄。端再降副總河，以璥總南河。明年正月塞。是年冬，築高堰碎石坦坡。十五年八月，端復督南河，省副總河。十一月，大風激浪，決山盱屬仁、義、智三壩甎石堤三千餘丈，及高堰屬甎石堤千七百餘丈。端啓高郵車邏大壩及下游歸江各閘壩，並先堵仁、智壩以洩水勢。時璥養病家居，上垂詢辦法。璥言義壩應一律堵築，高堰石工尤須於明年大汛前修竣。上嘉所論切要。未幾，仁、義、智三壩及馬港俱塞，河歸正道入海。

明年四月，馬港復決。五月，王營減壩蟄陷。七月，決邳北綿拐山及蕭南李家樓。十二月，王營減壩塞。十七年二月，李家樓亦塞。十八年九月，決睢州及睢南薛家樓、桃北丁家莊，褫東河總督李亨特職，以均元代之。明年正月，均元內召，起璥再督東河，董理睢工。二十年二月塞。二十三年六月，溢虞城。二十四年七月，溢儀封及蘭陽，再溢祥符、陳留、中牟，奪葉觀潮職，以李鴻賓督東河。璥時爲刑部尙書，偕往會籌。未幾，陳留、祥符、中牟俱塞，而武陟縷隄決，觀潮連堵溝槽五。又決馬營壩，奪溜東趨，穿運注大清河，分二道入海。儀封缺口尋涸。上命枷示觀潮河干。均元以大學士偕侍郎那彥寶履勘。那彥寶留督馬營壩工。久之，壩基不定，鴻賓被斥責，遂以不諳河務辭。上怒，奪其職，觀潮復督東河。二十五年三月，馬營口塞，加河神金龍四大王、黃大王、朱大王封號。是月儀封又漫塌，削觀潮及豫撫琦善職。宣宗立，仍命璥及那彥寶赴工會辦，十二月塞。

道光元年，禮部右侍郎吳烜言：「據御史王雲錦函稱，去冬回籍過河，審視原武、陽武一帶，隄高如嶺，堤內甚卑。向來堤高於灘約丈八尺，自馬營壩漫決，灘淤，堤高於灘不過八九尺。若不急於增隄，恐至夏盛漲，不免有出隄之患。」上命河督張文浩偕豫撫姚祖同履勘。三年，江督孫玉庭、河督黎世序加培南河兩岸大隄，令高出盛漲水痕四五尺，除有工及險要處堤頂另估加寬，餘悉以丈五尺及二丈爲度。五月工竣。四年十一月，大風，決高堰十三堡，山盱周橋之息浪菴壞石隄萬一千餘丈，奪文浩職，以嚴烺督南河，遣尙書文孚、汪廷珍馳勘。侍講學士潘錫恩言：「蓄清敵黃，相傳成法。大汛將至，則急堵禦黃壩，使黃水全力東趨。今文浩遲堵此壩，致黃河倒灌，釀成如此巨患。且欲籌減洩，當在下游。乃輒開祥符閘，減黃入湖。壩口既灌於下，閘口復灌於上，黃無出路，湖墊極高，爲患不可勝言。」尋文孚等亦以爲言。文浩遣戍，玉庭褫職留任。十二月，十三堡、息浪菴均塞。

五年十月，東河總督張井言：「自來當伏秋大汛，河員皆倉皇奔走，救護不遑。及至水落，則以現在可保無虞，不復求疏刷河身之策，漸至清水不能暢出，河底日高，堤身遞增，城郭居民，盡在水底之下，惟仗歲積金錢，擡河於最高之處。」上嘉所言切中時弊。初，琦善等有改移海口以減黃，拋護石坡以蓄清之議。至是，井言灌河海口屢改屢決，自不可輕易更張，卽碎石坦坡，亦有議及流弊者，尤不可不從長計議。是月增培河南十三廳、山東漕河、糧河二廳堤堰壩戧各工，皆從井請也。

六年春，河復漲，命井偕琦善、烺會勘海口。琦善、烺知海口不能改，乃條上五事，皆一時補苴之計。井言：「履勘下游，河病中滿，淤灘梗塞難疏，海口無可移改，請由安東東門工下北岸別築新隄，改北隄爲南隄，相距八里十里，中挑引河，導河由北傍舊河行至絲網濱入海。河水高隄內灘丈五六尺，引河挑深一丈，則水勢高下幾三丈，形勢順利。自東門工至禦黃壩六十里，去路既暢，上游可落水四五尺。黃落則禦壩可啓，束清壩，挑清水，外出刷黃，底淤攻盡，黃可落至丈餘。湖水蓄七八尺，已爲建瓴，石工易保。」上善其策。於是烺坐堰，盱新工掣卸，降三品調署東河，而以井督南河，淮揚道潘錫恩副之，使經畫其事。而琦善以改河非策，請啓王家營減壩，將正河挑空深通，放清水刷滌，再堵壩挽黃歸正河。已允行矣，給事中楊煊言：「嘉慶中王家營減壩開，上下游州縣俱災。如止減黃不奪溜，何必奏籌撫卹？今奏啓減壩，至預及撫卹堵口事宜，卽與從前情形無異。下壅上潰，不可不防。」事下江督、河督會議。井初議安東改河，時撓之者謂東門工埽外有舊拋碎石，正當咽喉，恐有阻遏。井謂有石處可啓除其吳工碎石千餘方，但上下掣通，亦斷不致礙全河。然議者終以爲疑。及井見煊奏，復言：「嘉慶間減壩遇水後，次年黃仍倒灌，今河底淤高丈四五尺，豈如當時深通。兼以洪湖石工隱患甚多，本年二月，存水丈二尺八寸，遇風已多掣卸。秋後湖水止能蓄至三丈，冬令有耗無增，來年重運經行，必黃水止存二丈八九尺，清方高於黃一尺。若黃加高，卽成倒灌。禦黃壩外河底墊高，淤運淤湖，爲害不小。且海州積水未消，鹽河遙堤地高，去路不暢，啓壩後河必擡高，徒深四邑之災，無補全河之病。請於減壩迤下安東門工上山安廳李工遙隄外築北隄，斜向趨東，仍與前議改河隄工相連，增長七千餘丈，挑河至八套卽入正河。李工至八套舊隄長四萬一千丈，取直築隄，僅長三萬二千餘丈，可避東門碎石之阻。河減淸高，漕行自利。督臣意以開放減壩已經奏定，不得以旁觀一言輒思變計，並臚列七難駁臣所議。臣已逐條致覆。」疏入，上終以改河爲創舉，從琦善議。

十一年七月，決楊河廳十四堡及馬棚灣，十二月塞。十二年八月，決祥符。九月，桃源姦民陳瑞因河水盛漲，糾衆盜空于家灣大隄，放淤肥田，致決口寬大，掣全溜入湖。桃南通判田銳等褫職遣戍。是月祥符塞。明年正月，于家灣塞。十五年，以栗毓美爲東河總督。時原武汛串溝受水寬三百餘丈，行四十餘里，至陽武汛溝尾復入大河，又合沁河及武陟、滎澤諸灘水畢注隄下。兩汛素無工，故無稭料，隄南北皆水，不能取土築隄。毓美試用拋磚法，於受衝處拋磚成壩。六十餘壩甫成，風雨大至，支河首尾決，而壩如故。屢試皆效。遂請減稭石銀兼備磚價，令沿河民設窯燒磚，每方石可購二方磚。行之數年，省帑百三十餘萬，而工益堅。會有不便其事者，持異議。於是御史李蒓請停燒磚。上遣蒓隨尚書敬徵履勘，卒以溜深急則磚不可恃，停之。十九年，毓美復以磚工得力省費爲言，乃允於北岸之馬營、滎原兩堤，南岸之祥符下汛、陳留汛，各購磚五千方備用。

二十一年六月，決祥符，大溜全掣，水圍省城。河督文沖請照睢工漫口，暫緩堵築。遣大學士王鼎、通政使慧成勘議。文沖又請遷省治，上命同豫撫牛鑑勘議。時河溜由歸德、陳州折入渦會淮注洪澤湖，拆展禦黃、束清各壩，尚不足資宣洩，並展放禮、智、仁壩，義河亦啓放。八月，鑑言節逾白露，水勢漸落，城垣可無虞，自未便輕議遷移。鼎等言：「河流隨時變遷，自古迄無上策，然斷無決而不塞、塞而不速之理。如文沖言，俟一二年再塞，且引睢工爲證。查黃水經安徽匯洪澤，宣洩不及，則高堰危，淮揚盡成巨浸。況新河所經，須更築新堤，工費均難數計。卽幸而集事，而此一二年之久，數十州縣億萬生靈流離，豈堪設想。且睢工漫口與此不同。河臣所奏，斷不可行。」疏入，解文沖任，枷示河干，以朱襄繼之。

二十二年，祥符塞，用帑六百餘萬，加鼎太子太師。七月，決桃源十五堡、蕭家莊，溜穿運由六塘河下注。未幾，十五堡掛淤，蕭家莊口刷寬百九十餘丈，掣動大溜，正河斷流。河督麟慶意欲改道，遣尙書敬徵、廖鴻荃履勘。敬徵等言，改河有礙運道，惟有迅堵漫口，挽歸故道，俟明年軍船回空後，築壩合龍，從之。十一月，以吏部侍郎潘錫恩總督南河。二十三年，御史雷以諴言，決口無庸堵塞，請改舊爲支，以通運道。下錫恩勘議。錫恩言灌口非可行河之地，北岸無可改河之理，不敢輕議更張，漕船仍由中河灌塘。上然之，更命侍郎成剛、順天府尹李德會勘。六月，決中牟，水趨朱仙鎭，歷通許、扶溝、太康入渦會淮。復遣敬徵等赴勘，以鍾祥爲東河總督，鴻荃督工。旋以尙書麟魁代敬徵。二十四年正月，大風，壩工蟄動，旋東壩連失五占，麟魁等降黜有差，仍留工督辦。七月，上以頻年軍餉河工一時並集，經費支絀，意欲緩至明秋興築。鍾祥等力陳不可。十二月塞，用帑千一百九十餘萬。二十九年六月，決吳城。十月，命侍郞福濟履勘，會同堵合。

咸豐元年閏八月，決豐北下汛三堡，大溜全掣，正河斷流。時侍郎瑞常典試江南，命試竣便道往勘，又命福建按察使查文經馳赴會辦。三年正月，豐北三堡塞，敕建河神廟，從河督楊以增請也。五月大雨，水長溜急，豐北大壩復蟄塌三十餘丈。上責以增及承修各員加倍罰賠。

五年六月，決蘭陽銅瓦廂，奪溜由長垣、東明至張秋，穿運注大淸河入海，正河斷流。上念軍務未平，餉糈不繼，若能因勢利導，使黃流通暢入海，則蘭陽決口即可暫緩堵築。事下河督李鈞察奏。鈞旋陳三事：「曰順河築埝。東西千餘里築隄，所費不貲，何敢輕議。除河近城垣不能不築堤壩以資抵禦，餘擬就漫水所及，酌定埝基，勸民接築，高不過三尺，水小藉以攔阻，水大聽其漫過。散水無力，隨漫隨淤，地面漸高，且變沙磧爲沃壤矣。曰遇灣切灘。河性喜坐灣，每至漲水，遇灣則怒而橫決。惟於坐灣之對面，勸令切除灘嘴，以寬河勢，水漲即可刷直，就下愈暢，並可免兜灘沖決之虞。曰堵截支流。現在黃流漫溢，既不能築堅隄以束其流，又不能挑引河以殺其勢，宜乘冬令水弱溜平，勸民築壩斷流，再於以下溝槽跨築土格，高出數尺。漫水再入，上無來源，下無去路，冀漸淤成平陸。」上令直隸、山東、河南各督撫妥爲勸辦。東撫崇恩亦以爲言。

十一年，御史薛書堂言：「南河自黃水改道，下游已無工可修，請省南河總督及廳員。」

下廷臣議。侍郎沈兆霖言：「導河始自神禹，九河故道皆在山東，入海處在今滄州，是禹貢之河，固由東北入海。自漢王莽時河徙千乘入海，而禹之故道失。歷東漢迄隋、唐，從無變異。宋神宗時，河分南北兩派並行，北派由北清河入海，卽今大清河。至元至元間，會通河成，懼河北行礙運，而北流塞。歷今五六百年，河屢北決，無不挽之使南。說者謂河一入運，必挾泥沙以入海，而運道亦淤，故順河之性，北行爲宜。乾隆朝，孫嘉淦請開減河入大清河一疏，言之甚詳，足破北行礙運之疑。夫河入大清，由利津入海，正今黃河所改之道。現在張秋以東，自魚山至利津海口，皆築民堰，惟蘭儀之北、張秋之南，河自決口而出，奪趙王河及舊引河，汎濫平原，田廬久被淹浸。張秋高家林舊堰殘缺過多，工程最鉅。如東明、長垣、菏澤、鄆城，其培築較張秋爲易。宜乘此時順水之性，聽其由大清河入海，諭令紳民力籌措辦，或應開減河，或應築堤堰，統於水落興工。河慶順軌，民樂力田，缺額之地丁可復，歷年之賑濟可停，就此裁去南河總督及廳員，可省歲帑數十萬，而歸德、徐、淮一帶地幾千里，均可變爲沃壤，逐漸播種升科，似亦一舉而兼數善者矣。」下直督恆福、東撫文煜、豫撫慶廉、東河總督黃贊湯勘議。六月，省南河總督，及淮揚、淮海、豐北、蕭南、宿南、宿北、桃南、桃北各道廳，改置淮揚徐海兵備道，兼轄河務。

同治二年，復省蘭儀、儀睢、睢寧、商虞、曹考五廳。六月，漫上南各廳屬，水由蘭陽下注，直、東境內涸出村莊，復被淹沒。菏澤、東明、濮、范、齊河、利津等州縣，水皆逼城下。署河督譚廷襄上言：「河已北行，攔水惟恃民埝，從未議疏導，恐漸次淤墊，海口稍有扞格阻滯，事更爲難。查濮、范一帶舊有金堤，前臣任東撫時，設法修築，未久復被沖缺，上游毗連直隸開州處亦有沖缺。開州不修，濮、范築亦無益。東、長之埝，開、濮之堤，須設法集貲督民修築，庶可以衞城池而保廬墓。此外旣未專設河員，要在沿河地方官督率修理，並勸助裒集，以助民力之不逮。請飭下直督、東撫迅將蘭陽下游漫溢地方，揀員會同該州縣妥辦。」從之。十二月又言：「今年夏秋陰雨，來源之盛，迥異尋常。一股直下開州，一股旁趨定陶、曹、單。豫省以有堤壩，幸獲保全。直、東則無，不能不聽其汎濫。迄今半載，直隸未聞如何經畫。開州缺口，亦未興工。至山東被害尤深。或欲培築堤埝，或欲疏濬支河，議無一定。濮州金堤，亦因開未動工，不能興辦。瞬屆春汛，何以禦之？臣遣運河道宗稷辰履勘，直至利津之鐵門關，測量水勢，深至六七丈，去路不爲不暢，而上游仍到處旁溢，則大清河身太狹不能容納之故。如蒲臺、齊東、濟陽、長清、平陰、肥城民埝缺口，寬數丈或數十丈，不下三四十處，不加修築，則來歲依然漫淹。是欲求下游永奠，必先開支渠以減漲水，而後功有可施。必將附近徒駭、馬頰二河設法疏濬，庶水有分洩，再堵各缺口，並築壩以護近水各城垣，此大清河下游之當先料理者也。至開、濮金堤及毗連菏澤之史家隄，當先堵築，並加培舊堰，擇要接修，此大清河上游之當先經畫者也。」復下直督劉長佑、東撫閻敬銘會籌。明年三月，以濮州當河衝，允敬銘請，移治舊城，並築堤捍禦。

五年七月，決上南廳胡家屯。長佑言：「溜勢趨重西北，新修金隄，概被沖刷。開州沖開支河數道，自開、滑之杜家寨至開、濮界之陳家莊，險工五段，長九千六百餘丈，均須加厚培高，方資捍禦。惟上游在豫，下游在東，非直隸一省所能辦理，應會同三省統籌全修，再行設汛，撥款備料，庶可一勞永逸。自河流改道，直隸隄工應並歸河督管轄，作爲豫、直、東三省河督，以專責成。」疏入，命河督蘇廷魁履勘，會同三省督撫籌議。

七年六月，決滎澤十堡，又漫武陟趙樊村，水勢下注潁、壽入洪澤湖。侍郎胡家玉言：「不宜專塞滎澤新口，疏蘭陽舊口，宜仿古人發卒治河成法，飭各將領督率分段挑濬舊河，一律深通，然後決上游之水，掣溜東行，庶河南之患不移於河北，治河卽所以治漕。」下直督曾國藩、鄂督李瀚章、江督馬新貽、漕督張之萬，及河督，江蘇、河南、山東、安徽各巡撫妥議。國藩等言：「以今日時勢計之，河有不能驟行規復者三。蘭陽漫決已十四年，自銅瓦廂至雲梯關以下，兩岸堤長千餘里，歲久停修，堤塌河淤，今欲照舊時挑深培高，恐非數千萬金不能蕆事。且廳營久裁，兵夫星散，一一復設，仍應分儲料物，廂辦埽壩，並預籌防險之費，又歲須數百萬金。當此軍務初平，庫藏空虛，安從籌此鉅款？一也。滎澤地處上游，論形勢自應先堵滎澤，蘭工勢難並舉。使滎口掣動全黃，則蘭工可以乾涸。今滎口分溜無多，大溜仍由蘭口直注利津入海，其水面之寬，跌塘之深，施工之難，較之滎工自增數倍。滎工堵合無期，蘭工更無把握。原奏決放舊河，掣溜東行，似言之太易。且瞬交春令，興工已難。二也。漢決酸棗，再決瓠子，爲發卒治河之始。元、明發丁夫供役，亦以十數萬計。現在直、東、江、豫捻氛甫靖，而土匪游勇在在須防。所留勇營，斷難盡赴河干，亦斷不敷分挑之用。若再添募數十萬丁夫，聚集沿黃數千里間，駕馭失宜，滋生事端，尤爲可慮。三也。應俟國庫充盈，再議大舉。因時制宜，惟有趕堵滎工，爲保全豫、皖、淮揚下游之計。」上然之。八年正月，滎澤塞。

十年八月，決鄆城侯家林，東注南旺湖，又由汶上、嘉祥、濟寧之趙王、牛朗等河，直趨東南，入南陽湖。時廷魁內召，命新河督喬松年會同東撫丁寶楨勘辦。寶楨方以病在告，乃偕護撫文彬至工相度。文彬言：「河臣遠在豫省，若往返咨商，恐誤要工。一面飛咨河臣遴派掌壩，並管理正雜料廠員弁，及諳習工程之弁兵工匠，帶同器具，於年內來東，一面由臣籌購應需料物，以期應手。」上責松年剋期興工，松年言已飭原估委員並熟習工程人員赴東聽遣，並飭購備竹纜，及覓雇綑鑲船隻備提用。惟已交立春，春水瞬生，辦工殊無把握。並移書文彬主持其事。文彬不能決。寶楨力疾視事，上言：「河臣職司河道，疆臣身任地方，均責無旁貸。乃松年一概諉之地方，不知用意所在。現在已過立春，若再候其的信以定行止，恐誤要工。且此口不堵，必漫淹曹、兗、濟十餘州縣。若再向南奔注，則淸、淮、裏下河更形喫重。松年既立意諉卸，臣若避越俎之嫌，展轉遷延，實有萬趕不及之勢。惟有力疾銷假，親赴工次，擇日開工，俟松年所遣員弁到工，卽責成該工員等一手經理，剋期完工，保全大局。應請破格保奬，以昭激勸。倘敢陽奉陰違，有心貽誤，一經驗實，應請便宜行事，卽將該員弁正法工次，以爲罔上殃民者戒。」上嘉其勇於任事，並諭松年當和衷共濟，不遽加責也。

十一年二月，侯家林塞，予寶楨優敍。先是同知蔣作錦條上河、運事宜，朝廷頗韙其議，下河、漕、撫臣議奏。未幾，侯家林決，松年、寶楨意見齟齬。及寶楨塞侯家林，松年上言：「作錦所陳，卓然有見，可以采取。並稱東境黃水日愈汎濫，運道日愈淤塞，宜築隄束黃，先堵霍家橋諸口，並修南北岸長隄，俾黃趨張秋以濟運。挑濬張秋迤南北淤塞，修建閘壩，以利漕行。」上以松年意在因勢利導，不爲無見，令寶楨、文彬詳議，毋固執己見。旋覆稱：「目前治黃之法，不外堵銅瓦廂以復淮、徐故道，與東省築隄卽由利津入海兩策。顧謂二者之中，以築堤束黃爲優，而上下游均歸緩辦，臣實未見其可。自銅瓦廂至牡蠣嘴，計千三百餘里，創建南北兩隄，相距牽計，約須十里。除現在淹沒不計外，尙須棄地數千萬頃，其中居民不知幾億萬，作何安插？是有損於財賦者一也。東省沿河州縣，自二三里至七八里者不下十餘。若齊河、齊東、蒲台、利津，皆近在臨水，築堤必須遷避，是有難於建置者二也。大淸河近接泰山麓，山陰水悉北注，除小淸、淄瀰諸河均可自行入海，餘悉以大淸河爲尾閭。置堤東黃以後，水勢擡高，向所洩水之處，留閘則虞倒灌，堵遏則水無所歸，是有妨於水利者三也。東綱鹽場，坐落利津、霑化、壽光、樂安等縣，濱臨大淸河兩岸。自黃由大淸入海，鹽船重載，溯行於湍流，甚形阻滯，而灘地間被漫溢，產鹽日絀，海灘被黃淤遠，納潮甚難，東綱必至隳廢，私梟亦因而蠭起。是有礙於鹺綱者四也。臣寶楨身任地方，於通省大局所關，固宜直陳無隱。然使於治運漕果有把握，則京倉爲根本至計，猶當權利害之輕重，而量爲變通。臣等熟思審計，實未見其可恃，而深覺其可慮。似仍以堵合銅瓦廂使復淮、徐故道爲正辦。」並陳四便。御史游百川亦言河、運並治，宜詳籌妥辦。疏入，廷議不能決。

下直督李鴻章。鴻章因遣員周歷齊、豫、徐、海，訪察測量，期得要領。十二年六月，上言：「治河之策，原不外恭親王等『審地勢，識水性，酌工程，權利害』四語，而尤以水勢順逆爲要。現在銅瓦廂決口寬約十里，跌塘過深，水涸時猶逾一二丈。舊河身高，決口以下，水面二三丈不等。如欲挽河復故，必挑深引河三丈餘，方能吸溜東趨。查乾隆間蘭陽靑龍岡之役，費帑至二千餘萬。阿桂言引河深至丈六尺，人力無可再施，今豈能挑深至三丈餘乎？十里口門進占合龍，亦屬創見。國初以來，黃河決口寬不過三四百丈，且屢堵屢潰，常閱數年而不成。今豈能合龍而保固乎？且由蘭陽下抵淮、徐之舊河，身高於平地三四丈。年來避水之民，移住其中，村落漸多，禾苗無際。若挽地中三丈之水，跨行於地上三丈之河，其停淤待潰、危險莫保情形，有目者無不知之。歲久隄乾，卽加修治，必有受病不易見之處。萬一上游放溜，下游旋決，收拾更難。議者或以河北行則穿運，爲運道計，終不能不强之使南以會清口。臣查嘉慶以後清口淤墊，夏令黃高於清，已不能啓壩送運。道光以後，禦黃壩竟至終歲不啓，遂改用灌塘之法，自黃浦洩黃入湖。湖身頓高，運河水少，灌塘又不便，遂改行海運。今卽能復故道，亦不能驟復河運，非河一南行，卽可僥倖無事。此淮、徐故道勢難挽復，且於漕運無益之實在情形也。至河臣所請就東境束黃濟運一節，查清口淤墊，卽借黃濟運之病。今張秋運河寬僅數丈，兩岸廢土如山，若引重濁之黃，以閘壩節宣用之，水勢擡高，其淤倍速。人力幾何，安能挑此日進之沙？且所挑之沙，仍堆積於積年廢土之上，雨淋風蕩，河底日高，閘亦壅塞，久之黃必難引。明弘治中，荆龍口，銅瓦廂屢次大決，皆因引黃濟張秋之運，遂致導隙濫觴。臨清地勢低於張秋數丈，而必以後無掣溜奪河之害，臣亦不敢信也。至霍家橋堵口築隄，工尤不易。該處本非決口，乃大溜經行之地，兩頭無岸，一望浮沙，並無眞土可取。勉强堆築，節節逼溜下注，恐浮沙易塌，實足攖河之怒，而所耗實多。一遭潰決，水仍別穿運道，而不專會張秋，豈非全功盡棄？至作錦擬導衞濟運，原因張秋以北無清水灌運，故爲此議。查元村集迤南有黃河故道，地多積沙，施工不易。且以全淮之水不能敵黃，尚致倒灌停淤，豈一淸淺之衞，遂能禦黃濟運耶？其意蓋襲取山東諸水濟運之法。不知泰山之陽，水皆西流，因勢利導，十六州縣百八十泉之水，源旺派多，自足濟運。衞水來源，甚弱最順，今必屈曲使之南行，勢多不便。此借黃濟運及築隄東水均無把握，與導衞濟運之實在情形也。惟河旣不能挽復故道，則東境財賦有傷，水利有礙，城池難以移置，鹽場間被漫淹，如寶楨所陳，誠屬可慮。臣查大淸河原寬不過十餘丈，今已刷寬半里餘，冬春水涸，尚深二三丈，岸高水面又二三丈，是不汛時河槽能容五六丈，奔騰迅疾，水行地中，此人力莫可挽回之事，亦祀禱以求而不可得之事。目下北岸自齊河至利津，南岸齊東、蒲台，皆接築民埝，雖高僅丈許，詢之土人，遇盛漲出槽不過數尺，尚可抵禦。岱陰、繡江諸河，亦經擇要築隄，汛至則漲，汛過則消，受災不重。至齊河、濟陽、齊東、蒲臺、利津各城，近臨河岸十九，年來幸防守無患，以後相勢設施。若驟議遷徙，經費無籌，民情難喩，無此辦法。東省鹽場在海口者，雖受黃淤產鹽不旺，經撫臣南運膠濟之鹽時爲接濟，引地無虞淡食，惟價値稍昂耳。河在東省固不能無害，但得設法維持，尚不至爲大患。昔乾隆中，銅山決口不能成功，孫嘉淦會有分河入大清之疏。其後蘭陽大工屢敗垂成，嵇璜又有改河大清之請。此外裘曰修、錢大昕、胡宗緒、孫星衍、魏源諸臣議者更多。其時河未北流，尙欲挽之使北。今河自北流，乃欲挽使南流，豈非拂逆水性？大抵南河堵築一次，通牽約七八百萬，歲修約七百餘萬，實爲無底之壑。今河北徙，近二十年未有大變，亦未多費巨款，比之往代，已屬幸事。且環拱神京，尤得形勝。自銅瓦廂東決，粵、捻諸逆竄擾曹、濟，幾無虛日，未能過河一步，而北岸防守有所憑依，更爲畿輔百世之利。此兩相比較，河在東雖不亟治而後患稍輕，河回南卽能大治而後患甚重之實在情形也。近世治河兼言治運，遂致兩難，卒無長策。臣愚以爲天庾正賦，以蘇、浙爲大宗，國家治安之道，尤以海防爲重。今沿海洋舶駢集，爲千古創局，已不能閉關自治。正不妨借海運轉輸之便，逐漸推廣，以擴商路而實軍儲。蘇、浙漕糧，現既統由海運，臣前招致華商購造輪船搭運，漸有成效，由海船解津，較爲便速。至海道雖不暢通，河務未可全廢，此時治河之法，不外古人『因水所在，增立隄防』一語。查北岸張秋以上，有古大金堤可恃以爲固，張秋以下，岸高水深，應由東撫隨時飭將民埝保護加培。至侯家林上下民埝應倣照官堤辦法，一律加高培厚，更爲久遠之計。又銅瓦廂決口，水勢日向東坍刷，久必汎濫南趨。請飭松年察看形勢，量築堤埝，與曹州之堤相接，俾資周防而期順軌。至南河故道千餘里，居民佔種豐收，並請查明升科，以免私墾爭奪之患。」疏入，議乃定。

是年夏秋，決開州焦丘、濮州蘭莊，又決東明之岳新莊、石莊戶民埝，分溜趨金鄉、嘉祥、宿遷、沭陽入六塘河。寶楨勘由鄆城張家支門築隄堵塞。旋乞假展墓。十三年春，溜益南趨，潰漫不可收拾，江督毘章告災。九月，寶楨回任，改由菏澤賈莊建壩。十二月興工。

光緒元年三月，東明決塞，並築李連莊以下南隄二百五十里。時河督曾國荃請設南岸七廳。部議俟直、東、豫籌有防汛的款再定。二年春，署東撫李元華言：「黃河南隄，自賈莊至東平二百餘里均完固，惟上游毗連直、豫，自東明謝寨至考城七十餘里，並無隄岸，此工刻不可緩。昔年侯家林塞，後恍於費多，未暇顧問，遂至賈莊決口。此次賈莊以下堤雖完固，上游若不修築，設有漫決，豈惟前功盡棄，河南、安徽、江蘇仍然受害，山東首當其衝無論已。臣擬調營勇，兼僱民夫，築此七十餘里長隄。深恐呼應不靈，已商直督、豫撫協力襄辦。至濮、范之民，自黃河改道，昏墊十有餘年。賈莊決後，稍有生機，及賈莊塞，受災如故。查南隄距北面金隄六七十里，以屏蔽京師則可，於濮、范村莊田畝則不能保衞。該處紳民願修北隄，惟力有未支，請酌加津貼，既成以後，派弁勇一律修防，濮、范、陽穀、壽張、東阿五縣地畝可涸出千餘頃。又查濮、范以上，有黃水二道。擬於壽張、東阿境內新河尾閭，抽挑引河二，冀歸併一渠。於南隄之北、黃河之南，再立小隄以束水，又可涸出地畝千餘頃。至北隄上游內有八里係開州轄，若不一律修築，不惟北堤徒勞無功，卽畿輔亦難保不受其患。已商直督遣員協助，妥速蕆功。惟所壓直、豫地畝，該處居民無甚大益，而山東百姓受益無窮，自應由山東折償地價。上游收束既窄，下游水溜勢急，不可不防。自東平至利津海口九百餘里，已飭沿河州縣就民堤加培，酌給津貼，以工代賑。各項通計需費二千餘萬。此黃河大段擬辦情形也。」事下所司。

五年，決歷城溞溝。明年，復決。八年，決歷城桃園，十一月塞。九年，東撫陳士杰創建張秋以下兩岸大隄。時山東數遭河患，朝士屢以爲言。上遣侍郞游百川馳往會勘。百川言：「自來論河者，分持南行北行二說。臣詳察形勢，將來遇伏秋盛漲，復折而東，自尋故道，亦未可知。若挽以人力，則勢有萬難。一則北隄決後，已沖刷淨盡，築隄進占，工已甚鉅。且全河正流北行，中流堵禦以圖合龍，必震駭非常，辦理殊無把握。一則故道旁沙嶺勢難挑動，且徐、海一帶河身涸出淤地千餘里，民盡墾種，一旦驅而之他，民豈甘心失業？此南行之說應無庸議也。至大淸河本汶、濟交會，自黃流灌入，初猶水行地中，今則河身淤墊，既患水不能洩，自濟河上下，北則濟陽、惠民、濱州、利津，南則靑城、章丘、歷城至鄒、長、高、博，漫決十一處。竊惟河入濟瀆已二十八年，其始誤於山東無辦河成案，誘民自爲堤埝，縱屢開決，未肯形諸奏牘，貽患至斯。今則泛濫數百里，漂沒數百村，徧歷災區，傷心慘目。謹擬辦法三。一，疏通河道。黃初入濟，尚能容納，淤墊日高，至海口尤日形淤塞。沙淤水底，人力難施，計惟多用船隻，各帶鐵篦混江龍，上下拖刷，使不能停蓄，日漸刮深。疏導之方，似無踰此。一，分減黃流。濟一受黃，其勢岌岌不可終日。查大清河北，徒駭最近，馬頰較遠，鬲津尤在其北。大清河與徒駭最近處在惠民白龍灣，相距十許里。若由此開築減壩，分入徒駭河，其勢較便。再設法疏通其間之沙河、寬河、屯民等河，引入馬頰、鬲津，分疏入海，當不復虞其滿溢。一，亟築縷堤。民間自築縷隄，近臨河干，多不合法，且大率單薄，又斷續相間，屢經塌陷，一築再築，民力困竭。今擬自長清抵利津，南北岸先築縷隄，其頂衝處再築重隄，約長六百餘里，仍借民力，加以津貼，可計日成功，爲民捍患，民自樂從。至謂治水不與水爭地，其法無過普築遙隄。然濟、武兩郡，地狹民稠，多占田畝，小民失業，正非所願。且其間村鎭廬墓不可數計，兼之齊河、濟陽、齊東、蒲台、利津皆城臨河干，使之實逼處此，民情未免震駭。價買民田，需款不下四五百萬，工艱費鉅，可作緩圖。臣所以請築縷隄以濟急，而不敢輕持遙隄之議者此也。」士杰持異議。會海豐人御史吳峋言徒駭、馬頰二引河不可輕開，命直督李鴻章偕士杰會勘，亦如峋言。乃定議築兩岸長隄。

是年決利津十四戶，十年三月塞。閏五月，決歷城河套圈、霍家溜，齊河李家岸、陳家林、蕭家莊，利津張家莊、十四戶，先後塞之。是年兩岸大堤成，各距河流數百丈，卽縷隄也，而東民仍守臨河埝，有司亦諭令先守民埝，如埝決再守大隄，而隄內村廬未議遷徙，大漲出槽，田廬悉淹，居民遂決隄洩水，官亦不能禁，嗣是只守埝不守大隄矣。十一年，蕭家莊、溞溝再決，又決齊河趙莊。十二月，溞溝、趙莊塞。明年二月，蕭家莊塞。六月，再決河套圈，又決濟陽王家圈、惠民姚家口、章丘河王莊、壽張徐家沙窩，惟王家圈工緩辦，餘皆年內塞。東境河雖屢決，然皆分溜少奪溜，每堵築一次，費數萬或數十萬，多亦不過一二百萬，較南河時所省正多，被淹地畝亦較少，地平水緩故也。

十三年六月，決開州大辛莊，水灌東境，濮、范、壽張、陽穀、東阿、平陰、禹城均以災告。八月，決鄭州，奪溜由賈魯河入淮，直注洪澤湖。正河斷流，王家圈旱口乃塞。鄭州旣決，議者多言不必塞，宜乘此復故道。戶部尚書翁同龢、工部尚書潘祖蔭同上言：「河自大禹以後，行北地者三千六百餘年，南行不過五百餘年，是河由雲梯關入海，本不得謂故道。卽指爲故道，而現在溜注洪澤湖，形北高南下，不能導之使出淸口，去故道尙百餘里，其勢斷不能復。或謂山東數被水害，遂以河南行爲幸。不知河性利北行。自金章宗後，河雖分流。有明一代，北決者十四，南決者五；我朝順、康以來，北決者十九，南決者十一。況淮無經行之渠，黃入淮安有歸宿之地？下流不得宣洩，上游必將復決，決則仍入東境，山東之患仍未能弭。至黃水南注，有二大患、五可慮。黃注洪澤，而淮口淤墊，久不通水，僅張福口引河，闊不過數丈，大溜東注，以運河爲尾閭，僅恃東隄爲護，已岌岌可危。今忽加一黃河，必不能保。大患一。洪澤淤墊，高家堰久不可恃，黃河勢悍，入湖後難保不立時塌卸。不東衝裏下河，卽南灌揚州，江、淮、河、漢併而爲一，東南大局，何堪設想！大患二。裏下河爲產米之區，萬一被淹，漕米何從措辦？可慮一。卽令漕米如故，或因黃挾沙墊運，不能浮送。或因積水漫溢，縴道無存，漕艘停滯。且山東本借黃濟運，黃旣遠去，沂、汶微弱，水從何出？河運必廢。可慮二。兩淮鹽場，胥在范公隄東。范隄不保，鹽場淹沒，國課何從徵納？可慮三。潁、壽、徐、海，好勇鬭狠，小民蕩析，難保不生事端。可慮四。黃汛合淮，勢不能局於湖瀦，必別尋入海之道，橫流猝至，江鄉居民莫保旦夕。可慮五。至入湖之水，亦須早籌宣洩。裏下河地勢，西北俯、東南仰，宜順其就下之勢，由興化以北，歷幐髗、傅家塢入舊河，避雲梯關淤沙，北濬大通口，入潮河以達淮河，海口則取徑直，形勢便，經費亦不過鉅。」

上命江督曾國荃、漕督盧士杰籌議。適國荃、士杰亦言：「捍河匯淮東下，其危險百倍尋常。查治水不外宣防二策，而宣之用尤多。洪湖出路二，皆由運入江。今大患特至，不能不於湖之上游多籌出路，分支宣洩，博採羣議。桃源有成子河，南接洪湖，北至舊河，又北爲中運河。若加挑成子河，使通舊河，直達中運河，兩岸築隄，卽可引漫水由楊莊舊河至雲梯關入海，此洪湖上面新闢一去路也。淸河有碎石河，西接張福口，引河東達舊河，大加挑挖，亦可引漫水由楊莊舊河至雲梯關入海，此洪湖下面新闢一去路也。詢之耆舊，僉謂舍此別無良法。是以臣等議定卽勘估興工，不敢拘泥成規，往返遷延，致誤事機。」上韙之，並遣前山西布政使紹誠、降調浙江按察使陳寶箴、前山東按察使潘駿文迅赴鄭工，隨同河督成孚、豫撫倪文蔚襄理河務。時工賑需款鉅且急，戶部條上籌款六事：一，裁防營長夫；一，停購軍械船隻機器；一，停止京員兵丁米折銀；一，酌調附近防軍協同工作；一，令鹽商捐輸給獎；一，預徵當商匯號稅銀。議上，詔裁長夫、捐鹽商及預徵稅銀，餘不允。九月，命禮部尚書李鴻藻偕刑部侍郎薛允升馳勘，鴻藻留督工。時黃流漫溢，河南州縣如中牟、尉氏、扶溝、鄢陵、通許、太康、西華、淮寧、祥符、沈丘、鹿邑多被淹浸，水深四五尺至一二丈，特頒內帑十萬，並截留京餉三十萬賑撫。而河工需款急，允御史周天霖、李世琨請，特開鄭工新捐例，奪成孚職，以李鶴年署河督。

十月，東撫張曜言：「山東河淤潮高，黃流實難容納，請乘勢規復南河故道。」下鴻藻、鶴年議。鴻藻等遂請飭迅籌合辦。上以「黃河籌復故道，迭經臣工條奏，但費鉅工繁，斷難於決口未堵之先，同時並舉。此奏於故道宜復，止空論其理，語簡意疏。一切利害之輕重，地勢之高下，工用之浩大，時日之迫促，並未全局通籌，縷晰奏覆。如此大事，朝廷安能據此寥寥數語，定計決疑？故道一議，可暫從緩。至所稱一切工作，先自下游開辦，南河舊道現在情形如何，工程能否速辦，經費能否立籌，有無滯礙，著國荃、士杰、嵩駿迅速估奏」。國荃言：「黃流東注，淮南北地處下游，宜籌分洩之策。請就楊莊以下舊河二百餘里挑濬，以分沂、泗之水，騰出中運河，預備洪河盛漲，挾黃北行，堪以容納，是上游籌有去路。而淮由三河壩直趨而東，則運堤極爲喫重，勢不能不開壩宣洩，裏下河如臨釜底，而枝河頗多，若預先疏導，使水能順軌，則田廬民命亦可保全。同龢、祖蔭所言，洵得水性就下之勢，業經遣員履勘，並請調熟悉河工之江蘇臬司張富年督理。」制可。先是侍郎徐郙有通籌黃河全局之疏。文蔚言：「郙所陳口門北岸上游酌開引河，上南廳以下河內挑川字河，及築排水壩，三者皆河南必辦之事，卽前人著效之法。臣前請於河身闊處切灘疏淤，卽郙酌開引河及川字河之意。河員以近日河勢略變，須更籌辦法，且有引河不可挑之說。而此項土夫，皆係應賑之人，無論何工，皆係應辦之事。將來或幫挑運河，或幫築河身，應就商河臣隨時調度。」報聞。

十二月，國荃、士杰言：「同龢等所陳二患五慮，不啻身歷其境，將臣等所欲言者，代達宸聰。當經派員分投履勘。自傅家塢入舊黃河，過雲梯關至大通口，測量地勢，北高丈五七尺，揆諸就下之性，殊未相宜。不敢不恪遵聖訓，於興化境內別籌疏淤。查下河入海河道，以新陽、射陽兩河爲最，鬭龍港次之，祗以支河阻塞，未能通暢。查興化屬之大圍閘、丁溪場屬之古河口小海，均極淤淺。疏濬以後，如果高郵開壩，可冀水皆順軌，由新陽等河宣暢歸海。其閘門窄狹過水不暢者，另於左右開挖越河，俾得滔滔直注。此外幹支各河，再接續擇要興挑，以期逐節通暢，核與同龢、祖蔭之奏事異功同。」

十四年正月，國荃等又言：「徐鄘通籌河局疏，稱淮揚實無處位置黃河，宜先籌宣洩之方，再求堵合之法，洵屬確中肯綮。至請挑天然及張福口引河，本係由淮入黃咽喉，昔人建導淮之議，皆從引河入手。祇以張福淤墊太高，挑不得法，且恐沂、泗倒灌。又順清河爲清江三閘來源，曩時堵築以資自衞。自河北徙，此壩久廢。今旣引淮入黃，仍須堵築順清壩，庶三閘可保無虞。經臣等派員審度河底，雖北高南低，加工挑深，尚可配平。順清河雖水深溜急，多備料土，亦可設法堵築。又經臣士杰履勘，陳家窰可開引河，上接張福口，下達吳城七堡，與碎石河功用相同。已於十月分段興挑，自張福口、內窰河起，至順清河止，開深丈四尺至二丈，冀上游多洩一分之水，下河卽少受一分之災。其工段亦間調哨勇幫同挑濬，以補民夫之不足。以上辦法，與該侍郎所陳江南數條，不謀而合。」

先是上以將來河仍北趨，有「趁湍流驟減，挑濬東明長隄，開州河身，加培堤埝」之諭。至是，鴻章言：「直境黃河長八九十里，一律挑濬，工鉅費煩。卽酌挑北面數處，亦需二三十萬。兩岸河灘高於中洪一二丈，河身尚可容水。惟東明南隄歷年衝刷，亟應擇要修築，已調派大名練軍春融赴工，並募民夫同時力作。開州全隄殘缺已甚，亦經派員估修。至長垣南岸小堤，離河較遠，尚可緩辦。北岸民埝，飭勸民間修培，不得逼束河流，致礙大局。」

六月，小楊莊塞。是月，鴻藻言鄭工兩壩，共進占六百一十四丈，尚餘口門三十餘丈，因伏秋暴漲，人力難施，請緩俟秋汛稍平，接續舉辦。上嚴旨切責，褫鶴年職，與成孚並戍軍台。鴻藻、文蔚均降三級留任。以廣東巡撫吳大澂署河道總督。大澂言：「醫者治病，必考其致病之由，病者服藥，必求其對症之方。臣日在河干，與鄉村父老諮詢舊事，證以前人紀載，知豫省河患非不能治，病在不治。築隄無善策，鑲埽非久計，要在建壩以挑溜，逼溜以攻沙。溜入中洪，河不著隄，則堤身自固，河患自輕。廳員中年久者，僉言咸豐初滎澤尚有磚石壩二十餘道，隄外皆灘，河溜離隄甚遠，就壩築埽以防險，而堤根之埽工甚少。自舊壩失修，不數年廢棄殆盡，河勢愈逼愈近，埽數愈添愈多，廳員救過不遑，顧此失彼，每遇險工，輒成大患。河員以鑲埽爲能事，至大溜圈注不移，旋鑲旋蟄，幾至束手。臣親督道廳趕拋石垛，三四丈深之大溜，投石不過一二尺，溜卽外移，始知水深溜激，惟拋石足以救急，其效十倍埽工，以石護溜，溜緩而埽穩。歷朝河臣如潘季馴、靳輔、栗毓美，皆主建壩挑溜，良不誣也。現以數十年久廢之要工，數十道應修之大壩，非一旦所能補築竣工。惟有於鄭工款內核實撙節，省得一萬，卽多購一萬之石垜，省得十萬，卽多做十萬之壩工，雖係善後事宜，趁此乾河修築，人力易施，否則鄭工合龍後，明年春夏出險，必至措手不及。雖不敢謂一治而病卽愈，特愈於不治而病日增。果能對症發藥，一年而小效，三五年後必有大效。」上嘉勉之。

大澂又言：「向來修築壩垜，皆用條磚碎石，每遇大汛急溜，壩根淘刷日深，不但磚易衝散，重大石塊亦卽隨流坍塌。聞西洋有塞門德土，拌沙黏合，不患水侵。趁此引河未放，各處須築挑壩，正在河身乾涸之時，擬於磚面石縫，試用塞門德土塗灌，斂散爲整，可使壩基做成一片，足以抵當河溜，用石少而工必堅，似亦一勞永逸之法。」報聞。十二月，鄭工塞，用帑千二百萬，實授大澂河督，詔於工次立河神廟，並建黃大王祠，賜扁額，與黨將軍俱加封號。是年七月，決長垣范莊。未幾塞。十五年六月，決章丘大寨莊、金王莊，分溜由小清河入海。又決長淸張村、齊河西紙坊，山東濱河州縣多被淹浸。是冬塞。

十六年二月，東撫張曜言：「前南總河轄河工九百餘里，東總河轄五百餘里。自決銅瓦廂，河入山東，遂裁南總河，而東河所轄河工僅二百餘里。今東河縣長九百里，日淤日高，全恃隄防爲保衞。本年臣駐工二百餘日，督率修防，日不暇給。請將自菏澤至運河口河道二百餘里，歸河督轄，與原轄之河道里數相等。」部議以此段工程，向由巡撫督率地方官兼管，河督恐呼應不靈。曜又言：「向來沿河州縣，本歸河臣兼轄，員缺仍會河臣題補，遇有功過，河臣亦應舉劾，尙無呼應不靈之患。請並下河督籌議。」先是大澂遣員測繪直、東、豫全河，至是圖成上之。五月，決齊河高家套，旋塞。

十八年六月，決惠民白茅墳，奪溜北行，直趨徒駭入海。又決利津張家屋、濟陽桑家渡及南關、灰壩，俱匯白茅墳漫水歸徒駭河。七月，決章丘胡家岸，夾河以內，一片汪洋，遷出歷城、章丘、濟陽、齊東、青城、濱州、蒲臺、利津八縣災民三萬三千二百餘戶。初，河督許振禕請於歲額六十萬內，提十二萬歸河防局，籌添料石，先事預防，由河督主之，至是部令分案題銷。振禕言：「河工大險，恃法不如用人。如以恃法論，則從來報銷例案，工部知之，河工亦知之，故自每年添款及鄭工報銷之千數百萬，未聞其不合例也。如以用人論，則臣近此改章從事，比年大險橫生，亦均次第搶補，幸奏安瀾，至添料添石，固有不盡合例者矣。原臣立河防局，意有二端。一則恐廳員遇險推諉，藉口無錢無料，故提此鉅款先事預防之資。一則恐廳員不實不盡，故添委官紳臨時匡救之用，而限十二萬纖悉到工，不准絲毫入局，並不准開支薪水。河南官紳吏民罔不知之。卽如今歲之得保鉅險，就買石一款，已用過十一萬數千兩，餘則補鄭工金門沈裂之隄，此不能分案題銷者也。又多方買石，隨處搶堵，險未平必加拋，險已過卽停止，此不能繪圖貼說者也。」上如所請行。是年白茅墳各口塞。

二十一年六月，決壽張高家大廟、齊東趙家大隄。未幾，決濟陽高家紙坊、利津呂家窪、趙家園、十六戶。是冬次第塞。明年六月，決利津西韓家、陳家。御史宋伯魯條上東河積弊：一，冒領矇銷，宜嚴定處分；一，收發各料，宜設法稽查；一，申明賠修舊例，以防隨意改名；一，武弁宜認眞巡察。詔東撫嚴除積弊，並令有河務各督撫查察，遇有劣員，嚴參懲辦。二十三年正月，決歷城小沙灘、章丘胡家岸，隨塞。十一月淩汛，決利津姜家莊、扈家灘，水由霑化降河入海。二十四年六月，決山東黑虎廟，穿運東洩，仍入正河。又決歷城楊史道口、壽張楊家井、濟陽桑家渡、東阿王家廟，分注徒駭、小淸二河入海。遣鴻章偕河督任道鎔、東撫張汝梅會勘。未幾，省東河總督，尋復置。

二十五年二月，鴻章等言：「山東黃河自銅瓦廂改道大淸河以來，時當軍興，未遑修治。同治季年，漸有潰溢，始築上游南隄。光緒八年後潰溢屢見，遂普築兩岸大隄。乃民間先就河涯築有小埝，緊逼黃流。大隄成後，復勸民守埝，且有改爲官守者。於是隄久失修，每遇汛漲埝決，水遂建瓴而下，隄亦隨決，此歷來失事病根也。上游曹、兗屬南北隄湊長四百餘里，兩隄相距二十里至四十里，民埝偶決，水由隄內歸入正河，大決則隄亦不保。計南北埝工二十四，同治以來，決僅四五見，此上游情形也。中游濟、泰屬兩岸隄埝各半，湊長五百里，南岸上段傍山無隄，下段守埝，北岸上守堤，下守埝，參差不一，無非爲隄內村莊難遷，權爲保守計。下游武、定屬南岸全守隄，北岸全守埝，湊長五百餘里，地勢愈平，水勢愈大，險工七十餘處，二十五年來，已決二十三次，此中下游情形也。東省修防事本草創，間有興作，皆因費絀，未按治河成法。前撫臣李秉衡歷陳山東受河之害，治河之難，謂近幾無歲不決，無歲不數決。朝廷屢糜鉅金，閭閻終無安歲。若不按成規大加修治，何以仰答愛養元元之意？臣等詳考古來治河之法，惟漢賈讓徙當水衝之民，讓地於水，實爲上策。前撫臣陳士杰建築中下游兩岸大隄，湊長千里，兩堤相距五六里至八九里，就此加培修守，似不失爲中策。惟先有棄隄守埝處，如南岸濼口上下，守埝者百一十里，上段近省六十里，商賈輻輳，近險工稍平，暫緩推展；下段要險極多，十餘年來，已決九次，擬遷出埝外二十餘村，棄埝守隄，離水稍遠，防守易固。此南岸酌擬遷民廢埝辦法也。至北岸隄工，自長淸至利津四百六十里，埝外堤內數百村莊。長埝逼近湍流，河面太狹，無處不灣，無灣不險。河脣淤高，埝外地如釜底，各村斷不能久安室家。且埝破隄必破，欲保埝外數百村，併隄外數千村同一被災，尤覺非計。但小民安土重遷，屢被沈災，不肯遠去，非可旦夕議定。今擬北岸自長清官莊至齊河六十餘里，河面尚寬，利津至鹽窩七十餘里，地皆斥鹵，不便徙民，均以埝作隄，埝外之民，無庸遷徙。其齊河至利津尚有三百二十里，民埝緊逼河干，竟有不及一里者，勢不得不廢埝守堤。但北隄殘缺多半，無可退守，且需款過鉅，遷民更難，應暫守舊埝，此北岸分別守埝作隄，及將來再議廢埝守隄辦法也。至南北大隄，爲河工第一重大關係。既處處卑薄，擬並改埝之隄，及暫定之民埝，照河工舊式，一律修培，總期足禦汛漲。至下口入海尾閭，尤關全河大局。查鐵門關故道尚有八十餘里，愈下愈寬深，直通海口，形勢較絲網口、韓家垣爲順，工費亦較省。然建攔河大壩、挑引河、築兩岸大隄，需費頗鉅，下口不治，全河皆病，不得不核實勘估，此又加培兩岸隄工、改正下口辦法也。約估工費需九百三十萬有奇，分五六年可告竣。」朝議如所請，先發帑百萬，交東撫毓賢督修。

毓賢言：「黃河治法，誠如部臣所云，展寬河面、盤築隄身、疏通尾閭三事爲扼要。查尾閭之害，以鐵板河爲最。全河挾沙帶泥，到此無所歸束，散漫無力，經以風潮，膠結如鐵，流不暢則出路塞而橫流多，故無十年不病之河。擬建長隄直至淤灘，防護風潮，縱不能徑達入海，而多進一步卽多一步之益。至隄埝卑薄，擬修培時，土方必足，夯硪必堅，尤加意保守。其坐灣處，一灣一險，如上游賈莊、孫家樓，中流坰家岸、霍家溜、桑家渡，下游白龍潭、北鎭家集鹽窩，均著名巨險，餘險尤多，固非裁灣取直不可，然亦須相度形勢，必引河上口能迎溜勢，下口直入河心方得。蒲臺迤西魏家口至迤東宋莊，約長四十里，河水分流，納正河之溜三分之。若就勢修隄建壩挑溜，使歸北河，正河如淤，蒲臺城垣永免水患。此裁灣取直之最有益者，擬即勘估興辦。」報聞。

二十六年，拳匪亂作，未續請款。嗣時局日艱，無暇議及河防矣。是年淩汛，決濱州張肖堂家。明年三月塞。六月，決章丘陳家窰、惠民楊家大堤，隨塞。黃河之初北徙也，忠親王僧格林沁有裁總河之請。嗣東河改歸巡撫兼轄，河督喬松年復以爲請。至是，河督錫良言：「直、東河工久歸督撫管轄，豫撫本有兼理河道之責。請仿山東成案，改歸兼理，而省東河總督。」制可。二十八年夏，決利津馮家莊。秋，決惠民劉旺莊。逾年二月，劉旺莊塞。六月，決利津寧海莊，十二月塞。三十年正月，淩汛，決利津王莊、扈家灘、姜莊、馬莊，隨塞。六月，河溢甘肅皋蘭，淹沒沿灘村莊二十餘。又決山東利津薄莊，淹村莊、鹽窩各二十餘。

先是山東屢遭河患，當事者皆就水立隄，隨灣就曲，水不暢行。張秋以下，隄卑河窄，又無石工幫護。利津以下，尾閭改向南，形勢益不順。巡撫周馥請帑三百萬，略事修培，部臣靳不予。不得已，自籌二十萬添購石料，又給貲遷利津下民之當水衝者，而民徙未盡。又於隄南增建大堤，以備舊隄壞、民有新居可歸。至薄莊決，水東北由徒駭河入海。馥言：

「舊河淤成平陸，若依舊堵合，估須九十萬有奇，鉅款難籌。且堵合之後，防守毫無把握，漫口以下，水深丈餘至二三丈，奔騰浩瀚，就下行疾，入徒駭後，勢益寬深，較鐵門關、韓家垣、絲網口尤暢達。與其逆水之性，耗無益之財，救民而終莫能救，不如遷民避水，不與水爭地，而使水與民各得其所。依此而行，其益有三：尾閭通順，流暢消速，益一；舟楫便利，商貨流通，益二；河流順直，險輕費省，益三。所省堵築費猶不計也。然補救之策，費財亦有三：一，遷民之費；二，築埝之費；三，移設鹽垣之費。約需五十萬金，較堵築費省四之三，而受益過之。」制可，遂不堵。嗣是東河安瀾，數年未嘗一決。

宣統元年，決開州孟民莊。明年塞。三年，東撫孫寶琦言：「自黃入東省，河道深通，初無修防。積久淤墊，始築民埝，緊逼黃流。嗣經普築大隄，而復令民守埝。埝有漫決，官無處分，直、東兩省，定例皆然。元年開州決，水循東省上游埝外隄內下注，至中游始歸正河，濮、范、壽張受災甚重。臣會商直督，遣員協款堵築，上年始告成功。如能通籌，分別勘治，改歸官守，明定責成，自無推諉。河工向以稭料爲大宗，不如磚石經久，磚又不如石質堅重。東省南岸臨河多山，前周馥請撥款購石，改修石壩，頗著成效。現輪軌交通，如直、豫設法運石，漸逐改作，則一勞永逸。治河良法，無踰於此。下游至海口，尚有數十里無隄，南高則北徙，北淤則南遷，數十年來，入海之區，已經數易。長此不治，尾閭淤墊日高，必致上游橫決，爲患何堪設想！臣昔隨李鴻章來東勘河，時比工程司建議築隄伸入海深處爲最要辦法，卒以費鉅不果。如由主治者統籌經費，分年築隄，藉束水爲攻沙之計，再酌購外洋挖泥輪機，往來疏濬，尾閭可望深通，全局皆受其益。河工爲專門之學，非久於閱歷，不能得其奧竅。亟宜仿照豫省定章，改定文武額缺爲終身官，三省互相遷調。臣上年設立河工研究所，招集學員講求河務，原爲養成治河人材；如設廳汛，此項人員畢業，即可分別試用，於工程大有裨益。以上四端，必應興辦。臣愚以爲宜設總河大員，歷勘會商，將三省常年經費百數十萬，統歸應用，俟議定大治辦法，隨時請撥，俾免掣肘而竟事功。」疏入，詔會商直督、豫撫通籌。未及議覆，而武昌變作，遂置不行。

清史稿卷一百二十七

志一百二

河渠二

運河

運河自京師歷直沽、山東，下達揚子江口，南北二千餘里，又自京口抵杭州，首尾八百餘里，通謂之運河。

明代有白漕、衞漕、閘漕、河漕、湖漕、江漕、浙漕之別。淸自康熙中靳輔開中河，避黃流之險，糧艘經行黃河不過數里，卽入中河，於是百八十里之河漕遂廢。若白漕之藉資白河，衞漕之導引衞水，閘漕、湖漕之分受山東、江南諸湖水，與明代無異。嘉慶之季，河流屢決，運道被淤，因而借黃濟運。道光初，試行海運。二十八年，復因節省幫費，續運一次。

迨咸豐朝，黃河北徙，中原多故，運道中梗。終清之世，海運遂以爲常。

夫黃河南行，淮先受病，淮病而運亦病。由是治河、導淮、濟運三策，羣萃於淮安、清口一隅，施工之勤，糜帑之鉅，人民田廬之頻歲受災，未有甚於此者。蓋清口一隅，意在蓄清敵黃。然淮强固可刷黃，而過盛則運隄莫保，淮弱末由濟運，黃流又有倒灌之虞，非若白漕、衞漕僅從事疏淤塞決，閘漕、湖漕但期蓄洩得宜而已。至江漕、浙漕，號稱易治。江漕自湖廣、江西沿漢、沔、鄱陽而下，同入儀河，溯流上駛。京口以南，運河惟徒、陽、陽武等邑時勞疏濬，無錫而下，直抵蘇州，與嘉、杭之運河，固皆清流順軌，不煩人力。今撮其受患最甚、工程最鉅者著於篇。

順治四年夏久雨，決江都運隄，隨塞。六年夏，高郵運隄決數百丈。七年，運隄潰，挾汶水由鹽河入海。八年，募民夫大挑運河。十四年，河督朱之錫言：「南旺南距台莊高百二十尺，北距臨清高九十尺，應遵定例，非積六七尺不准啓閘，以免瀉涸。閉下閘，啓上閘，水凝亦深；閉上閘，啓下閘，水旺亦淺。重運板不輕啓，回空板不輕閉。」從之。十五年，董口淤。之錫於石牌口迤南開新河二百五十丈，接連大河，以通飛輓。先是漳水於九年從丘縣北流，逕青縣入海。至十七年春夏之交，衞水微弱，糧運澀滯，乃堰漳河分溉民田之水，入衞濟運。時河北累年亢旱，部司姜天樞言：「昔僉事江良材欲導河注衞，增一運道，今獨不可借其議而反用之導衞以注河乎？」之錫從其言，並置衞河主簿，著爲令。

康熙元年，定運河修築工限：三年內衝決，參處修築官；過三年，參處防守官；不行防護，致有衝決，一並參處。四年秋，高郵大水，決運隄。五年，運河自儀徵至淮淤淺，知縣何崇倫募民夫濬之。漕督林起龍言：「糧艘北行，處處阻閘阻淺，請飭河臣履勘安山、馬踏諸湖，暨各櫃閘子隄斗門隄岸，及東平、汶上諸泉，有無堵塞，務期濬泉淸湖，以通運道。」六年，決江都露筋廟。明年，塞之。十年，決高郵淸水潭。明年，再決，十三年始塞。十四年，決江都邵伯鎭。十五年夏，久雨，漕隄崩潰，高郵淸水潭、陸漫溝，江都大潭灣，共決三百餘丈。

十六年，以靳輔爲河督。時東南水患益深，漕道益淺。輔言：「河、運宜爲一體。運道之阻塞，率由河道之變遷。向來議治河者，多盡力於漕艘經行之地，其他決口，以爲無關運道而緩視之，以致河道日壞，運道因之日梗。是以原委相關之處，斷不容歧視也。」又運河自淸口至淸水潭，長約二百三十里，因黃內灌，河底淤高，居民日患沈溺，運艘每苦阻梗。請敕下各撫臣，將本年應運漕糧，務於明年三月內盡數過淮。俟糧艘過完，卽封閉通濟閘壩，督集人夫，將運河大爲挑濬，面寬十一丈，底寬三丈，深丈二尺，日役夫三萬四千七百有奇，三百日竣工。並堵塞淸水潭、大潭灣決口六，及翟家壩至武家墩一帶決口，需帑九十八萬有奇。」又言：「向因河身淤墊，阻滯盤剝，艱苦萬端。若淸口一律浚深，則船可暢行，省費甚多。因令量輸所省之費，作治河之用，請俟運河浚深，船艘通行，凡過往貨物船，分別徵納剝淺銀數分，一年停止。」均允行。

十七年，築江都漕隄，塞清水潭決口。清水潭逼近高郵湖，頻年潰決，隨築隨圮，決口寬至三百餘丈，大爲漕艘患。前年尙書冀如錫勘估工費五十七萬，夫柳仍派及民間，猶慮功不成。輔周視決口，就湖中離決口五六十丈爲偃月形，抱兩端築之，成西隄一，長六百五丈，更挑繞西越河一，長八百四十丈，僅費帑九萬。至次年工竣。上嘉之，名河曰永安，新河隄曰永安隄。是歲挑山、清、高、寶、江五州縣運河，塞決口三十二。輔又請按里設兵，分駐運隄，自淸口至邵伯鎭南，每兵管兩岸各九十丈，責以栽柳蓄草，密種菱荷蒲葦，爲永遠護岸之策。又言：「運河既議挑深，若不束淮入河濟運，仍容黃流內灌，不久復淤。請於高堰隄工單薄處，幫修坦坡，爲久遠衞隄計。」均如所議行。

十八年，決山陽戚家橋，隨塞。明初江南各漕，自瓜、儀至清江浦，由天妃閘入黃。後黃水內灌，潘季馴始移運口於新莊閘，納淸避黃，仍以天妃名。然口距黃、淮交會處僅二百丈，黃仍內灌，運河墊高，年年挑濬無已。兼以黃、淮會合，瀠洄激蕩，重運出口，危險殊甚。至是，輔議移南運口於爛泥淺之上，自新莊閘西南挑河一，至太平壩，又自文華寺永濟河頭起挑河一，南經七里閘，轉而西南，亦接太平壩，俱達爛泥淺。引河內兩渠並行，互爲月河，以舒急溜，而爛泥淺一河，分十之二佐運，仍挾十之八射黄，黄不內灌，並難抵運口。由是重運過淮，揚帆直上，如履坦途。是歲開滾水壩於江都鰍魚骨，創建宿遷、桃源、清河、安東減壩六。

十九年，創建鳳陽廠減壩一，碭山毛城鋪、大谷山，宿遷攔馬河、歸仁隄，邳州東岸馬家集減壩十一。康熙初，糧艘抵宿遷，由董口北達。後董口淤塞，遂取道駱馬湖。湖淺水面闊，縴纜無所施，舟泥濘不得前，挑掘舁送，宿邑騷然。輔因創開皂河四十里，上接泇河，下達黄河，漕運便之。是歲霪雨，淮、黄並漲，決興化漕隄，水入高郵治，壞泗州城郭，特築滾壩於高郵南八里，及寶應之子嬰溝。

二十年七月，黄水大漲，皂河淤澱，不能通舟。衆議欲仍由駱馬湖，輔力持不可，親督挑掘丈餘，黄落清出，仍刷成河。隨閉皂河口攔黄壩，於迤東龍岡岔路口至張家莊挑新河三千餘丈，使出皂河，石磡之清水盡由新河行，至張家莊入黄河，是爲張莊運口。是歲增築高郵南北滾水壩八，對壩均開越河，以防舟行之險，凡舊隄險處，皆更以石。二十二年九月，黄河由龍岡漫入，新河又淤。隨於石磡築攔黄壩，復設法疏導，旬餘，新河仍暢行。二十三年，上南巡閱河，至清口，以運口水緊，令添建石閘於清河運口。

二十五年，輔以運道經黄河，風濤險惡，自駱馬湖鑿渠，歷宿遷、桃源至清河仲家莊出口，名曰中河。糧船北上，出清口後，行黃河數里，即入中河，直達張莊運口，以避黃河百八十里之險。議者多謂輔此功不在明陳瑄鑿清口下。而按察使于成龍、漕督慕天顏先後劾輔開中河累民，上斥其阻撓。二十七年，復遣尚書張玉書、圖納，左都御史馬齊等往視，亦稱中河安流，舟楫甚便。但逼近黃流，不便展寬，而裏運河及駱馬湖之水俱入此河，窄恐難容，應於蕭家渡、楊家莊、新莊各建減壩，俾水大可宣洩；仲家閘口大直恐倒灌，應向東南斜挑以避黃流。詔俟臨閱時定奪。是歲大雨，中河決，淹清河民田數千頃。

明年春，上南巡，閱視河工，至宿遷支河口，謂諸臣曰：「河道關繫漕運民生，地形水勢，隨時權變。今觀此河狹隘，逼近黃岸，萬一黃隄潰決，失於防禦，中河、黃河將溷爲一。此河開後，商民無不稱便，安識日後若何？」圖納、馬齊言：「臣等勘河時，正値大水，懼河隘不能容諸水，故議於迤北遙隄修減壩三，令由舊河形入海。」輔言：「臣意開此河，可東水入海，及濬畢觀之，漕艘亦可行。今若加增遙堤，以保固黃河隄岸，當可無慮。」河督王新命言：「支河口止一鎭口閘，微山湖諸水甚大，遇淫潦不能支，必致潰決。若於駱馬湖作減壩，令漲水入黃，再修築郯城禹王臺，以禦流入駱馬湖之水，令注沭河，則中河無慮。」上謂可仍開支河，其黃河運道，並存不廢。先是玉書等請閉攔馬河，事下總河，至是新命言：「攔馬河原以宣黃水異漲，似應仍留，水漲則開放，水平則閉，以免中河淤墊。至駱馬湖三減壩，玉書等議留二座於隄內，減水入中河，又恐中河不能容，擬於迤東蕭家渡、楊家莊、新河口量建減壩宣洩。臣謂既以中河不能容，何必留此二壩之水減入中河，復從蕭家渡等處建壩，多此曲折？不若將三壩俱留遙隄外，令由舊河形入海，於蕭家渡三處量留缺口二，酌水勢以宣塞之爲愈。郯城沭水口舊有禹王臺，障遏水勢，會白馬河、沂河之水入駱馬湖，愈覺泛溢不可遏，應於臺舊基迎水處堵塞斷流，令仍由故道入海。」下廷臣確議。惟駱馬湖減壩用玉書等原議，餘如新命言。

三十二年，直隸運河決通州李家口等五口，天津耍兒渡等八口。衞河微弱，惟恃漳爲灌輸，由館陶分流濟運。明隆、萬間，漳北徙入滏陽河，館陶之流遂絕。至是三十六年，忽分流，仍由館陶入衞濟運。三十八年，廷議改高郵減壩及茆家園等六壩均爲滾水壩，增加高堰石工五尺。三十九年，上以清口日淤，恐誤糧艘，海道運津又極艱險，擬以沙船載糧，自江下海，至黃河入海之口，運入中河，則海運不遠。下河督張鵬翮籌議。鵬翮言運河決口已塞，清水又已引出，糧船當可暢達。若改載沙船，僱募水手，徒滋靡費。且由江入海，從黃河海口入中河，風濤不測，實屬難行。從之。初，河督于成龍以中河南逼黃河，難以築隄，乃自桃源盛家道口至清河，棄中河下段，改鑿六十里，名曰新中河。至是，鵬翮見新中河淺狹，且盛家道口河頭灣曲，輓運不順，因於三義壩築攔河隄，截用舊中河上段、新中河下段合爲一河，重加修濬，運道稱便。

四十年，以湖口清水已出，宜籌節宣之法，允鵬翮請，於張福口、裴家場二引河間，再開引河一，合力敵黃。若黃漲在糧艘已過，堵攔黃壩，使不得倒灌；漲在行船時，閉裴家場引河口，引清水入三汊河至文華寺濟運。是歲建中河口南岸石閘。四十二年，以仲莊牐清水出口，逼溜南趨，致礙運道，詔移中河運口於楊家莊，卽大清水故道，由是漕鹽兩利。逾年，又命建直隸運河楊村減壩以分水勢。

四十四年，上言高堰及運河減壩不開放，則危及堤堰，開洩又潦傷隴畝，宜於高堰三滾壩下挑河築隄，束水入高郵、邵伯諸湖，其減壩下亦挑河築隄，束水由串場溪注白駒、丁溪、草堰諸河入海。令江、漕、河各督勘估，遣官督修。自是淮、揚各郡悉免漫溢之患。四十五年，鵬翮於中河橫隄建草壩二，鮑家營引河處建草壩一，相機啓閉，免中河淤墊。又以運河水漲，隄岸難容，於文華寺建石閘，閘下開引河，自楊家廟、單楊口迄白馬湖，長萬四千八百丈有奇，水漲開放入湖，水涸堵閉。是年，濟寧道張伯行請引漳自成安柏寺營通漳之新河，接館陶之沙河，古所謂馬頰河者，疏其淤塞，使暢流入衞。議未及行。越二年，全漳入館陶，漳、衞合而勢悍急，恩、德當衝受害，乃於德州哨馬營、恩縣四女寺建壩，開支河以殺其勢。

六十年，東撫李樹德請開彭口新河。先是濟寧道某言，彭口一帶有昭陽、微山、西湖，噴沙積於三洞橋內，屢開屢塞，阻滯糧艘，應挑新河、避噴沙，以疏運道。至是，樹德以爲言。上曰：「山東運河，自西湖之水流入。前此百姓以爲宜開卽開，以爲宜閉亦閉。開者何意？堵者何意？務悉其故，方可定其開否。不然，虛耗矣。」又曰：「山東運河，全賴湖、泉濟運。今多開稻田，截上流以資灌溉，湖水自然無所蓄瀦，安能濟運？往年東民欲開新河，朕恐下流泛濫，禁而弗許。今又請開新河。此地一面爲微山湖，一面爲嶧縣諸山，更從何處開鑿耶？張鵬翮到東，將此旨詳諭巡撫，申飭地方，相度泉源，蓄積湖水，俾漕運無誤，自易易耳。」

雍正元年，河督齊蘇勒偕漕督張大有言：「山東蓄水濟運，有南旺、馬踏、蜀山、安山、馬場、昭陽、獨山、微山、郗山等湖，水漲則引河水入湖，涸則引湖水入漕，隨時收蓄，接應運河，古人名曰『水櫃』。歷年既久，昭陽、安山、南旺多爲居民占種私墾。現除已成田不追外，餘俟水落丈量，樹立封界，永禁侵佔，設法收蓄。至馬踏、蜀山、馬場、南陽諸湖，原有斗門閘座，加以土壩，可收蓄深廣，備來年濟運之資。惟獨山一湖，濱臨運河，一綫小堰，且多缺口。相度水勢，河水盛漲，聽其灌入湖中；湖、河平，卽築堰堵截；河水稍落，不使湖水走洩涓滴。或遇運河淺塞，則引湖水下注，庶幾接濟便捷。至諸湖閘座，仍照舊例，灌塘積水，啓閉以時，則湖水深廣，運道疏通矣。」下所司議行。

二年，齊蘇勒以駱馬湖東岸低窪易洩，舊壩不足抵禦，於湖東陸塘河通寧橋西高地築攔河滾壩，再築攔水堤六百丈，口門寬三十丈，以便宣洩。又幫築運河西岸地洞口堤身五百十丈，高、寶、江東西岸隄工五千二十四丈，寶應西堤七里閘迤南至柳園頭埽工五百七十丈。

四年，齊蘇勒改种家渡南之舊彭口於十字河，而彭口沙壅積如故。先是侍郎蔣陳錫疏陳漕運事宜，上命內閣學士何國宗等勘視豫東運道，至是覆稱：「山東運河必賴湖水接濟，請將安山湖開濬築隄；南旺、馬踏諸隄及關家壩俱加高培厚，建石閘以時啓閉；其分水口兩岸沙山下，各築束水壩一；汶水南戴村壩應加修築；建坎河石壩於汶水北；恩縣四女寺應建挑壩一；塼平運河西岸修復進水關二，東岸建滾壩一；濮州沙河會趙王河處，舊有土壩引河，應修築開濬，其河西州縣，聽民開通水道，匯入沙河，於運道民生，均有裨益；武城及恩縣北岸，各挑引河一。河南運河自北泉而下，歷仁、義、禮、智、信五閘，遏水旁注，愚民不無截流盜水之弊。請拆去五閘，於泉池南口建石堰一，開口門三，分爲三渠，築小隄使無旁洩；東西各開一渠，渠各建五閘，分溉民田。小丹河自清化鎭下應開濬築小隄，河東一里開水塘一，石閘三，分爲三渠，以小丹河爲官渠，東西各一爲民渠。其洹河石壩皆已湮廢，宜增修爲挑壩。諸泉源應各開深廣，入衞濟運。」下所司議行。五年，東撫塞楞額以柳長河日見淤淺，雖一帶相連，而中有金錢嶺分隔，特開引河二，一從嶺北注安山入湖，一從嶺南出閘口濟運。

八年，河督嵇曾筠言：「宿遷駱馬湖舊有十字河口門，引湖濟運，兼以刷黃。嗣湖水微弱，恐黃倒灌，堵閉河口，又於西寧橋迤西建攔湖壩，因是湖水不通，專資黃濟運，致中河之水挾沙淤墊。今秋山水暴漲，去路遏塞，漫溢橫出。請復十字河舊口門，俾湖水入中河，刷深運道，攔湖壩酌量開寬，俾上游之水，由六塘河入海。」從之。是年始設黃、運兩岸守堤堡夫，二里一堡，堡設夫二，住堤巡守，遠近互爲聲援。

九年，兼總河田文鏡言：「汶南流濟運，向有玲瓏及亂石、滾水三壩。伏秋盛漲，水由滾壩入鹽河，沙由玲瓏、亂石洞隙隨水滾瀉。自何國宗於三壩內增建石壩，涓滴不通，既無尾閭洩水，又無罅隙通淤，致汶挾沙入運，淤積日高。請改壩爲牐，建磯心五十六，中留水門五十五，安牐板以資宣洩。又以不能啓閉，別築土堤，名春秋壩。」如所請行。十一年，東撫岳濬言：「東省水櫃，舊有東平之安山湖廢閘四。自國宗議復安山湖水櫃，重築臨河及圈湖隄，修通湖、蛇溝二閘，並於八里灣、十里鋪兩廢閘間建石閘一，曰安濟閘，俱經修竣，仍不能蓄水濟運。緣湖底土疏，非圈隄所能收蓄，均宜修防。其圈湖隄缺，概停補築，以免糜費。」從之。十二年，直督李衛以故城與山東德州、武城毗連，係河流東注轉灣處，向無隄埝，水漲漫溢，勸諭民間僱修土埝，量給食米，以工代賑。東撫岳濬以德州河溜頂衝，於東岸挑新河、建滾壩，兩岸各築遙隄，酌開涵洞，以資宣洩。

乾隆二年，御史馬起元言：「直、東運河，近多淤塞。」尚書來保言：「衛水濟運灌田，請飭詳查地勢，使漕運不阻，民田亦資灌溉。」上命侍郎趙殿最、侍衛安寧，會同直、漕、河三督，豫、東兩撫勘奏。經部議：「東省泉源四百三十九，無不疏通，閘壩亦完固，惟戴廟、七級、柳林、新店、師莊、棗林、萬年、頓莊各閘，或雁翅潮蟄，或面石裂縫，兩岸斗門涵洞，有滿家三空橋雁翅低陷，石閘面太低，應交河督興修。又馬踏、蜀山、馬場、獨山、微山諸湖，嚴禁佔種蘆葦，南旺、南陽、昭陽諸湖水櫃，僅堪洩水，小清河久淤塞，均宜次第修治。至衛水濟運灌田，宜於館陶、臨清各立水則一，測驗淺深，以時啓閉。」起元又言，通州至天津河路多淤淺，糧艘不便。命殿最偕顧琮勘議。尋議天津溯流而上，設有兵弁，無官管轄。應增置漕運通判一，駐張家灣，專司疏濬；把總二，外委四，聽通判調遣。又普濟寺等四閘屬通州，增置吏目一；慶豐等七閘屬大興，增置主簿一，遇應開挑處，報坐糧廳覈實修濬。用鄂爾泰言，建獨流東岸滾壩，並開引河，注之中塘窪，以免靜海有羨溢之虞，並減天津三汊口爭流之勢。是歲，大挑淮、揚運河，自運口至瓜洲三百餘里。

三年，河督白鍾山言：「衞河水勢，惟在相機啓閉。殿最前奏設館陶、臨清二水閘，可不必立。嗣雨水調勻，百泉各渠閘照舊官民分用。儻值水淺澀，卽暫閉民渠民閘以利漕運。或河水充暢，漕艘早過，官渠官閘亦酌量下板以灌民田。」是年，修復三教堂減壩，挑濬淤塡支河，使洩水入馬頰河。又於三空橋舊址修減壩，仍挑通支河，使洩水入徒駭河。增建裴家口東南涵洞二，修築房家口上下堤岸、馬家閘土隄，及自嶧縣臺莊迄臨清板閘運隄八百里緯道，亦資障護瀕河田廬。

先是疏濬毛城鋪河道時，高斌以黃流倒灌，移運口於上游七十餘丈，與三汊河接。次年，黃仍灌運，論者多謂新開運口所致，特命大學士鄂爾泰相度。旋言：「運口直對淸口，湖水由裴家場引河東北直趨淸口，入運之水仍係迴流平緩；惟新口外挑水壩稍短，淸水盛旺，或恐溜寬，宜再築長壩，不必仍舊開口。惟舊河直捷，新河紆曲，今新建閘壩未開，漕船應行舊河，以利挽運。新河於天妃閘下重建通濟、福興二閘，隨時啓閉。每歲漕船過後，河水充溢，則開放新河以分水勢，湖水漲溢，則閉舊河及新河閘以待水消，庶新舊兩河可以交用。」

鄂爾泰又言：「詳勘漳河故道，一自直隸魏縣北，經山東丘縣城西，至效口村會滏陽河，入大陸澤，下會子牙河，由天津入海。一由魏縣北老沙河，自潘爾莊經丘縣城東，歷淸和、武城、景州、阜城各地，過千頃窪，入運歸海。丘縣城西故道去衞河較遠，舊迹既淹，開通匪易。且滏陽河下會子牙河，全漳之水亦難容納。惟老沙河即古馬頰河，河形寬闊，於此挑復故道，自和爾寨村東承漳河北折之勢，開至漳洞村，歸入舊河，勢順工省。即於新挑河頭下東流入衞處建閘，如衞水微弱，則啓以濟運，衞水足用，則閉閘使歸故道；再於青縣下酌建閘壩，臨清以北運道可免淤墊，青縣以下田廬永無浸淹。應飭直、東兩省會勘估修。」五年，改山東管河道爲運河道，專司蓄洩疏濬閘壩事，仍管河庫，從白鍾山請也。

二十二年，添建高郵東隄石壩，酌定水則，視水勢大小以爲啓閉。巡漕給事中海明言：「江南運河，惟桃源之古城砂礓，溜灘灣沙積，黃河以南，惟揚州之灣頭閘至范公祠三千三百餘丈間段阻淺，均應挑濬。鎭江至丹徒、常州，水本無源，恃江潮灌注，冬春潮小則淺。加以每日潮汐易淤，兩岸土鬆易卸，應六年大挑一次，否則三年亦須擇段撈淺。丹徒兩閘以下，常州之武進等縣，亦間段淺滯，均應一律挑濬。」詔：「挑河易滋浮冒，宜往來查察，毋得屬之委員。」

二十四年，命海明及河督張師載、東撫阿爾泰會勘直、東運河。初，運河水漲，漫溢德州等處，景州一帶道路淤阻。至是，海明等言：「漳、衞二河，伏秋盛漲，宜旁加疏洩。自臨清至恩縣四女寺二百五十餘里，河身盤曲，臨清塔灣東岸原有沙河一，即黃河遺迹，由清平、德州、高唐入馬頰河歸海。請開挑作滾水石壩，使汶、衞合流，分洩水勢。四女寺、哨馬營兩支河，原係旁洩汶、衞歸海之路，請將狹處展寬，以免下游德州等處衝溢。」二十五年，巡漕給事中耀海偕師載言：「南旺以北僅馬踏一湖，水患不足。獨山湖有金綫閘，水祗南流，利濟閘水可北注。請移金綫閘於柳林閘北，使獨山諸湖全注北運河。」制可。二十七年，以魚臺辛莊橋北舊有洩水口二，口門刷深，難以節制，允師載等請改建滾壩一。是歲，挑德州西方菴對岸引河，自魏家莊至新河頭，長四十丈，建築齊家莊挑溜埽壩，接築清口東西壩，修李家務石閘。二十八年，用阿爾泰言，於臨清運河逼近村莊處開引河五，以分水勢。

三十三年，黃水入運，命大學士劉統勳等往開臨黃壩，以洩盛漲，並疏濬運河淤淺。三十七年，河督姚立德言：「泗河下流董家口向建石壩分洩，今泗水南趨，轉爲石壩所累。請拆去，並展寬孟家橋舊石橋。」如所請行。五十年，命大學士阿桂履勘河工。阿桂言：「臣初到此間，詢商薩載、李奉翰及河上員弁，多主引黃灌湖之說。本年湖水極小，不但黃絕清弱，至六月以後，竟至清水涓滴無出，又值黃水盛漲，倒灌入運，直達淮、揚。計惟有借已灌之黃水以送回空，蓄積弱之清水以濟重運。查本年二進糧艘行入淮河，全藉黃水浮送，方能過淮渡黃，則回空時雖值黃水消落，而空船喫水無多，設法調劑，似可銜尾遄行。」借黃濟運，自此始也。五十一年，運河盛漲，致淮安迤下東岸涇河洩水石閘牆蟄底翻，難資啓閉。越五年，山陽、寶應士民修復之。

嘉慶元年，河決豐汛，刷開南運河佘家莊隄，由豐、沛北注金鄉、魚臺，漾入微山、昭陽各湖，穿入運河，漫溢兩岸。是冬，漫口塞，凌汛復蟄陷。次年，東西兩壩並蟄，二月工始竣。自豐工決後，若曹工、睢工、衡工，幾於無歲不決。九年，因山東運河淺塞，大加濬治；又預蓄微山諸湖水爲利運資。然自是以後，黃高於淸，漕艘轉資黃水浮送，淤沙日積，利一而害百矣。十二年，倉場侍郎德文等請挑修張家灣正河，堵築康家溝以復運道，御史賈允升請挑濬減河，均下直督溫承惠勘辦。承惠請濬溫楡河上游。上命侍郎托津、英和偕德文等覆勘。尋奏言：「頻年漕運皆藉溫楡下游倒漾之水，以致泥沙淤積。若從上游深挑，直抵石壩，實爲因勢利導。惟地勢高下，須逐細測量，俾全河毫無滯礙方善。」制可。

十三年，通州大水，康家溝壩衝決成河，張家灣河道遂淤。倉場侍郎達慶請來年糧艘由康家溝試行一年，暫緩挑復張家灣河身。上命尚書吳璥往勘，與達慶議合，遂允之。明年，御史史祜言，康家溝河道難行，請復張家灣正河。下直督溫承惠。承惠言：「康家溝溜勢奔騰，漕船逆流而上，大費縴輓。該處地勢正高，恐旱乾之歲，河水一瀉無餘，漕行更爲棘手。惟張家灣兩岸沙灘，壩基難立，而正河積淤日久，挑濬亦甚不易。」上復遣工部尚書戴均元往勘，亦言壩基難立，且時日已迫，恐河道未復，漕運已來，請仍由康家溝行，再察看一年酌定。如所請行。時淮、揚運河三百餘里淺阻，兩淮鹽政阿克當阿請俟九月內漕船過竣，堵閉清江三壩，築壩斷流，自清江至瓜洲分段挑濬。下部議。覆稱：「近年運河淺阻，固由疊次漫口，而漫口之故，則由黃水倒灌，倒灌之故，則由河底墊高，清水頂阻，不能不借黃濟運，以致積淤潰決，百病叢生。是運河爲受病之地，而非致病之原。果使清得暢出敵黃，並分流濟運，則運口內新淤不得停留，舊淤並可刷滌。若不除倒灌之根，而亟亟以挑濬運河爲事，恐旋挑旋淤，運河之挑濬愈深，倒灌之勢愈猛，決隄吸溜，爲患滋多。」命尚書托津等偕河督勘辦。十八年，漕督阮元以邳、宿運河閘少，水淺沙停，請於匯澤閘上下添建二閘。下江督百齡核奏。

道光元年，山東河湖山水並發，戴村壩迤北隄埝漫決六十餘丈，草工刷三十餘丈，四女寺支河南岸汶水旁洩處三。用巡撫姚祖同言，於正河旁舊河形內抽溝導水濟運，兼顧湖瀦。三年，漫直隸王家莊，由各廳汛賠修。是歲添築戴村壩北官堤碎石壩四。四年，侍講學士潘錫恩陳借黃濟運之弊，略言：「蓄清敵黃，爲相傳成法。今年張文浩遲堵禦黃壩，致倒灌停淤，釀成巨患。若更引黃入運，河道淤滿，處處壅溢，恐有決口之患。」下尚書文孚等妥議。

自嘉慶之季，黃河屢決，致運河淤墊日甚，而歷年借黃濟運，議者亦知非計，於是有籌及海運者。五年，上因漕督魏元煜等籌議海運，羣以窒礙難行，獨大學士英和有通籌漕、河全局，暫雇海船以分滯運，酌折漕額以資治河之議，下所司及督撫悉心籌畫。卒以黃、運兩河受病已深，非旦夕所能疏治，詔於明年暫行海運一次。

新授兩江總督琦善言：「臣抵清江，卽赴運河及濟運、束清各壩逐加履勘。自借黃濟運以來，運河底高一丈數尺，兩灘積淤寬厚，中泓如綫。向來河面寬三四十丈者，今只寬十丈至五六丈不等，河底深丈五六尺者，今只存水三四尺，並有深不及五寸者。舟隻在在膠淺，進退俱難。濟運壩所蓄湖水雖漸滋長，水頭下注不過三寸，未能暢注。淮安三十餘里皆然，高、寶以上之運河全賴湖水，其情大可想見。請飭河、漕二臣將河面淤墊處展挑寬深，再放湖水，藉資輓送，以期不誤北上期限。」上以「借黃濟運，原係權宜辦理，孫玉庭察看漕艘挽運艱難，不早陳奏變計，魏元煜舊任漕督，及與顏檢坐觀事機敗壞，隱忍不言，糜帑病民，是誠何心？令將運河淤墊一律挑深，費由玉庭、元煜、檢分賠。」琦善又言，自禦黃壩堵閉，運河淤墊不復增高，而洪湖清水蓄至丈餘，各船可資浮送，不敢冒昧挑濬。工費至省在百萬外，玉庭等罄其所有，斷無如許家貲。更可慮者，欲濬運河，必先堵束清壩，阻絕來源，而後可以涸底挑辦。現湖水下注湍急，束清壩外跌塘甚深，又係清水，不能掛淤閉氣。設正事興挑，而東淸壩臌開，則工廢半途，費歸虛擲。請停止裏、揚運河挑工，以免草率而節糜費。」允之。是年，築溫楡河上游果渠村壩埽。七年，東河總督張井、副總河潘錫恩請修復北運河劉老澗石滾壩、中河廳南縴堤、揚糧二廳東西縴隄及隄外石工，移建昭關壩。上遣英和等馳勘，乃定移昭關壩於其北三元宮之南，餘如所請行。

十一年，高郵湖河漫馬棚灣及十四堡，湖河連爲一。江督陶澍請依嘉慶間故事，運河決口，重空糧艘均繞湖行。八月，十四堡塞。冬，馬棚灣塞。先是澍撫蘇時，以鎭江運河並無水源，祇恃江潮浮送，下練湖湮塞已久，移建黃泥閘於張官渡以當湖之下流，俾得擎托湖流，使之回漾，稍濟江潮之不逮，曾著成效。至十四年遷江督，復偕巡撫林則徐相度，於湖頂沖之黃金壩及東岡築兩重蓄水壩，培圩埂二千八百八十丈，使水得入湖。又建減水石壩二於湖之東堤，俾可宣洩暴漲。於入運處修復念七家古涵，以作水門，並建石閘以放水濟運。是冬工竣，由涵引水出，竟能倒漾上行數十里，軍船得銜尾而南。越二年，溜勢變遷，河形灣曲，復移建黃泥閘於迤上二百丈，改爲正越二閘，中建磯心，並改張官渡迤下六十里呂城閘爲正越二閘，以利漕行。十五年，移築囊沙引渠沙壩於西河滑外，以資收蓄，從東河總督吳邦慶請也。

十八年，運河淺阻，用河督栗毓美言，暫閉臨淸閘，於閘外添築草壩九，節節擎蓄，於韓莊閘上朱姬莊迤南築攔河大壩一，俾上游各泉及運河南注之水，並攔入微山湖。定收瀦濟運章程六。十九年，毓美以戴村壩卑矮，致汶水多旁洩，照舊制增高之。初，給事中成觀言淮、揚芒稻閘、人字河不宜堵壩，阻水去路，下陶澍等議。至是覆稱：「此壩蓄水由來已久，並不攔阻衆水歸江，不得輕議更張。」從之。時衞河淺澀，難以濟運。東撫經額布請變更三日濟運、一日灌田例。詔將百門泉、小丹河各官渠官閘一律暢開，暫避民渠民閘，如有賣水阻運盜乞情弊，卽行嚴懲。明年，漕督朱澍復言：「衞河不能下注，有妨運道。」命河督文沖、豫撫牛鑑察勘。文沖等言：「衞河需水之際，正民田待溉之時。民以食爲天，斷不能視田禾之枯槁置之不問。嗣後如雨澤愆期，衞河微弱，船行稍遲，毋庸變通舊章。倘天時亢旱，糧船阻滯日久，是漕運尤重於民田，應暫閉民渠民閘，以利漕運。」從之。

咸豐元年，甘泉閘河撐隄潰塌三十餘丈，河決豐縣，山東被淹，運河漫水，漕艘改由湖陂行。先是戶部尚書孫瑞珍言十字河爲全漕之害，若於河西改寬新河，以舊河爲囊沙，於彭口作滾壩，納濁水而漾清流，漕船無阻，可省起剝費二十萬。下東河總督顏以燠議。至是以燠言：「改乞新河事無把握，無庸輕議更張。」報聞。二年，決北運河北寺莊隄，命尚書賈楨、侍郎李鈞勘堵，並改次年漕糧由海道運津。自是遂以海運爲常。同治而後，更以輪船由海轉運，費省而程速，雖分江北漕糧試行河運，然分者什一，藉保運道而已。五年，銅瓦廂河決，穿運而東，隄埝衝潰。時軍事正棘，僅堵築張秋以北兩岸缺口。民埝殘缺處，先作裹頭護埽，黃流倒漾處築壩收束，未遑他顧也。十年，決淮揚馬棚灣。

同治五年，決清水潭。八年，河決蘭陽，漫水下注，運河隄埝殘缺更甚。自張秋以北，別無來源，歷年惟借黃濟運而已。九年，漕督張之萬請於黃流穿運處堅築南北兩隄，酌留運口爲漕船出入門戶，並築草壩，平時堵閉以免倒灌。已下所司議，之萬旋改撫江蘇，繼任張兆棟以「既築隄束水留口門，又築壩堵閉，恐過水稍滯，而上游一氣奔注，新築隄閘難當沖激。設奪運北趨，則東昌、臨清暨天津、河間，淹沒在所必至，北路衞河亦將廢壞。惟有於鄆城沮河一帶遏黃東流，卽以保南路之運道，於張秋、八里廟等處疏運河之淤墊，卽以通北上之漕行，較之築隄束水，稍有實際」。制可。

十年，侯家林河決，直注南陽、昭陽等湖，鄆城幾爲澤國。漕督蘇鳳文言：「安山以北，運河全賴汶水分流，至臨清以上，始得衞水之助。今黃河橫亙於中，挾汶東下，安山以北毫無來源，應於衞河入運及張秋清黃相接處，各建一閘，蓄高衞水，使之南行，俟漕船過齊，卽啓臨清新閘，仍放衞北流，以資浮送。並於張秋淤高處挑深丈餘，安山以南亦一律挑濬，庶黃水未漲以前，運河既深，舟行自易。」江督曾國藩言：「河運處處艱阻，如嶧縣大泛口沙淤停積，水深不及二尺，必須挑深四五尺，並將近灘石堆剗除，與河底配平，方利行駛。北則滕縣郗山口入湖要道，淺而且窄，微山湖之王家樓、滿家口、安家口，獨山湖之利建閘，南陽湖北之新店閘、華家淺、石佛閘，南旺閘分水龍王廟北之劉老口、袁口閘，處處淤淺，或數十丈至百餘丈，須一律挑深。此未渡黃以前，阻滯之宜預爲籌辦者。至黃水穿運處，漸徙而南，自安山至八里廟五十五里運隄，盡被黃水衝壞，而十里鋪、姜家莊、道人橋均極淤淺，宜一面疏濬，一面於缺口排釘木樁，貫以巨索，俾船過有所依傍牽挽。此渡黃時運道艱滯，宜預爲籌辦者。渡黃以後，自張秋至臨河二百餘里，河身有高下，須開挖相等，於黃漲未落時，閉閘蓄水，以免消耗，或就平水南閘迤東築挑壩，引黃入運。此渡黃後運道易涸，宜預爲籌辦者。東平運河之西有鹽河，爲東省鹽船經行要道。若漕船由安山左近入鹽河，至八里廟仍歸運道，計程百餘里，較之徑渡黃流，上有缺口大溜，下有亂石樹樁者，難易懸殊。如行抵安山，遇黃流過猛，宜變通改道，須先勘明立標爲誌。此又渡黃改道，宜預爲籌辦者。」下河、漕督及東撫商籌。

十一年，河督喬松年請在張秋立閘，借黃濟運。同知蔣作錦則議導衞濟運。上諭之直督李鴻章，鴻章言：「當年淸口淤墊，卽借黃濟運之病。今張秋河寬僅數丈，若引重濁之黃以閘壩節宣用之，水勢抬高，其淤倍速。至作錦導衞，原因張秋北無淸水灌運，故爲此議。以全淮之强，不能敵黃，尙致倒灌停淤，豈一淸淺之衞，遂能禦黃濟運耶？其意蓋襲取山東諸水濟運之法。不知泰山之陽，水皆西流，因勢利導，百八十泉之水，源旺派多，自足濟運。衞水微弱，北流最順，今必屈曲使之南行，一水兩分，勢多不便。若分沁入衞以助其源，沁水猛濁，一發難收，昔人已有明戒。近世治河兼言利運，遂致兩難，卒無長策。事窮則變，變則通。今沿海數千里，洋船駢集，爲千古以來創局，正不妨借海道轉輸，由滬解津，較爲便速。」疏入，詔江、安糧道漕米年約十萬石仍由河運，餘仍由海運。光緒三年，東撫李元華條上運河上中下三等辦法，並言量東省財力，擬用中等，將北運河一律疏通，復還舊址，並建築北閘。時值年荒，寓賑於工，省而又省，需費三十萬有奇。下所司議。

五年，有請復河運者。江督沈葆楨言：「以大勢言之，前人之於河運，皆萬不得已而後出此者也。漢、唐都長安，宋都汴梁，舍河運無他策。然屢經險阻，官民交困，卒以中道建倉，伺便轉餽，而後疏失差少。元則專行海運，故終元世無河患。有明而後，汲汲於河運，遂不得不致力於河防。運甫定章，河忽改道。河流不時遷徙，漕政與爲轉移，我朝因之。前督臣創爲海運之說，漕政於窮無復之之時，藉以維持不敝。議者謂運河貫通南北，漕艘藉資轉達，兼以保衞民田，意謂運道存則水利亦存，運道廢則水利亦廢。臣以爲舍運道而言水利易，兼運道而籌水利難。民田於運道勢不兩立。兼旬不雨，民欲啓涵洞以溉田，官必閉涵洞以養船。迨運河水溢，官又開閘壩以保隄，隄下民田立成巨浸，農事益不可問。

議者又太息經費之無措，舳艫之不備，以致河運無成。臣以爲卽使道光間歲修之銀與官造之船，至今一一俱存，以行漕於借黃濟運之河，未見其可也。近年江北所雇船隻，不及從前糧艘之半，然必俟黃流汛漲，竭千百勇夫之力以挽之，過數十船而淤復積。今日所淤，必甚於去日，而今朝所費，無益於明朝。卽使船大且多，何所施其技乎？近因西北連年亢旱，黃河來源不旺，遂乃狃而玩之。物極必返，設因濟運而奪溜，北趨則畿輔受其害，南趨則淮、徐受其害，如民生何？如國計何？」

八年，伏秋大汛，張家灣運河自蘇莊至姚辛莊沖開新河一段，長七百餘丈，上下口均與舊河接，形勢順直，大溜循之而下。舊河上口至下口，長六千四百餘丈，業已斷流，惟新河身係自行沖開，不能一律深通。明年，直督李鴻章飭製新式鐵口刮泥大板，在兩岸拖拉，使一律通暢。十二年，通州潮白河之平家疃漫口，東趨入箭杆河。未幾，堵復運河故道。十三年六月，復漫刷平家疃新工下之北市莊東小隄，並老隄續塌百數十丈，連成一口，奪溜東趨十之八。尋堵塞之。是年，河決鄭州，山東黃水斷流，漕船不能南下，向之借黃濟運者，至是束手無策。旋將臨口積淤疏挑，空船始得由黃入運。十五年，東撫張曜言：「河運未能久停，請改海運漕米二十萬仍歸河運。」從之。

十六年，用江督曾國荃言，修揚屬南運河隄閘涵洞，及附城附鎭塼工。又用漕督松椿言，濬邳、宿運河。十九年，潮白河漲溢，運隄兩岸決口七十餘，上游務關廳決口七。是冬均塞。二十年，濬濟寧、汶上、滕、嶧、茌平、陽穀、東平各屬運河。明年，濬陶城埠至臨清運河二百餘里。二十四年，侍讀學士瑞洵言南漕改折，有益無損，請每年提折價在津購米以實倉庾。御史秦夔揚亦言河漕勞費太甚，請停江北河運。皆不許，仍飭認眞疏濬，照常起運。二十六年，聯軍入京師，各倉被占踞，倉儲粒米無存，江北河運行至德州，改由陸路運送山、陝。二十七年，慶親王奕劻、大學士李鴻章言：「漕糧儲積，關於運務者半，因時制宜，請詔各省漕糧全改折色，其採買運解收放儲備各事，分飭漕臣倉臣籌辦。」自是河運遂廢，而運河水利亦由各省分籌矣。

清史稿卷一百二十八

志一百三

河渠三

淮河　永定河　海塘

淮水源出桐柏山，東南經隨州，復北折過桐柏東，歷信陽、確山、羅山、正陽、息、光山、固始、阜陽、霍丘、潁上，所挾支水合而東注，達正陽關。其下有沙河、東西淝河、洛河、洱河、芡河、天河，俱入於淮。過鳳陽，又有渦河、澥河、東西濠及澮、澮、沱、潼諸水，俱匯淮而注洪澤湖。又東北，逕清河、山陽、安東，由雲梯關入海。逕行湖北、河南、安徽、江蘇四省，千有七百餘里，淮固不爲害也。自北宋黃河南徙，奪淮瀆下游而入海，於是淮受其病。淮病而入淮諸水泛溢四出，江、安兩省無不病。夫下壅則上潰，水性實然，故治河卽所以治淮，而治淮莫先於治河。有清一代，經營於淮、黃交匯之區，致力綦勤，糜帑尤鉅。迨咸豐中，銅瓦廂決，黃流北徙，宋、元來河道爲之一變。然河徙淤留，導淮之舉又烏容已。今於淮流之源委分合，及清口之蓄洩，洪澤湖之堰壩工築，皆備列焉。

順治六年夏，淮溢息縣，壞民田舍。康熙元年，盱、泗民由古溝鎭南及谷家橋北盜決小渠八，淮水强半分洩高、寶諸湖，而清口淮弱，無力敵黃。六七年間，淮大漲，沖潰古溝、翟家墩，由高、寶諸湖直射運河，決清水潭，又溢武家墩、高良澗，清口湮而黃流上潰。十五年，淮又大漲，合睢湖諸水幷力東激，高良澗板工決口二十六，高堰石工決口七，涓滴不出清口。黃又乘高四潰，一入洪澤湖，由高堰決口會淮，並歸清水潭，下流益淤墊。

總河靳輔言：「洪澤下流，自高堰西至清口約二十里，原係汪洋巨浸，爲全淮會黃之所。自淮東決、黃內灌，一帶湖身漸成平陸，止存寬十餘丈、深五六尺至一二尺之小河，淤沙萬頃，挑濬甚難。惟有於兩旁離水二十丈許，各挑引河一，俾分頭沖刷，庶淮河下注，可以沖闢淤泥，徑奔清口，會黃刷沙，而無阻滯散漫之虞。」輔又言：「下流旣治，淮可直行會黃刷沙，但臨湖一帶隄岸，除決口外，無不殘缺單薄，危險堪虞。板工固易壞，卽石工之傾圮亦不可勝數。惟堤下係土坦坡，雖遇大水不易沖，今求費省工堅，惟有於隄外近湖處挑土幫築坦坡。每隄一丈，築坦坡寬五尺，密布草根草子其上，俟其長茂，則土益堅。至高堰石工，亦宜幫築坦坡，埋石工於內，更爲堅穩，較之用板用石用埽，可省二十一萬有奇，且免沖激頹卸之患。」又言：「自周家閘歷古溝、唐埂至翟家壩南，估計築三十二里之隄，並堵此原沖成之九河，及高良澗、高家堰、武家墩大小決口三十四，需費七十萬五千有奇，皆係用埽，不過三年，悉皆朽壞。臣斟酌變通，除鑲邊裹頭必須用埽，餘俱宜密下排樁，多加板纜，用蒲包裹土，繩紮而塡之，費可省半，而堅久過之。今擬改下埽爲包土，仍築坦坡。」制可。十八年，大濬清口、爛泥淺、裴家場、帥家莊引河，使淮水全出清口，會黃東下。

三十五年，總河董安國因泗州知州莫之翰議，請開盱眙聖人山禹王河，導淮注江，略言：「禹王古河，自盱眙聖人山歷黑林橋、桐城鎭、楊村、天長縣迄六合之八里橋，各有河形溪澗崗不等。若開引入江，則天長、楊村、桐城各汊澗，大水時可不入高郵湖，湖水不致泛溢，而下河之水可減。至古河之口，現與淮不通流，必立閘座，水小閉閘以濟漕，漲則開閘以洩水，庶淮水洶湧之勢可減。」格廷議不行。明年，上有宜堵塞高堰壩之諭。逾二年，總河于成龍申塞六壩之請。會病卒，未底厥績。其年水復大至，已堵三壩，旋委洪流。三十九年，張鵬翮爲總河，盡塞之，使淮無所漏，悉歸清口；又開張福、裴家場、張家莊、爛泥淺、三岔及天然、天賜引河七，導淮以刷清口；又以清口引河寬僅三十餘丈，不足暢洩全湖之水，加開寬闊。於是十餘年斷絕之淸流，一旦奮湧而出，淮高於黃者尺餘。四十年，築高堰大隄。

四十四年，聖祖南巡，閱高堰隄工，詔於三壩下濬河築隄，束水入高郵、邵伯諸湖。又洪湖水漲，泗、盱均被水災，應於受水處酌量築隄束水。四十五年，兩江總督阿山等請於泗州溜淮套別開河道，直達張福口，以分淮勢，計費三百十餘萬。部議靳之。廷臣亦以河工重大，請上親臨指示。逾年，上南巡閱河，諭曰：「詳勘溜淮套地勢甚高，雖開鑿成河，亦不能直達清口。且所立標杆多在墳上，若依此開河，不獨壞田廬，甚至毀墳冢，何必多此一事。今欲開溜淮套，必鑿山穿嶺，不獨斷難成功，且恐汛水泛溢，不浸入洪湖，必衝決運河。」命撤去標杆，並譴阿山、鵬翮等有差。上又謂：「明代淮、黃與今迥異。明代淮弱，故有倒灌之虞。今則淮强黃弱。與其開溜淮套無益之河，不若於洪湖出水處再行挑濬寬深，使清水愈加暢流，爲利不淺。」四十九年，加長禦黃西壩工程，從河督趙世顯請也。

雍正元年，重建清口東西束水壩於風神廟前以蓄清，各長二十餘丈。三年，總河齊蘇勒因朱家海衝決，湖底沙淤，恐高堰難保，改低三壩門檻一尺五寸以洩湖水，而救一時之急。不知水愈落，淮愈不得出，致力微不能敵黃，連年倒灌，分溜直趨。李衞頗非之。先是高堰石工未能一律堅厚。至七年冬，發帑百萬，命總河孔繼珣、總督尹繼善將隄身卑薄傾圮處拆砌，務令一律堅實。十年秋，高堰石工成。

乾隆二年，用總河高斌言，飭疏濬毛城鋪迤下河道，經徐、蕭、睢、宿、靈、虹各州縣，至泗州之安門陡河，紆曲六百餘里，以達洪湖，出清口，而淮揚京員夏之芳等言其不便。下各督撫及河、漕督會議，並召詢斌。斌至，進圖陳說，乃知芳等所言非現在情形，卒從斌議。明年，毛城鋪河道工竣。四年，高宗以高堰三壩既改低，過岸之水足洩，用大學士鄂爾泰言，永禁開放天然二壩。五年秋，西風大暴，湖浪洶湧，高堰汛第八堡舊隄撞擊，倒卸十四段，旋修補之。六年，斌言：「江都三汊河乃瓜、儀二河口門，瓜河地勢低，淮水入瓜河分數少，故溜緩不能刷深，河道致日漸淤墊。應築壩堵閉瓜河舊口門，於洋子橋營房迤下別挑越河，減淮水入瓜河之分數，則儀河可分流刷淤，並堵閉瓜洲廣惠閘之舊越河，於閘下別開越河，使閘越二河水勢均平，既緩淮水直下入江之勢，於運道更爲便利。」七年，河湖並漲，議者又謂淮河上游諸水俱匯入洪湖，邵伯以下宜多開入江之路。斌亦以爲言。於是開濬石羊溝舊河直達於江，築滾壩四十丈，並開通芒稻閘下之董家油房、白塔河之孔家涵三處河流，增建滾壩，使淮水暢流無阻。八年，淮暴漲丈餘，逼臨淮城，改治於周梁橋。

十六年，上以天然壩乃高堰尾閭，盛漲輒開，下游州縣悉被其患，命立石永禁開放。並用斌言，於三壩外增建智、信二壩，以資宣洩。十八年七月，淮溢高郵，壞車邏壩、邵伯二閘，下河田廬多沒。二十二年，以湖水出清口，賴東西二壩堵束，併力刷黃，湖水過大，奔溢五壩，亦恐爲下河患。因定制五壩過水一寸，東壩開寬二丈，以此遞增，泐石東壩。嗣是遇湖水增長，卽展寬東壩以洩盛漲，有展寬至六七十丈者。二十七年，上言：「江南濱湖之區，每遇大汛，霖潦堪虞，洪澤一湖，尤爲橐籥關鍵。爲澤國計安全，莫如廣疏清口，爲及今第一要義。現在高堰五壩高於水面七尺有奇，清口口門見寬三十丈，當卽依此酌定成算。將來兩壩水增長至一尺，拆寬清口十丈，水遞長，口遞寬，以此爲率。」是年六月，五壩水誌逾一尺。河督高晉遵旨拆寬清口十丈，宣洩甚暢。三十二年，南河總督李宏言：「正陽關三官廟舊立水誌，考驗水痕，本年所報消長，與下游不符。請於荆山、塗山間及臨淮鎭，各增設水誌一，以驗諸水消長。」允之。三十四年，上恐高堰五壩頂封土障水，不足當風浪，命酌加石工。高晉等言其不便，乃增用柴柳。四十年，大修堰、盱各壩及臨河甎石工。

先是上以清口倒灌，詔循康熙中張鵬翮所開陶莊引河舊跡挑空，導黃使北，遣鄂爾泰偕斌往勘，以汛水驟至而止。旋完顏偉繼斌爲河督，慮引河不易就，乃用斌議，自清口迤西，設木龍挑溜北趨，而陶莊終不敢議。次年，南河督吳嗣爵內召，極言倒灌爲害。薩載繼任，亦主改口議。上乃決意開之。於是淸口東西壩基移下百六十丈之平成臺，築攔黃壩百三十丈，並於陶莊迤北開引河，使黃離淸口較遠，清水暢流，有力攻刷淤沙。明年二月，引河成，黃流直注周家莊，會清東下，清口免倒灌之患者近十年。

五十年，洪湖旱涸，黃流淤及清口，命河南巡撫畢沅祭淮瀆，疏賈魯、惠濟諸河流以助清，湖水仍不出，黃復內灌。上欲開毛城鋪、王家營減壩，下大學士阿桂等議。阿桂言：「欲治清口之病，必去老壩工以下之淤，尤當掣低黃水，使清水暢出攻沙，不勞自治。」於是閉張福口四引河，浚通湖支河，蓄清水至七尺以上，始開王營壩減洩黃水，盡啓諸河，出清口滌沙，修清口兜水壩，易名東清壩。復移下惠濟祠前之東西束水壩三百丈於福神巷前，加長東壩以禦黃，縮短西壩以出清，易名禦黃壩。

嘉慶元年，湖水弱，淸低於黃者丈餘，淮遏不出。淮漲則開山盱五壩、吳城七堡，黃漲或減水入湖，以救清口之倒灌。五年，用江督費淳、河督吳璥言，開吳城七堡引渠，使洩湖水入黃，以減盛漲。八年，黃流入海不暢，直注洪澤湖。璥赴海口相度，請力收運口各壩，止留口門，清雖力弱難出，黃亦不能再入。七月，淮漲，高堰危甚，開信、義兩壩洩水。西風大作，壞仁、智兩壩，淮南奔清口。上責璥，遂罷免。九年春，湖水稍發，伏汛黃仍倒灌。河督徐端以東清壩在運口北，分溜入運，致不敵黃，請移建湖口迤南。從之。十一年，江督鐵保言：「潘季馴、靳輔治河，專力清口，誠以清口暢出，則河腹刷深，海口亦順，洪澤亦不致泛濫。爲今之計，大修閘壩，借清刷沙，不能不多蓄湖水。即不能不保護石隄，尤不能不急籌去路。」又偕徐端陳河工數事：一，外河廳之方家馬頭及三老壩爲淮、揚保障，宜塡護碎石；一，義壩宜堵築；一，仁、智、禮、信四壩殘損宜拆修。廷議如所請。上恐四壩同修，淸水過洩，命次第舉行。

十五年十月，大風激浪，義壩決，堰、盱兩工掣坍千餘丈。議者謂宜築碎石坦坡，以費鉅不果。璥與端請加培大隄外靳輔所築二隄，以爲重門保障，亦爲廷議所駮。及陳鳳翔督南河，復申二隄之請。下江督百齡議。百齡言不若培修大隄。十七年，遣協辦大學士松筠履勘，亦主百齡議。於是築大隄子堰，自東清壩尾至信壩迤南止。鳳翔以不知蓄清於湖未漲之先，啓智、禮兩壩，致禮壩潰，下游淹，清水消耗，貽誤全河，爲百齡所劾，奪職遣戍。十八年，百齡及南河督黎世序以仁、義、禮三壩屢經開放，壞基跌塘，請移建三壩於蔣家壩南近山岡處，各挑引河，先建仁、義壩，因禮壩基改築草壩，備本年宣洩。上命先建義壩，如節宜得宜，再分年遞修。二十三年，增建束清二壩於束清壩北，收蓄湖水。

道光二年，增修高堰石工。四年冬，河漲，洪澤湖蓄水至丈七尺，尚低於黃尺許，高堰十三堡隄頂被大水掣動，山盱周橋之息浪菴亦過水八九尺，各壩均有坍損。上遣尚書文孚、汪廷珍履勘，而褫河督張文浩職。十三堡缺口旋塞。侍郎朱士彥言：「高堰石工在事諸臣，惟務節省，辦理草率。又因搶築大隄，就近二隄取土，事後亦不培補。至山盱五壩，宣洩洪湖盛漲，未能謹守舊章，相機開放，致石工掣卸。」並下文孚等勘覈。明年春，從文孚等議，改湖隄土坦坡爲碎石，於仁、義、禮舊壩處所各增建石滾壩，以防異漲。

八年，上以禦黃壩上下積淤丈餘，淸水不能多蓄，禦黃壩終不可開，下南總河張井等籌議。井等言：「乾隆間湖高於河七八尺或丈餘，入夏拆展禦黃壩，洩淸刷淤，至冬始閉。嘉慶間，因河淤，改夏閉秋啓。而黃水偶漲，卽行倒灌。今積淤日久，縱淸水能出，止高於黃數寸及尺餘，暫開卽閉，僅免倒灌，未能收刷淤之効。」上不懌，曰：「以昔證今，已成不可救藥之勢。爲河督者，祇知洩淸水以保堰，閉禦壩以免倒灌，增工請帑，但顧目前，不思經久，如國計何？如民生何？如後日何？」

十年，井言：「淮水歸海之路不暢，請於揚糧廳之八塔鋪、商家溝各斜挑一河，匯流入江，分減漲水，並拆除芒稻河東西閘，挑空淤灘，可抵新闢一河之用。」從之。十二年，移建信壩於夏家橋。十四年，以義字引河跌深三四丈，堵閉不易，允河督麟慶請，改挑義字河頭。二十一年，河決祥符，奪溜注洪澤湖，而江潮盛漲，又復頂托，因拆展禦黃、束淸及禮、智、仁各壩，並啓放車邏等壩，以洩湖水。二十三年，河決中牟，全溜下注洪澤湖，高堰石工掣卸四千餘丈，先後拆展束淸、禦黃、智、信各壩，並啓放順淸、禮、義等河，金灣舊壩及東西灣壩同時並啓，減水入江。

咸豐五年，河復決銅瓦廂，東注大淸河入海。黃河自北宋時一決滑州，再決澶州，分趨東南，合泗入淮。蓋淮下游爲河所奪者七百七十餘年，河病而淮亦病。至是北徙，江南之患息。士民請復淮水故道者，歲有所聞。

同治八年，江督馬新貽濬張福口引河，淮遂由清口達運。嗣又挑楊莊以下之淤黃河，以洩中運河盛漲。九年，新貽等言：「測量雲梯關以下河身，及成子河、張福口、高良澗一帶湖心，始知黃河底高於洪湖底一丈至丈五六尺不等，必先大濬淤黃，使淮得暢流入海，繼闢清口，導之入舊黃河，再堵三河，以杜旁洩而資擡蓄。然非修復堰、盱石工，堅築運河兩隄，不敢遽堵三河、闢清口。統籌各工，非數百萬金不能集事。擬分別緩急，次第籌辦，不求利多，但求患減，爲得寸得尺之計，收循序漸進之功。」

光緒七年，江督劉坤一言：「臣此次周歷河湖，知淮揚水利有關國計民生。前議導淮，未可中輟。自楊莊以下，舊黃河淤平，則山東昭陽、微山等湖之水，由中運河直趨南運河，夏秋之間，三閘甚形喫重。自洪澤湖淤淺，淮水不能合溜，北高於南，水之分入張福引河者無多，大溜由禮河徑趨高、寶等湖。上年挑濬舊黃河後，山東蛟水屢次暴發，由此分瀉入海。築禮壩後，湖水瀦深，且由張福河入運口者頗旺。此挑舊河、築禮壩之不無微効也。惟是張福河淺，湖水仍趨重禮河越壩，終爲可慮。倘遇湖水汎濫，禮河卽無越壩，亦難分消，必開信、智兩壩，由高寶湖入南運河，亦必開車邏、南關等壩，由裏下河入海，沿途淹沒田廬，所損匪細。今擬就張福河開挖寬深，以引洪澤湖之水，復挖碎石河，以分張福河之水，由吳城七堡匯順清河。水小則由順清入運，途紆而勢稍舒，水大則由舊黃河入海，途直而勢自順。約三四年間，便可告竣，所費尚不過鉅。議者或謂導淮入海，當盡瀉洪湖之水，有妨官運民田。臣以爲別開引河，或不免有此患。今循張福河、碎石河故道以歸順清河，自非淮漲一二丈，則順清河之水何能高過中運河，溢出舊黃河？如使淮水暴漲，方有潰決之虞，惟恐水無去路，此正導淮之本意也。議者或謂多引湖水入運，恐三閘不能支持。不思洪湖未淤以前，湖水四平，蓄水深廣，張福以外，有四引河以濟漕運。維時黃未北徙，每遇漕船過閘，方且蓄清敵黃，以五引河全注運口，而三閘屹然，今特張福一河，決無致損三閘之理。且上年挑通舊黃河，已分減中運河水，其入南運河者不過三四成。湖水雖增，與前略等，即遇大水，有舊黃河可以分減，亦不至專出三閘也。議者又謂如此，導淮無弊，亦屬無利，何必虛費帑藏。其說亦不盡然。夫治水之道，必須通盤規畫，並須預防變遷。洪湖南有禮河，北有張福河，均爲分洩淮水。而水勢就下，禮河常苦水大，築禮河壩所以蓄張福之水，濬張福口所以顧禮河之隄，彼此互相維繫。如使禮河受全湖之沖，新壩恐不能保，續修則所費彌鉅，不修則爲害滋深，下者益下，高者益高，張福河漸形壅塞矣。且導淮之舉，原防盛漲肆虐。如引湖由張福出順清，以舊黃河爲出海之路，偶有泛溢，該處土曠人稀，趨避尚易。若張福不暢，全湖之水折而南趨，則淮揚繁盛之區，億萬生靈將有其魚之歎。導淮之利，見於目前者猶小，見於日後者乃大也。」疏入，下部知之。

八年，江督左宗棠言：「濬沂、泗爲導淮先路，洵爲確論。惟雲梯關以下二百餘里，河身高仰，且有遠年沙灘。昔以全黃之力所不能通者，今欲以沂、泗分流通之，其勢良難。大通在雲梯關下十餘里，舊黃河北岸，係嘉慶中漫口，東北流四十餘里，至響水口，接連潮河，至灌河口入海。就此加挑寬深，出海較便。沂、泗來源，當大爲分減，淮未復而運道亦可稍安，淮既復而歸海無虞阻滯。此疏濬下游，宣洩沂、泗，實導淮先路，不可不亟籌者也。淮挾衆流，匯爲洪澤，本江、皖巨浸。自道光間爲黃所淤，北高南下，由禮河趨高寶湖以入運者垂三十年。今欲導之復故，不啻挽之逆流。自張福口過大通、響水口入海，三百五十餘里，節節窒礙，非下游暢其去路，上游塞其漏卮，其不能舍下就高入黃歸海也明甚。查張福口及天然引河，皆北趨陳家集之大沖，至碎石河以達吳城七堡，又北至順清河口，接楊莊舊黃河。張福河面六十餘丈，宜加寬深，天然河更須疏瀹，吳城七堡一帶高於張福河底丈六七尺，尤必大加挑濬，使湖水果能入黃，然後可堵禮河，以截旁趨之出路，堵順清河，以杜運河之奪河。此引淮入海工程，當以次接辦者也。湖水不高，不能入黃。太高，不特堰、盱石工可慮，運口閘壩難支，且於盱眙、五河近湖民田有礙。擬修復智、信等壩以洩湖漲，更建閘大沖，俾湖水操縱由人，多入淮而少入運。此又預籌以善其後者也。」

三十四年，江督端方會勘淮河故道，力陳導淮四難，因於淸江浦設局，遴紳籌議。久之無端緒，乃撤局。宣統元年，江蘇諮議局開，總督張人駿以導淮事列案交議，決定設江淮水利公司，先行測量，務使導淮復故，專趨入海。二年，侍讀學士惲毓鼎以濱淮水患日深，上言：「自魏、晉以降，瀕淮田畝，類皆引水開渠，灌漑悉成膏腴。近則沿淮州縣，年報水災，浸灌城邑，漂沒田廬，自正陽至高、寶，盡爲澤國，實緣近百年間，河身淤塞，下游不通，水無所歸，浸成汎濫。是則高堰壩之爲害也。異時黃、淮合流，有南下之勢，治河者欲束淮以敵黃，故特堅築高堰壩頭，逼淮由天妃閘以濟運。今黃久北徙，堰壩無所用之，當別籌入海之途。其道有二，以由淸口西壩、鹽河至北潮河爲便。尾閭既暢，水有所歸，不獨潁、壽、鳳、泗永瀶沈災，卽高、寶、興、泰亦百年高枕矣。」事下江督張人駿、蘇撫程德全、皖撫朱家寶勘議。人駿等言：「正事測量，俟測勘竣，卽遴員開辦。」報聞。三年，御史石長信言：「導淮一舉，詢謀僉同。美國紅十字會亦擬遣工程師來華查勘。則我之思患預防，尤不可緩。江蘇水利公司既允部撥費用，安徽亦應設局測量，以爲消弭巨災之圖。」下部議允之。

導淮之舉，經始於同治六年。時曾國藩督兩江，嘗謂「復瀆之大利，不敢謂其遽興，淮揚之大害，不可不思稍減」。迨黃流北徙，言者益多，大要不出兩策。一謂宜堵三河，闢淸口，濬舊河，排雲梯關，使由故道入海。一謂導淮當自上流始，洪澤湖乃淮之委，非淮之源，宜於上游闢新道，循睢、汴北行，使淮未注湖，中途已洩其半，再由桃源之成子河穿舊黃河，經中河雙金閘入鹽河，至安東入海，使全淮分南北二道，納少瀉多，淮患從此可減。二說所持各異。然同、光以來，濬成子、碎石、沂、泗等河，疏楊莊以下至雲梯關故道，固已小試其端。卒之淮爲黃淤，積數百年，已無經行之渠，由運入江，勢難盡挽，迄於國變，終鮮成功。

永定河亦名無定河，卽桑乾下游。源出山西太原之天池，伏流至朔州、馬邑復出，匯衆流，經直隸宣化之西寧、懷來，東南入順天宛平界，逕盧師臺下，始名盧溝河，下匯鳳河入海。以其經大同合渾水東北流，故又名渾河，元史名曰小黃河。從古未曾設官營治。其曰永定，則康熙間所錫名也。永定河匯邊外諸水，挾泥沙建瓴而下，重巒夾峙，故鮮潰決。至京西四十里石景山而南，逕盧溝橋，地勢陡而土性疏，縱橫蕩漾，遷徙弗常，爲害頗鉅。於是建隄壩，疏引河，宣防之工亟焉。

順治八年，河由永清徙固安，與白溝合。明年，決口始塞。十一年，由固安西宮村與清水合，經霸州東，出清河；又決九花臺、南里諸口，霸州西南遂成巨浸。康熙七年，決盧溝橋隄，命侍郎羅多等築之。三十一年，以河道漸次北移，永清、霸州、固安、文安時被水災，用直隸巡撫郭世隆議，疏永清東北故道，使順流歸淀。

三十七年，以保定以南諸水與渾水匯流，勢不能容，時有汎濫，聖祖臨視。巡撫于成龍疏築兼施，自良鄉老君堂舊河口起，逕固安北十里鋪、永清東南朱家莊，會東安狼城河，出霸州柳岔口三角淀，達西沽入海，濬河百四十五里，築南北隄百八十餘里，賜名永定。自是渾流改注東北，無遷徙者垂四十年。三十九年，郎城淀河淤且平，上游壅塞，命河督王新命開新河，改南岸爲北岸，南岸接築西隄，自郭家務起，北岸接築東隄，自何麻子營起，均至柳岔口止。四十年，加築南岸排樁遙隄，修金門閘。四十八年，決永清王虎莊，旋塞。五十六年，修兩岸沙隄大隄，決賀堯營。六十一年，復決賀堯營，隨塞。

雍正二年，修郭家務大隄，築清涼寺月隄，修金門閘，築霸州堂二鋪南隄決口。三年，因郭家務以下兩岸頓狹，永清受害特重，命怡親王允祥、大學士朱軾，引渾水別由一道入海，毋使入淀，遂於柳岔口少北改爲下口，開新河自郭家務至長淘河，凡七十里，經三角淀達津歸海，築三角淀圍隄，以防北軼。又築南隄自武家莊至王慶坨，北隄自何麻子營至范甕口，其冰窖至柳岔口隄工遂廢。十二年，決梁各莊、四聖口等處三百餘丈，黃家灣河溜全奪，水穿永清縣郭下注霸州之津水窪歸淀。總河顧琮督兵夫塞之。十三年，決南岸朱家莊、北岸趙家樓，水由六道口小隄仍歸三角淀。

乾隆二年，總河劉勷勘修南北隄，開黃家灣、求賢莊、曹家新莊各引河，濬雙口、下口、黃花套。六月，漲漫南岸鐵狗、北岸張客等村四十餘處，奪溜由張客決口下歸鳳河。命吏部尚書顧琮察勘，請倣黃河築遙隄之法。大學士鄂爾泰持不可，議「於北截河隄北改挑新河，以北隄爲南隄，沿之東下，下游作洩潮埝數段，復於南北岸分建滾水石壩四，各開引河：一於北岸張家水口建壩，卽以所衝水道爲引河，東匯鳳河；一於南岸寺臺建壩，以民間洩水舊渠入小淸河者爲引河；一於南岸金門閘建壩，以渾河故道接牤牛河者爲引河；一於南岸郭家務建壩，卽以舊河身爲引河。合淸隔濁，條理自明」。詔從其請。

四年，直督孫嘉淦請移寺臺壩於曹家務，張客壩於求賢莊。又於金門閘、長安城添築草壩，定以四分過水。顧琮言，金門閘、長安城兩壩水勢僅一河宣洩，恐汛發難容，擬分引河爲兩股，一由南窪入中亭河，一由楊青口入津水窪。又言郭家務、小梁村等處舊有遙河千七百丈，年久淤塞，請發帑興修。均從之。五年，孫嘉淦請開金門閘重隄，濬西引河，開南隄，放水復行故道。六年，凌汛漫溢，固、良、新、涿、雄、霸各境多淹。從鄂爾泰議，堵閉新引河，展寬雙口等河，挑葛漁城河槽，築張客、曹家務月隄，改築郭家務等壩。八年，濬新河下口，及董家河、三道河口，修新河南岸及鳳河以東隄埝。又疏穆家口以下至東蕭莊、鳳河邊二十里有奇。九年，以范甕口下統以沙、葉兩淀爲歸宿，而汛水多歸葉淀，遂疏注沙淀路，並將南北舊減河濬歸鳳河。

十五年五月，河水驟漲，由南岸第四溝奪溜出，逕固安城下至牛坨，循黃家河入津水窪，一由牤牛河入中亭河。命侍郎三和同直督堵禦，於口門下另挑引河，截溜築壩，遏水南溢，使歸故道。十六年，淩汛水發，全河奔注冰窖隄口，卽於王慶坨南開引河，導經流入葉淀，以順水性。十九年，南埝水漫隄頂，決下口東西老隄，奪溜南行，漫勝芳舊淀，逕永清之武家廠、三聖口，霸州之信安入口。明年，高宗臨視，改下游由調河頭入海，挑引河二十餘里，加培埝身二千二百餘丈。二十一年，直督方觀承請於北埝外更作遙隄，預爲行水地，鳳河東隄亦接築至遙埝尾。從之。二十四年，大雨，直隸各河並漲，下游悉歸淀內，大淸河不能宣洩，轉由鳳河倒漾，阻遏渾流，南岸四工隄決。命御前侍衞赫爾景額協同直督剋日堵築。

三十五年、三十六年，兩岸屢決。三十七年，命尚書高晉、裘曰修偕直督周元理履勘，疏言：「永定河自康熙間築隄以來，凡六改道。救弊之法，惟有疏中洪、挑下口，以暢奔流，築岸隄以防衝突，濬減河以分盛漲。」遂興大工，用帑十四萬有奇。自是水由調河頭逕毛家窪、沙家淀達津入海。三十八年，調河頭受淤，其澄淸之水散漫而下，別由東安響水村直趨沙家淀。四十年，堵北三工、南頭工漫口。四十四年，展築新北隄，加培舊越隄，廢去瀕河舊隄，使河身寬展。四十五年，盧溝橋西岸漫溢，北頭工衝決，由良鄉之前官營散溢求賢村減河歸黃花店，爰開引溝八百丈，引溜歸河。五十九年，決北二工隄，溜注求賢村引河，至永定河下游入海。旋卽斷流，又漫南頭工隄，水由老君堂、莊馬頭入大清河，凡築南隄百餘丈。又於玉皇廟前築挑水壩。

嘉慶六年，決盧溝橋東西岸石隄四、土隄十八，命侍郎那彥寶、高杞分駐堵築，並疏濬下游，集民夫五萬餘治之。御製河決歎，頒示羣臣。兩月餘工竣。十五年，永定河兩岸同時漫口，直督溫承惠駐工堵合之。十七年，河勢北趨，葛漁城淤塞，水由黃花店下注。乃於舊淤河內挑空引河，並於上游築草壩，挑溜東行，另建圈隄以防泛衍。二十年，拆鳳河東隄民埝以去下壅。六月大雨，北岸七工漫塌，開引河，由舊河身稍南，直至黃花店，東抵西洲，長五千六百九丈。九月，水復故道。二十四年，北岸二工漫溢，頭工繼溢，側注口門三百餘丈，大興、宛平所屬各村被淹。九月塞決口，並重濬北上引河。

道光三年，河由南八工隄盡處決而南，直趨汪兒淀。四年，侍郎程含章勘議濬復，未果。十年，直督那彥成請於大范甕口挑引河，並將新隄南遙埝加高培厚。報可。十一年春，河溜改向東北，逕竇淀，歷六道口，注大清河，汪兒淀口始塞，水由范甕口新槽復歸王慶坨故道。十四年，宛平界北中、北下汛決口，水由龐各莊循舊減河至武淸之黃花店，仍歸正河尾閻入海。良鄉界南二工決口，水由金門閘減河入淸河，經白溝河歸大淸河。爰挑引河，自漫口迤下至單家溝，間段修築二萬七千四百餘丈。二十四年，南七工漫口，就迤北三里許之河西營爲河頭，挑引河七十餘里，直達鳳河。三十年五月，上游山水下注，河驟漲，北七工漫三十餘丈，由舊減河逕母豬泊注鳳河。勘於馮家塲北河灣開引河，十月竣工。

咸豐間，南北隄潰決四次。時軍務方棘，工費減發，補苴罅漏而已。

同治三年，因河日北徙，去路淤淺，於柳坨築壩，堵截北流，引歸舊河，展寬挑深張坨、胡家房河身，經東安、武清、天津入海。六年以後，時有潰決。八年，直督曾國藩請於南七工築截水大壩，兩旁修築圈埝，並挑濬中洪，疏通下口，以免壅潰。從之。十年，南岸石隄漫口，奪溜逕良鄉、涿州注大清河入海。明年，允直督李鴻章請，修金門閘壩，疏濬引河，由童村入小清河。石隄決口塞。十二年，南四工漫口，由霸州牤牛河東流。爰將引河增長，復築挑水壩一。

光緒元年，南二汛漫口，隨塞。四年，北六汛決口，築合後，復於坦坡埝尾接築民埝至青光以下。十年，以鳳河當永定河之衝，年久淤墊，以工代賑，起南苑五空閘，訖武清緱上村，間段挑濬，並培築隄壩決口。十六年，大水，畿輔各河並漲，永定北上汛、南三汛同時漫決。命直督迅籌堵築，添修挑壩岸隄，又疏引河六十餘里。十八年夏，大雨，河水陡漲，南上汛灰壩漫口四十餘丈。給事中洪良品言北岸頭工關繫最重，請接連石景山以下添砌石隄，以資捍衞。下所司籌議。因工鉅費鉅，擇要接築石隄八里，並添修石格。十九年冬，因頻年潰決爲患，命河督許振禕偕直督會勘籌辦。振禕陳疏下游、保近險、濬中洪、建減壩、治上游五事。直隸按察使周馥並建議於盧溝南岸築減水大石壩，以水抵涵洞上楣爲準，逾則瀉去。詔如所請。二十二年，北六工、北中汛先後漫溢，由韓家樹匯大清河，遂挑濬大清河積淤二十餘里。

二十五年，詔直督裕祿詳勘全河形勢，以紓水患。裕祿言：「畿輔緯川百道，總匯於南北運、大淸、永定、子牙五經河，由海河達海，惟永定水渾善淤，變遷無定。從前下口遙隄寬四十餘里，分南、北、中三洪。嗣因南、中兩洪淤墊，全由北洪穿鳳入運。」因陳統籌疏築之策七：一，先治海河，俾暢尾閭，然後施工上游；一，宜以鳳河東隄外大窪爲永定下口；一，修築北運河西隄；一，規復大清河下口故道於西沽；一，修築格淀；一，修築韓家樹橫直各隄；一，疏濬中亭河，以期一勞永逸。需費七十七萬有奇。帝命分年籌辦。適有拳匪之亂，不果行。

三十年後，南北岸屢見潰決，均隨時堵合。論者以爲若將險工全作石隄，灣狹處改從寬直，並於南七工放水東行，傍淀達津，再加以石壩分洩盛漲，庶幾永保安瀾云。

海塘惟江、浙有之。於海濱衞以塘，所以捍禦鹹潮，奠民居而便耕稼也。在江南者，自松江之金山至寶山，長三萬六千四百餘丈。在浙江者，自仁和之烏龍廟至江南金山界，長三萬七千二百餘丈。江南地方平洋暗潮，水勢尙緩。浙則江水順流而下，海潮逆江而上，其衝突激涌，勢尤猛險。唐、宋以來，屢有修建，其制未備。淸代易土塘爲石塘，更民修爲官修，鉅工累作，力求鞏固，濱海生靈，始獲樂利矣。

順治十六年，禮科給事中張惟赤言：「江、浙二省，杭、嘉、湖、寧、紹、蘇、松七郡皆濱海，賴有塘以捍其外，至海鹽兩山夾峙，潮勢尤猛。故明代特編海塘夫銀，以事歲修。近此欵不知銷歸何地，塘基盡圮。儻風濤大作，徑從坍口深入，恐爲害七郡匪淺。請嚴飭撫、按勒限報竣，仍定限歲修，以防患未然。」下部議行。康熙三年，浙江海寧海溢，潰塘二千三百餘丈。總督趙廷臣、巡撫朱昌祚請發帑修築，並修尖山石隄五千餘丈。二十七年，修海鹽石塘千丈。三十七年，颶風大作，海潮越隄入，衝決海寧塘千六百餘丈，海鹽塘三百餘丈，築之。五十七年，巡撫朱軾請修海寧石塘，下用木櫃，外築坦水，再開濬備塘河以防泛溢。五十九年，總督滿保及軾疏言：「上虞夏蓋山迤西沿海土塘衝坍無存，其南大亹沙淤成陸，江水海潮直衝北大亹而東，並海寧老鹽倉皆坍沒。」因陳辦法五：一，築老鹽倉北岸石塘千三百餘丈，保護杭、嘉、湖三府民田水利；一，築新式石塘，使之穩固；一，開中小亹淤沙，使江海盡歸赭山、河莊山中間故道，可免潮勢北衝；一，築夏蓋山石塘千七百餘丈，以禦南岸潮患；一，專員歲修，以保永固。下部議，如所請行。

雍正二年，帝以塘工緊要，命吏部尚書朱軾會同浙撫法海、蘇撫何天培勘估杭、嘉、湖等府塘工，需銀十萬五千兩有奇，松江府華、婁、上海等縣塘工，需銀十九萬兩有奇，部議允之。六年，巡撫李衞請將驟決不可緩待之工，先行搶修，隨後奏聞。「搶修」之名自此始。十一年，命內大臣海望、直督李衞赴浙查勘海塘，諭曰：「如果工程永固，可保民生，卽費帑千萬不必惜。」尋請於尖、塔兩山間建石壩堵水，並改建草塘及條石塊石各塘爲大石塘，更於舊塘內添築土備塘。十二年，因堵尖山水口、開中小亹引河久未施工，責浙督程元章等督辦不力，命杭州副都統隆昇總理，御史偏武佐之。五月工竣。十三年，命南河督嵇曾筠總理塘工。曾筠言：「海寧南門外俯臨江海，請先築魚鱗石塘五百餘丈，保衞城池。」下廷臣議行。

乾隆元年，署蘇撫顧琮請設海防道，專司海塘歲修事。曾筠請於仁、寧等處酌建魚鱗大石塘六千餘丈，均從之。明年，建海寧浦兒兜至尖山頭魚鱗大石塘五千九百餘丈。四年，允浙撫盧焯請，築尖山大壩，次年秋工竣，御製文記之。六年，左都御史劉統勳言：「前據閩浙總督德沛請改老鹽倉至章家菴柴塘爲石塘，廷議准行。臣意以爲草塘改建不必過急，南北岸塘工實不宜緩。蓋通塘形勢，海寧之潮猶屬往來滌盪，而海鹽之潮，則對面直衝，其大石塘歲久罅漏，尤宜及早補苴。臣以大概計之，動發七十萬金，而通塘可有苞桑之固。」疏入，命統勳會同浙督德沛、浙撫常安察勘。尋覆稱：「改建石工，誠經久之圖，但須寬以時日，年以三百丈爲率。」七年，總督那蘇圖請先於最險處間段排築石簍，俟根脚堅實，再建石塘。越二年，遣尚書訥親勘視。疏言：「仁、寧二邑柴塘穩固，若慮護沙坍漲無常，第將中小亹故道開濬，俾潮水循規出入，上下塘俱可安堵。」於是改建石工之議遂寢。七月，蘇撫陳大受言：「寶山地濱大海，月浦土塘被潮衝刷，請建單石壩，外加樁石坦坡各百七十丈，並接築沙塘，使與土塘聯屬，中設涵洞宣洩。」下部議行。

十一年，常安言：「蜀山迤北有積沙四五百丈，橫亙中間。先就沙嘴開溝四，以引潮水攻刷。今伏汛已過，南沙坍卸殆盡，蜀山已在水中，潮汐漸向南趨。倘秋汛不復涌沙，則大溜竟行中小亹矣。」報聞。十二年，常安委員疏濬蜀山一帶，用切沙法疏刷。十一月朔，中小亹引河一夕沖開，大溜經由故道，南北岸水遠沙長，皆成坦途。十三年，大學士高斌、訥親先後奉命查勘塘工。斌請於東西柴石各塘後身加築土堰，攔護潮頭。四月，訥親疏陳善後事宜，命巡撫方觀承酌議。觀承請於北塘北大亹故道，及三里橋、掇轉廟等處，設竹簍滾壩，堵禦潮溝，大小山圩改建塊石塘，南塘各工，預籌防護，並將右營員弁兵丁調派，分汛防駐。下廷議允行。十六年，允巡撫永貴請，改建山陰宋家漊土塘爲石塘，加築坦水。

十七年，巡撫雅爾哈善言：「中亹山勢僅寬六里，浮沙易淤，且南岸文堂山脚有沙嘴百三十餘丈，挑溜北趨，北岸河莊山外亦有沙嘴五十餘丈，頗礙中亹大溜。現將兩處漲沙挑切疏通，俾免阻滯。」得旨嘉勉。十九年，因浙省塘工無險，省海防道。二十一年，喀爾吉善言：「水勢南趨，北塘穩固，而險工在紹興一帶。擬於宋家漊、楊柳港，照海寧魚鱗大條石塘式，建四百丈。」從之。二十三年，增築鎮海縣海塘。二十六年，蘇撫陳宏謀言，常熟、昭文濱海地方，從太倉州境接築土塘。嗣開白茆河、徐六涇二口，建閘啓閉。本年潮漲，石牆傾圮，請改爲滾壩。得旨允行。

二十七年，帝南巡，閱海寧海塘工。諭曰：「朕念海塘爲越中第一保障。比歲潮勢漸趨北大亹，實關海寧、錢塘諸邑利害。計改老鹽倉一帶柴塘爲石，而議者紛歧。及昨臨勘，則柴塘沙性澀汕，石工斷難措手，惟有力繕柴塘，得補偏救弊之一策。其悉心經理，定歲修以固塘根，增坦水石簍以資擁護。」又諭曰：「尖山、塔山之間，舊有石塘。朕今見其橫截海中，直逼大溜，實海塘扼要關鍵。就目下形勢論，或多用竹簍加鑲，或改用木櫃排砌。如將來沙漲漸遠，宜即改築條石壩工，俾屹然如砥柱，庶北岸海塘永資保障。該督撫等其善體朕意，動帑儹辦，並勒石塔山，以誌永久。」二十八年，蘇撫莊有恭言：「江南松、太海壖土性善坍，華亭、寶山向築坦坡，皆不足恃。應仿浙江老鹽倉改建塊石簍塘。」詔如所請。三十年春，帝南巡，閱視海寧海塘。諭曰：「繞城石塘，實爲全城保障。塘下坦水，祗建兩層，潮勢似覺頂衝。若補築三層，尤資裨益。著將應建之四百六十餘丈一律添建。」三月工竣。

三十五年，巡撫熊學鵬請於蕭山、山陰、會稽改建魚鱗大石塘。帝以潮勢正趨北亹，與南岸渺不相涉，斥之。三十七年，巡撫富勒渾疏報中亹引河情形，略言：「潮頭大溜，一由蜀山直趨引河，一由巖峰山西斜入引河，至河莊山中段會合，互相撞擊，仍分兩路西行，隨令員弁於引河中段挑堰溝二十餘道，導引潮溜，俾復中亹故道。」諭曰：「潮汛遷移，乃嘘吸自然之勢，若開空引河，恐徒勞無益。止宜實力保衞隄塘，以待其自循舊軌，不必執意開溝引溜，欲以人力勝海潮也。」

四十三年，浙撫王亶望疏陳海塘情形，命江督高晉會同相度。尋疏言：「章家菴一帶柴工五百丈，潮神廟前柴塘三百丈，應添建竹簍，並排列兩層樁木以防動搖。」從之。四十五年，帝南巡，幸海寧尖山閱海塘。十二月，命大學士阿桂、南河督陳輝祖赴浙履勘。疏言：「海塘工程，應建石塘二千二百丈，若改爲條石，施工易而成事速，約計三年可以蕆工。」又言：「辦理魚鱗石塘，仿東塘之例，量地勢高下，用十六層至十八層，約需三十萬。」帝命工部侍郎楊魁駐工協辦，次年八月竣工。四十九年，帝幸杭州，閱視海塘，諭曰：「老鹽倉舊有柴塘，一律添建石塘四千二百餘丈，於上年告竣，自應砌築坦水保護。乃該督撫並未慮及，設遇異漲，豈能抵禦？著將柴塘後之土順坡斜做，並於其上種柳，俾根株盤結，則石柴連爲一勢，卽以柴塘爲石塘之坦水。至范公塘一帶，亦必接建石工，方於省城足資鞏護。著撥帑五百萬，交該督撫覈算，分限分年修築。」五十二年工竣。

嘉慶四年，浙撫玉德請改山陰土塘爲柴塘。十三年，浙撫阮元請改蕭山土岸爲柴塘。十六年，浙撫蔣攸銛請將山陰各土塘隄一律建築柴塘；蘇撫章煦請將華亭土塘加築單壩二層。均從之。

道光十三年五月，巡撫富呢揚阿疏言「東西兩防塘工，先擇尤險者修築，需銀五十一萬二千餘兩」。十一月，又言「限內限外各工俱掣坍，需銀十九萬四千餘兩」。十二月，又言「東塘界內，應於前後兩塘中間，另建鱗塘二千六百餘丈，需銀九十二萬二千兩」。均下部議行。十四年，命刑部侍郎趙盛奎、前東河督嚴烺，會同富呢揚阿查勘應修各工。尋疏言：「外護塘根，無如坦水，擬自念里亭汛至鎭海汛，添建盤頭三座，改建柴塘三千三百餘丈；其西塘烏龍廟以東，應接築魚鱗石塊；海寧繞城石塘，應加高條石兩層。俟明年大汛時續辦。」遣左都御史吳椿往勘，留浙會辦。十六年三月工竣，計修築各工萬七千餘丈，用銀一百五十七萬有奇。三十年，巡撫吳文鎔疊陳海塘石工衝缺，令速搶辦。十月工竣。

咸豐七年八月，海塘埽各工猝被風潮衝坍。十二月，次第堵合。同治三年，御史洪燕昌言浙江海塘潰決，請速籌款修理。部議將浙海關等稅撥用。五年，內閣侍讀學士鍾佩賢疏陳海塘關繫東南大局，有四害三可慮。命巡撫馬新貽詳勘，修海寧魚鱗石工二百六十餘丈。六年，以浙江海塘工鉅費多，議分最要次要修築，期以十年告竣。七年，兩江總督曾國藩等請修華亭石塘護壩，嗣是塘工歲有修築。

光緒三年，修寶山北石塘護土，建護塘攔水各壩，及仁和、海寧魚鱗石塘千三百餘丈。十年，修昭文、華亭、寶山等處塘壩及石坦坡。十二年，浙江巡撫劉秉璋言，海鹽原建石塘四千六百餘丈，積年坍損過半，擬擇要興辦，埋砌者五百丈，建復者四百六十丈，需銀二十萬。允之。十八年，浙撫劉樹棠疏言，海寧繞城石塘坍塌日甚，請添築坦水，以塘工加抽絲捐積存餘欵先行開辦，隨籌款次第興修。從之。十九年，修太倉茜涇口樁石坦坡百五十一丈，鎭洋楊林口樁石二百丈，昭文施家橋至老人濱雙樁夾石護壩二百丈，華亭外塘純石斜壩四十六丈。

綜計兩省塘工，自道光中葉大修後，疊經兵燹，半就頹圮，迄同治初，興辦大工，庫款支絀，遂開辦海塘捐輸，並勸令兩省絲商，於正捐外，加抽塘工絲捐，給票請奬。旋卽停止。光緒三十年，浙江巡撫聶緝槼請復捐輸舊章，以濟要工。因二十七年以後，潮汐猛烈，次險者變爲極險，擬將柴埽各工清底拆築，非籌集鉅款，不能歷久鞏固云。

清史稿卷一百二十九

志一百四

河渠四

直省水利

清代軫恤民艱，亟修水政，黃、淮、運、永定諸河、海塘而外，舉凡直省水利，亦皆經營不遺餘力，其事可備列焉。

順治四年，給事中梁維請開荒田、興水利，章下所司。十一年，詔曰：「東南財賦之地，素稱沃壤。近年水旱爲災，民生重困，皆因水利失修，致誤農工。該督撫責成地方官悉心講求，疏通水道，修築隄防，以時蓄洩，俾水旱無虞，民安樂利。」

康熙元年，重修夾江龍興堰，又鑿大渠以廣灌漑。二年，修和州銅成堰，龍首、通濟二渠。交城磁瓦河漲，水侵城，築隄障之。三年，修嘉定楠木堰。九年，修郿縣金渠、寧曲水利。十二年，重修城固五門堰。十九年，濬常熟白茆港、武進孟瀆河。二十三年，修五河南湖隄壩。二十七年，修徽州魚梁壩。三十七年，命河督王新命修畿輔水利。

三十八年，聖祖南巡，至東光，命直隸巡撫李光地察勘漳河、滹沱河故道。覆疏言：「大名、廣平、眞定、河間所屬，凡兩河經行之處，宜開濬疏通，由館陶入運。老漳河與單家橋支流合，至鮑家嘴歸運，可分子牙河之勢。」三十九年，帝巡視子牙河隄，命於閻、留二莊間建石閘，隨時啓閉。御史劉珩言，永平、眞定近河地，應令引水入田耕種。諭曰：「水田之利，不可太驟。若剋期齊舉，必致難行。惟於興作之後，百姓知其有益，自然鼓勵效法，事必有成。」四十年，李光地言：「漳河分四支，三支歸運皆弱，一支歸淀獨強。遇水大時，當用挑水壩等法，使水分流，北不至挾滹沱以浸田，南不至合衞河以害運。」如所請行。

四十三年，挑楊村舊引河。先是子牙河廣福樓開引河時，文安、大城民謂有益，靑縣民謂不便，各集河干互控。至是河成，三縣民皆稱便。天津總兵官藍理請於豐潤、寶坻、天津開墾水田，下部議。旋諭曰：「昔李光地有此請，朕以爲不可輕舉者，蓋北方水土之性迥異南方。當時水大，以爲可種水田，不知驟漲之水，其涸甚易。觀琉璃河、莽牛河、易河之水，入夏皆涸可知。」次年部臣仍以開墾爲請，諭以此事暫宜存置，可令藍理於天津試開水田，俟冬後踏勘。

四十八年，濬鄭州賈魯河故道，自東趙訖黃河涯口新莊。於東趙建閘一，黃河涯口築草壩石閘各一。甘肅巡撫舒圖言：「唐渠口高於身，水勢不暢，應引黃河之水匯入宋澄堡。如水不足用，更於上游近黃處開河引水，酌建閘壩，以資蓄洩。」從之。江蘇巡撫于準言：「丹陽練湖，冬春洩水濟運，夏秋分灌民田。自奸民圖利，將下湖之地佃種升科，民田悉成荒瘠。請復令蓄水爲湖，得資灌漑。」從之。五十七年，以沛縣連年被水，命河督趙世顯察勘。世顯言：「金鄉、魚臺之水，由沛之昭陽湖歷微山湖，從荆山口出貓兒窩入運。近因荆山口十字河淤墊，致低田被淹。應將沙淤濬通，再於十字河上築草壩。若遇運河水淺，卽令堵塞，俾水全歸微山湖，出湖口閘以濟運，則民田漕運兩有裨益。」從之。

世宗時，於畿輔水利尤多區畫。雍正三年，直隸大水，命怡親王允祥、大學士朱軾相度修治。因疏請濬治衞河、淀池、子牙、永定諸河，更於京東之灤、薊，京南之文、霸，設營田專官，經畫疆理。召募老農，謀導耕種。四年，定營田四局，設水利營田府，命怡親王總理其事，置觀察使一。自五年分局至七年，營成水田六千頃有奇。後因水力贏縮靡常，半就湮廢。是年命侍郎通智、單疇書，會同川督岳鍾琪，開惠農渠於查漢托護，以益屯守，復建昌潤渠於惠農渠東北。六年，浚文水近汾河渠，引灌民田，開嵩明州楊林海以洩水成田。

八年，帝以寧夏水利在大清、漢、唐三渠，日久頹壞，命通智同光祿卿史在甲勘修。是年修廣西興安靈渠，以利農田，通行舟。濬陳、許二州溝洫。

十年，雲貴總督鄂爾泰言：「滇省水利全在昆明海口，現經修濬，膏腴田地漸次涸出。惟盤龍江、金棱、銀棱、寶象等河俱與海口近，亟宜建築壩臺。」又言：「楊林海水勢暢流，周圍草塘均可招民開墾。宜良江頭村舊河地形稍高，宜另開河道以資灌溉。尋甸河整石難鑿，宜另濬沙河，俾得暢流。東川城北漫海，水消田出，亦可招墾。」均從之。十二年，營田觀察使陳時夏言：「文安、大城界內修橫隄千五百餘丈，營田四十八頃俱獲豐收。但恐水涸即成旱田，請於大隄東南開建石閘，北岸多設涵洞，以資宣洩。」從之。

乾隆元年，大學士嵇曾筠請疏濬杭、湖水利。兩廣總督鄂彌達言：「廣、肇二屬沿江一帶基圍，關繫民田廬舍，常致衝坍，請於險要處改土爲石，陸續興建。」下部議行。江南大雨水，淮陽被淹，命濬宿遷、桃源、淸河、安東及高郵、寶應各水道。二年，命總督尹繼善籌畫雲南水利，無論通粵通川及本省河海，凡有關民食者，及時興修。陝西巡撫崔紀陳鑿井灌田以佐水利之議。諭令詳籌，勿擾閭閻。

三年，大學士管川陝總督事查郎阿言：「瓜州地多水少，民田資以灌溉者，惟疏勒河之水，河流微細。查靖逆衞北有川北、鞏昌兩湖，西流合一，名蘑菇溝。其西有三道柳條溝，北流歸擺帶湖。請從中腰建閘，下濬一渠，截兩溝之水盡入渠中，爲回民灌田之利。」貴州總督張廣泗請開鑿黔省河道，自都勻經舊施秉通清水江至湖南黔陽，直達常德，又由獨山三脚坉達古州，抵廣西懷遠，直達廣東，興天地自然之利。均下部議行。四年，安徽布政使晏斯盛言，江北鳳、潁以睢水爲經，廬州以巢湖爲緯，他如六安舊有堤堰，滁、泗亦多溪壑，概應動帑及時修濬，從之。川陝總督鄂彌達等言：「寧夏新渠、寶豐，前因地震水湧，二縣治俱沉沒。請裁其可耕之田，將漢渠尾展長以資灌溉。惟查漢渠百九十餘里，渠尾餘水無多，若將惠農廢渠口修整引水，使漢渠尾接長，可灌新、寶良田數千頃。」上嘉勉之。

五年，河督顧琮言：「前經總河白鍾山奏稱『漳河復歸故道，則衞河不致泛溢，爲一勞永逸之計』。臣等確勘，自和兒寨東起，至青縣鮑家嘴入運之處止，計程六百餘里，河身淤淺，兩岸居民稠密。若盆以全漳之水，勢難容納，則改由故道，於直隸不能無患，然不由故道，又於山東不能無患。惟有分洩防禦，使兩省均無所害，庶爲經久之圖。」總辦江南水利大理卿汪漋言：「鹽城東塘河及阜寧、山陽各河道，高郵、寶應下游，及串場河、溱潼河，俱淤淺，應挑濬。其串場河之范堤，及拼茶角二場隄工，俱逼海濱，應加寬厚。揚州各閘壩應疏築，限三年告成。」均如所請行。安徽巡撫陳大受言：「江北水利關繫田功。原任藩司晏斯盛奏定興修，估銀四十餘萬。竊思水利固爲旱澇有備，而緩急輕重，必須熟籌。各州縣所報，如河圩湖澤，及大溝長渠，工程浩繁，民力不能獨舉，自應官爲經理。其餘零星塘堨，現有管業之人，原皆自行疏濬，朝廷豈能以有限錢糧，爲小民代謀畚鍤？」上韙之。河南巡撫雅爾圖言：「豫省水利工程，惟上蔡估建隄壩，係防蔡河異漲之水。其餘汝河、溰河隄堰，應令地主自行修補。至開濬汝河、潁河等工，請停罷以節糜費。」報聞。

六年春，雅爾圖言：「永城地窪積潦，城南舊有渠身長三萬一千餘丈，通澮河，年久淤淺。現乘農隙，勸諭紳民挑濬，俾水有歸。」又言：「前奉諭旨，開濬省城乾涯河，復於中牟創開新河一，分賈魯河水勢，由沙河會乾涯河，以達江南之渦河而匯於淮，長六萬五千餘丈，今已竣工。」賜名惠濟。

九年，御史柴潮生言：「北方地勢平衍，原有河渠淀泊水道可尋。如聽其自盈自涸，則有水無利而獨受其害。請遣大臣齎帑興修。」命吏部尙書劉於義往保定，會同總督高斌，督率辦理。尋請將宛平、良鄉、涿州、新城、雄縣、大城舊有淀渠，與擬開河道，並隄埝涵洞橋閘，次第興工。下廷議，如所請行。先是御史張漢疏陳湖廣水利，命總督鄂彌達查勘。至是疏言：「治水之法，有不可與水爭地者，有不能棄地就水者。三楚之水，百派千條，其江邊湖岸未開之隙地，須嚴禁私築小垸，俾水有所匯，以緩其流，所謂不可爭者也。其倚江傍湖已闢之沃壤，須加謹防護隄塍，俾民有所依以資其生，所謂不能棄者也。其各屬迎溜頂衝處，長隄連接，責令每歲增高培厚，寓疏濬於壅築之中。」報聞。

十一年，大學士署河督劉於義等疏陳慶雲、鹽山續勘疏濬事宜，下部議行。青州瀰河水漲，衝開百餘丈決口，旋堵。博興、樂安積水，挑引河導入溜河。十二年夏，宿遷、桃源、清河、安東之六塘河，及沭陽、海州之沭河，山水漲發，地方被淹，命大學士高斌、總督尹繼善，會同河臣周學健往勘。議於險處加寬挑直，建石橋，開引河，官民協力防護，從之。十三年，湖北巡撫彭樹葵言：「荆襄一帶，江湖袤延千餘里，一遇異漲，必借餘地容納。宋孟珙知江陵時，曾修三海八櫃以瀦水。無如水濁易淤，小民趨利者，因於岸脚湖心，多方截流以成淤，隨借水糧魚課，四圍築隄以成垸，人與水爭地爲利，以致水與人爭地爲殃。惟有杜其將來，將現垸若干，著爲定數，此外不許私自增加。」報聞。十四年，雲南巡撫圖爾炳阿以疏鑿金沙江底績，纂進金沙江志。

十七年，江蘇巡撫莊有恭言：「蘇州之福山塘河，太倉之劉河，乃常熟等八州縣水利攸關，歲久不修，旱澇無備。請於附河兩岸霑及水利各區，按畝酌捐，興工修建。」得旨嘉奬。十八年，陝甘總督黃廷桂言：「巴里坤之尖山子至奎素，百餘里內地畝皆取用南山之水，自山口以外，多滲入沙磧，必用木槽接引，方可暢流。請於甘、涼、肅三處撥種地官兵千名，前往疏濬。」如所請行。以江南、山東、河南積年被水，而山東之水匯於淮、徐，河南之水達於鳳、潁，須會三省全局以治之，命侍郎裘曰修、夢麟往來察閱，會江蘇、安徽、河南各巡撫計議。尋曰修言：「包、澮二河在宿、永連界處，爲洩水通商之要道。入安徽境內有石橋六，應加寬展。洪河、睢河與虹縣之柏家河、下江之林子河、羅家河，應補修子堰。鳳臺之裔溝、黑濠、涇泥三河應挑深，使暢達入淮。」夢麟言：「碭山、蕭縣、宿遷、桃源、山陽、阜寧、沭陽共有支河二十餘，應分晰疏濬。」均從之。

二十三年，豫省開濬河道工竣，允紳民請，於永城建萬歲亭，並御製文誌之。山東巡撫阿爾泰言：「濟寧、汶上、嘉祥毗連蜀山湖，地畝湮沒約千餘頃，擬將金綫、利運二閘啓閉，使湖水濟運，坡水歸湖，可以盡數涸出。」得旨嘉獎。二十四年，濬京師護城河及圓明園一帶河。御史李宜青請疏濬畿輔水源，命直隸總督方觀承條議以聞。觀承言：「東西二淀千里長隄，卽宋臣何承矩興堰遺蹟。今昔情形有異。倘泥往迹，害將莫救。如就淀言利，則三百餘里中水村物產，視昔加饒，惟遇旱而求通雨澤於水土之氣，則人事有當盡者耳。」四川總督開泰言：「灌縣都江大堰引灌成都各屬及眉、邛二州田畝，寧遠南有大渡河，自冕寧抵會理三口，與金沙江合，支河雜出，堰壩最多，俱應相機修濬。」部議從之。

初，御史吳鵬南請責成興修水土之政，命各督撫經畫。浙江巡撫莊有恭言水之大利五，江、湖、海、渠、泉。他省得其二三，而浙實兼數利。金、衢、嚴三郡，各有山泉溪澗，灌注成渠，堰壩塘蕩，無不具備。惟仁和、錢塘之上中市、三河垸、區塘、茗溪塘，海鹽之白洋河、湯家舖廟、涇河，長興之東西南漊港，永嘉之七都新洲陡門、九都水湫、三十四都黃田浦陡門，實應修舉，以收已然之利。至杭州臨平湖、紹興夏蓋湖，有關田疇大利，應設法疏挑，或召佃墾種，再體勘辦理。」允之。

二十五年，阿爾泰疏言：「東省水利，以濟運爲關鍵，以入海爲歸宿。濟、東、泰、武之老黃河、馬頰、徒駭等河，兗、沂、曹之洸、涑等河，共六十餘道，皆挑濬通暢。運河民埝計長七百餘里，亦修整完固。青、萊所屬樂安、平度、昌邑、濰縣、高密等州縣，應挑支河三十餘，俱節次挑竣。萊州之膠萊河，納上游諸水，高密有膠河，亦趨膠萊，易致漫溢，應導入百脈湖，以分水勢。沂州屬蘭、郯境內應開之武城等溝河二十五道，又續挑之響水等溝河二十五道，引窪地之水由江南邳州入運，並已工竣。」帝嘉之。

二十六年，河東鹽政薩哈岱言：「鹽池地窪，全恃姚暹渠爲宣洩。近因渠身日高，漲漫南北隄堰禁牆內。黑河實產鹽之本，年久淺溢。涑水河西地勢北高南下，倘汛漲南趨，則鹽池益難保護。五姓湖爲衆水所匯，恐下游阻滯，逆行爲患。均應及時疏通。」從之。明年，帝南巡，諭曰：「江南濱河阻洳之區，霖潦堪虞，而下游蓄洩機宜，尤以洪澤湖爲關鍵。自邵伯以下，金灣及東西灣滾壩，節節措置，特爲三湖旁疏曲引起見。若湖源絜要，莫如廣疏清口，乃及今第一義。至六塘河尾閭橫經鹽河以達於海，所有修防事宜，該督、撫、河臣會同鹽政，悉心覈議以聞。」

二十八年，帝以天津、文安、大城屢被霪潦，積水未消，命大學士兆惠督率經理。又以曰修前辦豫省水利有效，命馳往會勘，復命阿桂會同總督方觀承酌辦。阿桂等以「子牙河自大城張家莊以下，分爲正、支二河，支河之尾歸入正河，形勢不順。請於子牙河村南斜向東北挑河二十餘里；安州依城河爲入淀尾閭，應挑長二千二百餘丈；安、肅之漕河，應挑長三千七百餘丈。其上游之姜女廟，應建滾水石壩，使水由正河歸淀。新安韓家埝一帶爲西北諸水匯歸之所，應挑引河十三里有奇」。如所議行。

二十九年，改建惠濟河石閘。修湖北溪鎮十里長隄，及廣濟、黃梅江隄。濬江都堰，開支河一，使漲水徑達外江。三十二年，修築淀河隄岸，自文安三灘里至大城莊兒頭，長二千七百餘丈。山東巡撫崔應階言：「武定近海地窪，每遇汛漲，全恃徒駭、馬頰二河分流入海。徒駭下游至霑化入海處，地形轉高，難議興挑。勘有壩上莊舊漫口河形地勢順利，應開支河，俾兩道分洩。」江蘇巡撫明德言：「蘇州南受浙江諸山經由太湖之水，北受揚子江由鎮江入運之水，伏秋汛發，多致漫溢。請修吳江、震澤等十縣塘路。」均從之。

三十三年，滹沱水漲，逼臨正定城根，添築城西南新隄五百七十餘丈，迴水隄迤東築挑水壩五。河神祠前築魚鱗壩八十丈。藁城東北兩面，滹水繞流，順岸築埽三百六十丈，埽後加築土埝。三十五年，挑濬蘇郡入海河道，白茆河自支塘鎮至滾水壩，長六千五百三十餘丈；徐六涇河自陳蕩橋至田家壩，長五千九百九十餘丈。三十六年，濬海州之薔薇、王家口、下坊口、王家溝四河。以直隸被水，命侍郎袁守侗、德成分往各處督率疏消。尙書裘曰修往來調度，總司其事。山東巡撫徐績查勘小清河情形，請自萬丈口挑至還河口，計四十里，使正、引兩河分流，由河入泊，由泊達溝歸海。詔如所議行。廣西巡撫陳輝祖言：「興安陡河源出海陽山，至分水潭，舊築鏵嘴以分水勢，七分入湘江爲北陡，三分入灕江爲南陡，於進水陡口內南北建大小天坪，以資蓄洩，復建梅陽坪，以遏旁行故道，並以引灌糧田。近因連雨衝陷，請修復土石各工。」下部知之。

三十八年，挑濬禹城漯河、高密百脈湖引河。四十年，修築武昌省城金河洲、太乙宮濱江石岸。江南旱，高、寶皆歉收。總督高晉，河督吳嗣爵、薩載合疏言：「嗣後洪湖水勢，應以高堰誌樁爲準，各閘壩涵洞相機啓放，總使運河存水五尺以濟漕，餘水儘歸下河以資灌溉。」從之。四十一年，修西安四十七州縣渠堰共千一百餘處。總督高晉言：「瓜洲城外查子港工接連廻瀾壩，江岸忽於六月裂縫，坍塌入江約百餘丈，西南城牆塌四十餘丈。現在水勢已平，擬將瓜洲量爲收進，讓地於江，並沿岸築土壩以通縴路。」諭令妥善經理。

四十二年，山西巡撫覺羅巴延三言：「太原西有風峪口，旁俱大山，大雨後山水下注縣城，猝難捍禦。請自峪口起，開河溝一，直達汾水，所占民田止四十餘畝，而太原一城可期永無水患。」四十三年，疏濬湖州漊港七十二。修昌邑海隄，居民認墾隄內鹻廢地千二百餘頃。濬鎭洋劉河，自西陳門涇上頭起，至王家港止。四十四年，改建宣化城外柳川河石壩，並添築石坦坡。漳河下游沙莊壩漫口，淹及成安、廣平，水無歸宿。於成安柏寺營至杜木營，繞築土埝千一百餘丈。

四十七年，雲南巡撫劉秉恬言：「鄧川之瀰苴河，上通浪穹，下注洱海，中分東西兩湖。東湖由河入海，河高湖低，每遇夏秋漲發，迴流入湖，淹沒附近糧田。紳民倡捐，將湖尾入海處堵塞，另開子河，引東湖水直趨洱海，又自青石澗至天洞山，築長隄、建石閘，使河歸隄內，水由閘出，歷年所淹田萬一千二百餘畝，全行涸出。」得旨嘉獎。又言：「楚雄龍川江自鎭南發源，入金沙江。近年河溜逼城，請於相近鎭水塔挑濬深通，導引河溜復舊。又瀫江之撫仙湖下游，有清水、渾水河各一，渾水之牛舌石壩被衝，匯流入清，以致爲害。請於牛舌壩東另開子河，以洩渾水，並將河身改直，使清水暢達。」上奬勉之。

五十年，河南巡撫何裕城言：「衞河歷汲、淇、滑、濬四縣，濱河田畝，農民築隄以防淹浸，不能導河灌田。輝縣百泉地勢卑下，而獲嘉等縣較高，難以紆迴導引。其餘汲縣、新鄉並無泉源，祇有鑿井一法，既可灌田，亦藉以通地氣，已派員試開。」濬賈魯、惠濟兩河。修寧夏漢延、唐來、大清、惠農四渠。五十一年，山東商人捐資挑濬鹽河，並於東阿、長清、齊河、歷城建閘八。

五十三年，荆州萬城隄潰，水從西北兩門入，命大學士阿桂往勘。尋疏言：「此次被水較重，士人多以下游之窖金洲沙漲逼溜所致，恐開挑引河，江水平漾無勢，仍至淤閉。請於對岸楊林洲靠隄先築土壩，再接築雞嘴石壩，逐步前進，激溜向南，俟洲坳刷成兜灣，再趁勢酌挑引河，較爲得力。」報聞。五十四年，濬通惠河、朝陽門外護城河及溫楡河。五十五年，培修千里長堤，瀦龍河、大清河、盧僧河等隄，鳳河東隄，及西沽、南倉、海河等疊道，改建豐城東西隄石工。築潛江仙人舊隄千二百八十餘丈。挑濬永城洪河。

五十七年，兩江總督書麟等言：「瓜洲均係柴壩，江流溜急，接築石磯，不能鞏固。請於迴瀾舊壩外，拋砌碎石，護住埽根，自裏頭坍卸舊城處所靠岸，亦用碎石拋砌，上面鑲埽。嗣後每年挑溜，可期溜勢漸遠。」得旨允行。又言：「無爲州河形兜灣，應將永成圩壩加築寬厚。擬於馬頭埂開空河口三十丈，曾家腦至東圩壩舊河亦展寬三十丈，俾河流順暢。」上韙之。改蕭山荷花池隄爲石工，堵河內民堰漫口五十餘丈，修復豐城江岸石隄。五十九年，荆州沙市大壩，因江流激射，勢露頂衝，添建草壩。

道。嘉慶五年，挑濬牤牛河、黃家河，及新安、安、雄、任丘、霸、高陽、正定、新樂八州縣河道。六年，京師連日大雨，撥內帑挑濬紫禁城內外大城以內各河道，及圓明園一帶引河。文安被水，命直督陳大文詳議。疏言：「文地極窪，受水淺，地與河平，自建治以來，別無疏濬章程。惟查大城河之廣安橫隄，爲文邑保障，迤南有河間千里長隄，可資外衞。兩隄之中，有新建閘座，以洩河間漫水。再於地勢稍下之龍潭灣，開溝疏濬，或不致久淹。」從之。

八年，伊犁將軍松筠言：「伊犁土田肥潤，可耕之地甚多，向因乏水，今擬設法疏渠引泉，以資汲灌。應請廣益耕屯，以裕滿兵生計，並借官款備辦耕種器物。」如所請行。十一年，疏築直隸千里長隄，及新舊格淀隄。十二年，湖廣總督汪志伊言：「隄垸保衞田廬，關繫緊要。漢陽等州縣均有未涸田畝，未築隄塍。應亟籌勘辦，以興水利而衞民田。」從之。十六年，以畿輔災歉，命修築任丘等州縣長隄，並雄縣疊道，以工代賑。十七年，濬武進孟瀆河。挑阜寧救生河，太倉劉河。修天津、靜海兩縣河道。濬東平小清河，及安流、龍拱二河，民便河。十八年。江南河道總督初彭齡疏陳江省下河水利，宜加修理。得旨允行。十九年，大名、清豐、南樂三縣七十餘莊地畝，久爲衞水淹沒，村民自願出夫挑空，請官爲彈壓。御史王嘉棟疏言：「杭、嘉、湖被旱歉收，請開濬西湖，以工代賑。」皆允之。二十一年，疏濬吳淞江。二十二年，章丘民言，長白、東嶺二山之水，向歸小清河入海。自灰壩被衝，水歸引河，章丘等縣屢被水災。命禮部侍郎李鴻賓往勘。次年，巡撫陳預疏言：「小淸河以章丘、鄒平、長山、新城爲上游，高苑、博興、樂安爲下游，正河及支派溝多有淤墊。請先疏濬上游，並將滸山等二泊一湖挑空寬深，則水勢不至建瓴直注，下游亦不驟虞漫溢。」得旨允行。建沔陽石閘，挑引渠，以時啓閉。

二十五年，修都江堰。御史陳鴻條陳興修水利營田事宜，命直隸、山東、山西、河南各督撫一體籌畫興舉。修襄陽老龍石隄。庫車辦事大臣嵩安疏報別什托固喇克等處挑渠引水，墾田五萬三千餘畝。有詔褒勉。

道光元年，修湖州黑窰廠江隄，濬涇陽龍洞渠、鳳陽新橋河。二年，加築襄陽老龍石隄。濬正定柏棠、護城、洩水、東大道等河，並修斜角、迴水等隄。興修杭州北新關外官河縴道。直隸總督顏檢請築滄州捷地減河閘壩，濬靑縣、興濟兩減河，修通州果渠村壩埝。皆如議行。疏濬銅山荆山橋河道，及南鄉奎河。挑江都三汊河子、鹽河五閘淤淺，及沙漫州江口沙埂。修豐城及新建惠民橋隄。三年，修汾河隄堰，並移築李綽堰，改空河身。修天門、京山、鍾祥隄垸，及監利櫻桃堰、荆門沙洋堤。挑空熱河旱河，並添修荆條單壩。堵文安崔家窰、崔家房漫口。修河東鹽池馬道護隄，並濬姚暹渠、李綽堰、涑水河。刑部尙書蔣攸銛言：「上年漳河漫水下流，由大名、元城直達紅花隄，潰決隄埝，由館陶入衞，應亟籌議。」命大學士戴均元馳勘。尋奏言：「元城引河穿隄入衞，河身窄狹，應挑直展寬，以暢其流。紅花隄以下新刷水溝五百餘丈，應挑成河道，以期分洩。」又：「漳自南徙合洹以來，衞水爲其頂阻，每遇異漲，民埝不能捍禦，以致安陽、內黃頻年衝決。今漳北趨，業已分殺水勢。擬於樊馬坊、陳家村河幹北岸築壩堵截，使分流歸併一處。自柴村橋起，接連洹河北岸，建築土壩，樊馬坊以下王家口添築土格土壩，以免串流南趨，使漳、洹不致再合。」詔皆從之。

四年，築德化、建昌、南昌、新建四縣圩隄。修培荊州萬城大隄橫塘以下各工，及監利任家口、吳謝垸漫決隄塍。給事中朱爲弼請疏浚劉河、吳淞，及附近太湖各河。御史郎葆辰請修太湖七十二漊港，引苕、霅諸水入湖以達於海。御史程邦憲請擇太湖洩水最要處所，如吳江隄之垂虹橋、遺愛亭、龐山湖，疏剔沙淤，剷除蕩田，令東注之水源流無滯。先後疏入，命兩江總督孫玉庭、江蘇巡撫韓文綺、浙江巡撫帥承瀛會勘。玉庭等言：「江南之蘇、松、常、太，浙江之杭、嘉、湖等屬，河道淤墊，遇漲輒溢。現勘水道形勢，疆域雖分兩省，源委實共一流。請專任大員統治全局。」命江蘇按察使林則徐綜辦江、浙水利。

御史陳澐疏陳畿輔水利，請分別緩急修理。給事中張元模請於趙北口連橋以南開橋一座，以古趙河爲引河，並挑北盧僧河，以分減白溝之獨流。帝命江西巡撫程含章署工部侍郎，辦理直隸水利，會同蔣攸銛履勘。含章請先理大綱，興辦大工九。如疏天津海口，濬東西淀、大清河，及相度永定河下口，疏子牙河積水，復南運河舊制，估修北運河，培築千里長隄，先行擇辦。此外如三支、黑龍港、宣惠、滹沱各舊河，沙、洋、洺、滋、洨、唐、龍鳳、龍泉、瀦龍、牤牛等河，及文安、大城、安州、新安等隄工，分年次第辦理。又言勘定應濬各河道，塌河淀承六減河，下達七里海，應挑寬𥂖口河以洩北運、大清、永定、子牙四河之水入淀。再挑西隄引河，添建草壩，洩淀水入七里海，挑邢家坨，洩七里海水入薊運河，達北塘入海。至東淀、西淀爲全省瀦水要區，十二連橋爲南北通途，亦應擇要修治。均如所請行。濬虞城惠民溝，夏邑巴清河、永城減水溝。玉庭言：「三江水利，如青浦、婁縣、吳江、震澤、華亭承太湖水，下注黃浦，各支河淺滯淤阻，亟應修砌。吳淞江爲太湖下注幹河，由上海出閘，與黃浦合流入海。因去路阻塞，流行不暢，應於受淤最厚處大加挑浚。」得旨允行。

五年，陝西巡撫盧坤疏報咸寧之龍首渠，長安之蒼龍河，涇陽之清、冶二河，盩厔之澇、峪等河，鄠縣之井田等渠，岐山之石頭河，寶雞之利民等渠，華州之方山等河，楡林之楡溪河、芹河，均挑濬工竣，開復水田百餘頃至數百頃不等。修監利江隄，襄陽老龍石隄。已革御史蔣時進畿輔水利志百卷。直隸總督蔣攸銛疏陳防守千里長隄善後事宜，報聞。安陽、湯陰廣潤陂，屢因漳河決口淤墊，命巡撫程祖洛委員確勘挑渠，將積水引入衞河，使及早涸復。築荆州得勝臺民隄。

七年，閩浙總督孫爾準言：「莆田木蘭陂上受諸渠之水，下截海潮，灌溉南北洋平田二十餘萬畝。近因屢經暴漲，泥沙淤積，陡門石隄損壞，以致頻歲歉收。現經率同士民捐資修培南北兩岸石工告竣。」得旨嘉獎。濬漢川草橋口、消渦湖口水道。御史程德潤言荆山王家營屢決，下游各州縣連年被災。請飭相度修築。命湖廣總督嵩孚籌議，因請仿黃河工程切灘法，平其直射之溜勢，再將下游沙洲開挑引河，破其環抱，以順正流。帝恐與水爭地，虛糜無益，命刑部尙書陳若霖等往勘。覆言：「京山決口三百二十餘丈，鍾祥潰口百七十餘丈，正河經行二百餘年，不應舍此別尋故道。惟有挑除胡李灣沙塊，先暢下游去路，將京山口門挽築月隄，展寬水道，鍾祥口門於堵閉後，添築石壩二，護隄攻沙。」帝韙之，命嵩孚駐工督辦。

八年，河南巡撫楊國楨言：「湯河、伏道河並廣潤陂上游之羑河、新惠等河，向皆朝宗於衞，因故道久湮，頻年漫溢。現爲一勞永逸之計，因勢利導，悉令暢流。又南陽白河、淅川、丹江水勢浩瀚，俱切近城根，亟應築碎石、磨盤等壩二十餘道，分別挑溜抵禦。」均如所請行。挑濬冀州東海子淤塞溝身，以工代賑。

九年，修宿遷各河隄岸，丹陽下練湖閘壩。濬宿州奎河。築喀什噶爾新城沿河隄岸。

兩江總督蔣攸銛言：「徐州河道，如蕭縣龍山河，邳州睢寧界之白塘河，邳州舊城民便河，碭山利民、永定二河，又沛縣隄工，邳州沂河民埝，豐縣太行隄，皆最要之工，請次第估辦興挑。」從之。十年，修湖北省會江岸，並添建石壩。挑濬漳河故道。修保定南關外河道，及徐河石橋、河間陳家門隄。濬東平小清河，及安流、龍拱二河。修公安、監利隄。

十一年，修南昌、新建、進賢圩隄，及河間、獻縣河隄，天門漢水南岸隄工。桐梓被水，開濬戴家溝河道。命工部尚書朱士彥察勘江南水患，疏請修築無爲及銅陵江壩。給事中邵正笏言江湖漲灘占墾日甚，諭兩江總督陶澍、湖廣總督盧坤等飭屬詳勘，其沙洲地畝無礙水道者，聽民認墾，否則設法嚴禁。十二年，挑除星子蓼花池淤沙，疏通溝道，並築避沙塹壩。修築南昌、新建圩隄，又改豐城土隄爲石。

十三年，湖廣總督訥爾經額請修襄陽老龍及漢陽護城石隄，武昌、荆州沿江隄岸。兩江總督陶澍請修六合雙城、果盒二圩隄埂，濬孟瀆、得勝、灣港三河，並建閘座。均如議行。戶部請興修直隸水利城工，命總督琦善確察附近民田之溝渠陂塘，擇要興修，以工代賑。御史朱逵吉言，湖北連年被水，請疏江水支河，使南匯洞庭湖，疏漢水支河，使北匯三臺等湖，並疏江、漢支河，使分匯雲夢，七澤間隄防可固，水患可息。御史陳諟言，安陸濱江隄塍衝決爲害，請建五閘壩，挑濬河道，以洩水勢。疏入，先後命訥爾經額、尹濟源、吳榮光等遴員詳勘。

十四年，修良鄉河道橋座。濬沔陽天門、牛蹏支河，漢陽通順支河，並修築濱臨江、漢各隄。濬石首、潛江、漢川支河，修荊州萬城大隄，華容等縣水衝官民各垸。濬碭山利民、永定二河。築南昌、新建、進賢、建昌、鄱陽、德安、星子、德化八縣水淹圩隄。修潛江、鍾祥、京山、天門、沔陽、漢陽六州縣臨江潰隄，以工代賑。修邳、宿二州縣沂河隄埝，及王翻湖等工。濬太倉、七浦及太湖以下泖澱，並修元和南塘寶帶橋。

十六年，濬河東姚暹渠。修庫車沿河隄壩。濬海鹽河道。又貸江蘇司庫銀濬鹽城皮大河、豐縣順隄河，並修築隄工，從兩江總督林則徐等請也。命大學士穆彰阿、步軍統領耆英、工部尚書載銓，勘估京城內外應修河道溝渠。十七年，修武昌沿江石岸，鍾祥劉公菴、何家潭老隄，潛江城外土隄，及豐城土石隄工，並建小港口石閘石埽。十八年，修黃梅隄。濬豐潤、玉田黑龍河。

十九年，修武昌保安門外江隄，蘄州衞軍堤，漢陽臨江石隄。葉爾羌參贊大臣恩特亨額覆陳巴爾楚克開墾屯田情形。先是，帝允伊犁將軍特依順保之請，命於巴爾楚克開墾屯田。嗣署參贊大臣金和疏陳不便，復命恩特亨額詳籌。至是，疏言：「該處渠身僅三百二十八里有奇，沿隄兩岸培修，水勢甚旺，足資灌溉。並派屯丁分段看守，遇水漲時，有渠旁草湖可洩，不致淹漫要路。」諭：「照舊妥辦，務於屯務邊防實有裨益。」伊犁將軍闊福疏報，額魯特愛曼所屬界內塔什畢圖，開正渠二萬五千七百餘丈，計百四十餘里，得地十六萬四千餘畝，實屬肥腴，引水足資灌溉。詔褒勉之。

是歲漢水盛漲，漢川、沔陽、天門、京山隄垸潰決。二十年，總督周天爵疏報江、漢情形，擬疏堵章程六：一，沙灘上游作一引壩，攔入湖口，再作沙隄障其外面，以堵旁洩；一，江之南岸改虎渡口東支隄爲西隄，別添新東堤，留寬水路四里餘，下達黃金口，歸於洞庭，再於石首調弦口留三四十里沮洳之地，瀉入洞庭；一，江之北岸舊有閘門，應改爲滾壩，冬啓夏閉；一，襄陽上游多作挑壩，撐水外出，再於險要處所，加築護隄護灘；一，襄陽河四面隄畔，應用磚石多砌陡門，夏令相機啓閉；一，襄河水勢浩大，應添造滾壩，冬啓夏閉，於兩岸低窪處所，引渠納水。下所司議行。是年修華容、武陵、龍陽、沅江四縣官民隄垸，又修荊州大隄，及公安、監利、江陵、潛江四縣隄工。

二十二年，堵鹿邑渦河決口。先是，黃水決口，大溜直趨渦河，將南岸觀武集、鄭橋、劉窪莊、古家橋及淮寧之閻家口、吳家橋、徐家灘、婁家林、季家樓隄頂漫塌，太和民田悉成巨浸，阜陽以次州縣亦被漫淹。至是，安徽巡撫程楙采言：「豫工將次合龍，渦河決口若不及時興修，下游受害益深。請敕河南撫臣迅籌堵築。」從之。湖廣總督裕泰等疏報江水盛漲，衝陷萬城隄以上之吳家橋水閘，並決下游上漁埠頭大堤，直灌荆州郡城，倉庫監獄均被淹漫。水消退後，而埠頭漫口較寬，勢難對口接築。擬修挽月隄一，並先於上下游各築橫隄一。」如所請行。修築庫倫隄壩，及鄒縣橫河口、李家河口民堰。

二十三年，直隸總督訥爾經額疏陳直隸難以興舉屯政水利，略云：「天津至山海關，戶口殷繁，地無遺利。其無人開墾之處，乃沿海鹻灘，潮水鹹濇，不足以資灌溉。至全省水利，歷經試墾水田，屢興屢廢，總由南北水土異宜，民多未便。而開源、疏泊、建閘、修塘，皆需重帑，未敢輕議試行。但宜於各境溝洫及時疏通，以期旱澇有備，或開鑿井泉，以車戽水，亦足裨益田功。」如所議行。修海陽寮哥宮、洄溪、竹崎頭隄工。

二十四年，修江夏江隄。濬海州沭河。七月，荆州江勢汎漲，李家埠內隄決口，水灌城內。江陵虎渡口汛江支各隄亦多漫溢。諭總督裕泰籌款修築。九月，萬城大隄合龍。伊犁將軍布彥泰等言：「惠遠城東阿齊烏蘇廢地可墾復良田十餘萬畝，擬引哈什河水以資灌注，將塔什鄂斯坦田莊舊有渠道展寬，接開新渠，引入阿齊烏蘇東界，並間段酌挑支河。」又言：「伊拉里克地畝與喀喇沙爾屬蒙古游牧地以山爲界，該處河水一道，由山之東面流出，距游牧地尚隔一山，於蒙古生計無礙，堪以開墾。請濬大渠支渠並洩水渠，引用伊拉里克河水。」又言：「奎屯地方寬廣，有河一道，係由庫爾喀喇烏蘇南山積雪融化匯流成河，近水地畝早有營屯戶民承種。又蘇沁荒地有萬餘畝，土脈肥潤，祗須挑渠引水，可以俱成沃壤。」均如所請行。

二十五年，濬賈魯河，修汶上馬踏湖民堰。命喀喇沙爾辦事大臣全慶查勘和爾罕水利，疏言：「和爾罕地本膏腴，宜將西北哈拉木扎什水渠並東南和色熱瓦特大渠接引，可資耕種。中隔大小沙梁，業已挑通，宜於衝要處砌石釘樁，使沙土不致坍卸，渠道日深，足以灌溉良田。」又言：「伊拉里克地居吐魯番所轄托克遜軍臺之西，土脈腴潤，謂之板土戈壁，其西爲沙石戈壁。二百餘里，至山口出泉處，有大阿拉渾、小阿拉渾兩水，匯成一河。從前渠道未開，水無收束，一至沙石戈壁，散漫沙中，而板土戈壁水流不到，轉成荒灘。今將極西之水導引而東，在沙石戈壁鑿成大渠三段，復於板土戈壁多開支渠，卽遇大汛，水有所歸。又吐魯番地畝多係掘井取泉，名曰卡井，連環導引，其利甚溥。惟高埠難引水逆流而上，應聽戶民自行空井，冬春水微時，可補不足。」下廷臣議行。

二十六年，烏魯木齊都統惟勤請修理喀喇沙爾渠道壩隄，並陳章程四，命伊犁將軍薩迎阿覆覈，尙無流弊，詔如所請行。六塘河隄衝潰，各州縣連年被水，命兩江總督璧昌等覈辦。覆言，海州境內六塘河及薔薇河淤墊衝決，田廬受淹，於運道宣防，大有關繫，應從速借款挑築，允之。修溫楡河果渠村壩埽。二十七年，扎薩克郡王伯錫爾呈獻私墾地畝，內有生地四千八百三十餘畝，接濬新渠二，添開支渠二，以資分灌。

二十八年，兩江總督李星沅請修沛縣民埝埽壩，裕泰請修江夏隄工、鍾祥廖家店外灘岸，直隸總督訥爾經額請修築萬全護城石壩，均如所請。御史楊彤如劾河南撫臣三次挑穵賈魯河決口，費幾百萬，迄無成功，請敕查辦。詔褫鄂順安以下職。新任巡撫潘鐸疏言：「賈魯河工程應以復朱仙鎮爲修河關鍵。惟朱仙鎮內及街南北河道淤墊最甚，今議添辦柴稭埽工，以防兩岸淤沙。其淤沙最深處，挑濬較難，另擇乾土十數里，改道以通舊河，責成各員賠修，限四十五日工竣。」從之。

二十九年，江蘇巡撫傅繩勛言：「陰雨連緜，積水無從宣洩，以致江、淮、揚等屬隄圩多被衝破。請仿農政全書櫃田之法，以土護田，堅築高峻，內水易於車涸，勸民舉行，以工代賑，並查勘海口，開穵閘洞洩水。」帝嘉勉之。三十年，修襄陽老龍石隄，及漢陽隄壩，武昌沿江石岸，潛江土堤、鍾祥高家隄。御史汪元方以浙江水災，多由棚民開山，水道淤阻所致，疏請禁止。諭巡撫吳文鎔嚴查，並命江蘇、安徽、江西、湖廣各督撫一體稽查妥辦。

咸豐元年，浙江巡撫常大淳疏陳清理種山棚民情形，略言：「浙西水利，餘杭、南湖驟難濬復，應先開支河、修石閘，以資蓄洩。上游治而下游之患亦可稍平。浙東則紹興之三閘口外，鄞縣、象山等河溪，現經籌挑。」報聞。三年，太常卿唐鑑進畿輔水利備覽，命給直隸總督桂良閱看，並著於軍務告竣時，酌度情形妥辦。

同治元年，御史朱潮請開畿輔水利，並以田地之治否，定府縣考績之殿最。命直隸總督文煜等將所轄境內山泉河淀湖及可開渠引水地方詳查，並妥議章程。尋覆疏言：「有可舉行之處，或礙於地界，或限於力量，或當掘井製車，或須抽溝築圩，均設法催勸，推行盡利。」三年，江蘇士民殷自芳等以「山陽、鹽城境內市河、十字河、小市河蜿蜒百里，東注馬家蕩，沿河民田數千頃，旱則資其灌溉，潦則資其宣洩。自乾隆六年大挑以後，迄今百餘年，河淤田廢，水旱均易成災。懇請挑濬築壚，引運河水入市河，以蘇民困」。命兩江總督、江蘇巡撫覈辦。

五年，御史王書瑞言，浙江水利，海塘而外，又有漊港。烏程有三十九漊，長興有三十四漊。自逆匪竄擾後，泥沙堆積，漊口淤阻，請設法開濬。又言蘇、松諸郡與杭、嘉、湖異派同歸，湖州處上游之最要，蘇、松等郡處下游之最要。上游阻塞，則害在湖州，下游阻塞，則害在蘇、松，並害及杭、嘉、湖。請飭江蘇一併勘治。從之。六年，濬清河張福口引河。八年，安徽巡撫吳坤修言，永城與宿州接壤之南股河，久經淤塞，下接靈壁，低窪如釜，旱成巨浸，水無出路，擬查勘籌辦。從之。

九年，濬白茆河道，改建近海石閘。江蘇紳民請濬復淮水故道，命兩江總督、江蘇巡撫、漕運總督會籌。覆疏言：「挽淮歸故，必先大濬淤黃河，以暢其入海之路，繼開清口，以導其入黃，繼堵成子河、張福口、高良澗三河，以杜旁洩。應分別緩急興工，期以數年有效。」下部議，從之。是年內閣侍讀學士鍾佩賢亦以疏濬海港爲請。於是浙撫楊昌濬言：「漊港年久淤塞，查明最要次要各工，分別估修，擬趁冬隙時，先將寺橋等九港及諸、沈二漊趕辦，其餘各工及碧浪湖工程，次第籌畫，應與吳江長橋及太湖出水各口同時修濬。」得旨允行。

十年，修龍洞舊渠，並開新渠以引涇水。江蘇巡撫張之萬請設水利局，與修三吳水利。於是重修元和、吳縣、吳江、震澤橋竇各工。最大者爲吳淞江下游至新閘百四十丈，別以機器船疏之。凡太倉七浦河，昭文徐六涇河，常熟福山港河、常州河，武進孟瀆、超瓢港，江陰黃田港、河道塘閘、徒陽河、丹徒口支河，丹陽小城河，鎮江京口河，均以次分年疏導，幾及十年，始克竣事。先是侯家林決口，河督喬松年以爲時較晚，請來年冬舉辦。至是，巡撫丁寶楨言，此處決口不堵，必致浸淹曹、兗、濟十餘州縣，若再向東南奔注，則清津、裏下河一帶更形吃重，請親往督工堵築。詔獎勉之。

十二年，以直隸河患頻仍，命總督李鴻章仿雍正間成法，籌修畿輔水利。旋議定直隸諸河，皆以淀池爲宣蓄。西淀數百里河道，爲民生一大關鍵，先堵趙村決口，築磁河、瀦龍河南隄，以禦外水，挑濬盧僧、中亭兩河，分減大清河水勢，以免倒灌。並疏通趙王河道，將荀各莊以上亘隄及下口鷹嘴壩各建閘座。是年秋，直隸運河隄決，內閣學士宋晉請擇修各河渠，以工代賑，從之。十三年，挑濬天津陳家溝至塌河淀邊減河三千七百餘丈，又自塌河淀循金鐘河故道斜趨入薊運河，開新河萬四千一百餘丈，俾通省河流分溜由北塘歸海。石莊戶決口，奪溜南趨，命寶楨速籌堵築。旋以決口驟難施工，請在迤下之賈莊建壩堵合，即於南北岸普築長隄。而北岸濮州之上游爲開州，並飭直督合力籌辦。

光緒元年，濬文安勝芳河，修菏澤賈莊南岸長隄及北岸金隄。二年，濬張家橋新舊泗河。三年，濬濟寧夏鎮迤南十字河。給事中夏獻馨請修水利以裕民食，諭各督撫酌奪情形，悉心區畫。四年，修補濱江黃柏山至樊口四十里老隄，並於樊口內建石閘。五年，修都江堰隄，灌縣、溫江、崇慶舊淹田地涸復八萬二千餘畝。

七年，挑濬大清河下游，使水暢入東淀，並於獻縣朱家口古羊河東岸另闢滹沱減河，使水歸子牙河故道，達津入海。濬寶坻、武清境內北運減河。大學士左宗棠請興辦順直水利，以陝甘應餉之軍助直隸治河之役。總督李鴻章言：「近畿水利，受病過深，凡永定、大清、滹沱、北運、南運五大河，及附麗之六十餘支河，原有閘壩堤埝，無一不壞，減河引河，無一不塞，而節宣諸水之南泊、北泊、東淀、西淀，早被濁流塡淤，僅恃天津三岔口一綫海河，迤邐出口。平時既不能暢消，秋冬海潮頂托倒灌，節節皆病。修治之法，須先從此入手。五大河中，以永定之害爲最深。其大清、北運、南運，須分別挑濬築隄，修復減河。滹沱趨向無定，自來未設隄防。同治七年，由藁城北徙，以文安大窪爲壑，其故道之難復，上游之難分，下游之難洩，曾國藩與臣詳陳有案。東西淀寬廣數百里，淤泥厚積，人力難施。頻年以來，修復永定河金門閘壩，裁灣切灘，加築隄段。大清河則於新、雄境內開盧僧減河，霸州、文安境內接開中亭、勝芳等河，分洩上游盛漲；於任丘開趙王減河，分洩西淀盛漲；又於文安左各莊至臺頭挑河身二十餘里，以暢下游去路。滹沱河則於河間及文安圪開引河二，又於獻縣朱家口另闢減河三十餘里，均歸子牙河達津。北運河則於通州築壩，挽潮白河歸槽，於香河王家務、武清筐兒港修復石壩，以洩漲水，於天津霍家嘴疏濬引河，以通下口。又於武清、寶坻挑挖王家務、筐兒港兩減河，以資暢洩。南運河則於青、滄、靜海修隄二百餘里，於靜海新官屯另闢減河六十餘里，使別途出海。又於天津城東永定、大清、滹沱、北運交會之陳家灣，開河百餘里，分洩四大河之水，逕達北塘入海。其無極、蠡、博、高陽一帶，則堅築珠龍河隄，以防滹沱北越。任丘至天津一帶，則加築千里隄、格淀隄，使河自河而淀自淀。又於廣平開洺河，順德挑澧河，趙州濬洨、槐、午諸河。此外河道受害較深者，均酌量疏築。今宗棠請以隨帶各營移治上游，正可輔直隸之不逮。此後應修何處，當隨時會商，實力襄助。」疏入，命恭親王奕訢、醇親王奕譞會同辦理。是年加修子牙河隄萬七千四百餘丈，文安西隄二千九百餘丈，展寬靜海東堤二千四百餘丈。

九年，安徽學政徐郙言：「江、皖兩省水患頻仍，亟須挑泗、沂爲導淮先路，仿抽溝法，循序疏治，由大通口引河入海，洩水較易。」命宗棠、昌濬會商籌辦。尋疏覆言：「天下無有利無害之水，疏舊黃河，分減泗、沂，近年已著成效，自當加挑寬深，兼疏大通口以暢出海之途，設復淮局於淸江，派員提調。估計分年分段興辦，去其太甚之害，留其本然之利。江北於皖省爲下游，下游利，上游自無不利矣。」報聞。

十年，河南巡撫鹿傳霖言：「豫省地勢平衍，衞、淇、沁、潭襟帶西北，淮、汝、渦、潁交匯東南，如果一律疏通，加以溝渠引灌，農田大可受益。今河道半皆壅滯，溝渠亦多荒廢，擬借人力以補天災，派員分赴各州縣履勘籌畫，或疏或濬，志在必成，使民間曉然於有利農田，自能踴躍用命。」詔如所請行。宗棠言：「興修江南水利各工，最大者爲朱家山、赤山湖。朱家山自浦口至張家堡，接通滁河，綿亙百二十餘里。赤山湖自道士壩、蟹子壩至三汊河下游，亦綿亙百二十里。兩年工竣，不惟沿江圩田均受其利，而糧艘貨船亦可由內河行，尤屬農商兩便。」下部知之。十一年七月，以張曜所部十營、馮南斌二營、蔣東才四營，濬京師內外護城河，十一月竣工。十三年，河決鄭州，全溜注淮，因濬張福口引河，及興化之大周閘河、丁溪場之古河口、小海三河，俾由新陽、射陽等河入海。十四年，鑿廣西江面險灘，由蒼梧迄陽朔七百餘里，共開險灘三十五。

十六年，江蘇巡撫剛毅以寶山蘊藻河道失修，迤西大壩壅遏水脈，請興工挑築。給事中金壽松言利少害多，命總督曾國荃妥籌。覆疏言，擬拆去同治間所築土壩，以通嘉定、寶山之水道，仍規復咸豐間所建舊閘，以還嘉定之水利。另開引河以通河流，俾得隨時宣洩。下部知之。挑濬餘杭南湖，並疏濬苕溪。華州羅紋河下游各村連年遭水，沿河數百頃良田盡成澤國。巡撫鹿傳霖請由吳家橋北大荔之胡村，開渠引水注渭，則其流舒暢，被淹民田，卽可涸復耕作，從之。

給事中洪良品以直隸頻年水災，請籌疏濬以興水利。事下總督籌議。鴻章言：「原奏大致以開溝渠、營稻田爲急，大都沿襲舊聞，信爲確論，而於古今地勢之異致，南北天時之異宜，尙未深考。夫以太行左轉，西北萬峰矗天，伏秋大雨，口外數千里千溪萬派之水，奔騰而下，畿南一帶地平土疏，頃刻輒漲數尺或一二丈，衝蕩泛溢，勢所必然。聖祖慮淸濁河流之不可制也，乃築千里隄、格淀隄，使淀與子牙河各行一路。世宗慮永定河南行之淤淀也，令引渾河別由一道，改移下口。其餘官隄民隄，今昔增築，綜計不下三四千里，沙土雜半，險工林立，每當伏秋盛漲，兵民日夜防守，甚於防寇，豈有放水灌入平地之理？今若語沿河居民開渠引水，鮮不錯愕駭怪者。且水田之利，不獨地勢難行，卽天時亦南北迥異。春夏之交，布秧宜雨，而直隸彼時則苦雨少泉涸。今釜陽各河出山處，士人頗知鑿渠藝稻。節屆芒種，上游水入渠，則下游舟行苦淺，屢起訟端。東西淀左近窪地，鄉民亦散布稻種，私冀旱年一穫，每當伏秋漲發，輒遭漂沒。此實限於天時，斷非人力所能補救者也。以近代事考之，明徐貞明僅營田三百九十餘頃，汪應蛟僅營田五十頃，董應舉營田最多，亦僅千八百餘頃，然皆黍粟兼收，非皆水稻。且其志在墾荒殖穀，並非藉減水患。今訪其遺蹟，所營之田，非導山泉，卽傍海潮，絕不引大河無節制之水以資灌溉，安能藉減河水之患，又安能廣營多穫以抵南漕之入？雍正間，怡賢親王等興修直隸水利，四年之間，營治稻田六千餘頃，然不旋踵而其利頓減。九年，大學士朱軾、河道總督劉於義，卽將距水較遠、地勢稍高之田，聽民隨便種植。可見直隸水田之不能盡營，而踵行擴充之不易也。恭讀乾隆二十七年上諭『物土宜者，南北燥溼，不能不從其性。儻將窪地盡改作秧田，雨水多時，自可藉以儲用，雨澤一歉，又將何以救旱？從前近京議修水利營田，始終未收實濟，可見地利不能强同』。謨訓昭垂，永宜遵守。卽如天津地方，康熙間總兵藍理在城南墾水田二百餘頃，未久淤廢。咸豐九年，親王僧格林沁督師海口，墾水田四十餘頃，嗣以旱潦不時，迄未能一律種稻，而所費已屬不貲。光緒初，臣以海防緊要，不可不講求屯政，曾飭提督周盛傳在天津東南開挖引河，墾水田千三百餘頃，用淮勇民夫數萬人，經營六七年之久，始獲成熟。此在潮汐可恃之地，役南方習農之人，尙且勞費若此。若於五大河經流多分支派，穿穴隄防濬溝，遂於平原易黍粟以秔稻，水不應時，土非澤埴，竊恐欲富民而適以擾民，欲減水患而適以增水患也。」

十七年，剛毅言：「吳淞江爲農田水利所資，自道光六年浚治後，又經六十餘年，淤墊日甚。前年秋雨連旬，河湖汎濫，積潦竟無消路。去年十月，派員開辦，並調營勇協同民夫，分段合作，約三月內可告竣。」報聞。鴻章又言：「寶坻青龍灣減河，自香河之王家務經寶坻至寧河入海。去歲霪雨兼旬，河流狂漲，橫隄決岸，寶坻受害獨深。廣安橋以下，河身淺窄，大寶莊以上，並無河槽，應與昔年所開之普濟河、黃莊新河一律挑深，添建石閘。」沈秉成、松椿言：「淮南堰圩廳所管之洪澤湖，關繫水道利病鹽漕諸務。今全湖之水下趨，毫無節制。現勘得應行先辦之工，曰修復三壩，曰修整束水隄，曰展挑三福口，計三項工程，不過數萬兩可以集事。或有議於禮河迤西蔡家莊建滾水石壩，使水可蓄洩，較有把握。惟巨款難籌，應暫緩辦。」均詔如所請。堵築吳橋宣惠河缺口二。河陝汝道鐵珊，以閿鄉北濱黃河，城垣屢被衝坍，因於城外築大石壩，挑溜護城。

十八年，疏鑿福山港、徐六涇二河，及高浦、耿涇、海洋塘、西洋港四河。山東巡撫福潤言：「小淸河爲民田水利所關，年久淤塞。前撫臣張曜籌議疏通，因工漲款絀，僅修下游博興之金家橋至壽光海道，長百餘里。其上游工程，應接續興挑，庶使歷城等縣所受各水，悉可入海。今擬規復小淸河正軌，而不拘牽故道，由金家橋而西取直，擇窪區接開正河，歷博興、高苑、新城、長山、鄒平至齊東曹家坡，長九十七里，又於金家橋迤下開支河二十四里，至柳橋，以承濟厤大湖上游各河之水，引入新河，計長四千二百餘丈。」詔從之。

二十年，崇明海岸被潮衝嚙，逼近城牆。於靑龍港東西兩面設立敵水壩四，加建木橋，疊砌石塊，以禦風潮。二十一年，署兩江總督張之洞言：「黃河支流之減水河洪河，自虞城、夏邑、永城經碭山、蕭縣，達宿州、靈壁、泗州之睢河，而注於洪湖。其間湖港紛歧，皆下注睢河。乾隆年間，以睢河不能容，導水爲三，曰北股、中股、南股。中股爲睢河正流。咸豐初，黃河日益淤墊，漸及改徙，豫、江、皖各河亦逐段淤阻，水潦泛溢爲害，尤以永、蕭、碭爲甚。同治間建議疏河，恆以工程過大，屢議屢輟。今擬改道辦法，導北股河之水以達靈壁岳河，導中股、南股河之水合流入宿州運糧溝，以達澮河，而運糧一溝恐不能容納，應治沱河梁溝以復其舊，使各河之水皆順軌下注洪湖，不致橫溢，則各屬水患永息矣。」詔如所請行。

二十二年，御史華煇疏陳興修水利八事：曰引泉，曰築塘，曰開渠，曰通湖，曰開井，曰蓄水，曰用車，曰塡石。下所司議。二十四年，濬太倉劉河，自殷港門至浦家港口四千一百餘丈。二十八年，江西巡撫李興銳言：「近年水患頻仍，皆由鄱陽湖日見淤淺，而長江昔寬今狹，驟遭大雨，疏洩不及，遂至四溢爲災。請於冬晴水淺時，購製挖泥機器輪船數艘，將全湖分別挑挖。其上游河道亦一律擇要疏治。既爲防水患起見，亦爲興商務張本。」從之。建石閘修湖北省城北路隄紅關至春山八段，南路隄白沙洲至金口十段，以禦外江之汎漲。建石閘數座，以備內湖之宣洩。又於附郭沿江十餘里，一律增修石剗岸。濬小清河，開徒陽河百二十餘里。

宣統元年，署直隸總督那桐言：「通州鮎魚溝隄岸，自光緒九年決口，流入港溝而歸鳳河。嗣後屢堵屢潰。至二十四年大汛復決，迄今未能堵閉，以致武清百數十村頻年潰沒。今擬於鮎魚溝暫建滾水壩，俾全溜不致旁趨。倘遇盛漲，卽將土埝挑除，俾資分洩。一面將上游堤壩挑補整齊，疏濬青龍灣等處引河，以減盛漲，築攔水埝以禦渾流，修估龍鳳河以疏積潦。滾水壩工程應卽興辦。其修隄及疏引河，應於本年秋後部署，來年二月興工。攔水埝及龍鳳河，應於來年秋後部署，次年二月興工。均限伏汛前報竣。」下部議行。湖廣總督陳夔龍請修復江、襄潰口，略謂：「江、襄各隄，以潛江之袁家月隄爲最要。此次潰口，隄身沖刷，頓落四百餘丈，迴流湍急，附近悉成澤國，應及時築合。此外郭家嘴、禹王廟潰隄，及天門黑牛渡、沔陽呂蒙營、公安高李公、松滋楊家腦、監利河龍廟各隄工，均擬派員督辦籌修，以期鞏固。」從之。

寧夏滿營開墾馬廠荒地，先治唐渠，以裕瀦停之地。挑濬百二十餘里，曰正渠；自靖益堡開支口，引水西北行四十餘里而入之溝，曰新渠；沿渠列小口四十，挾水以歸諸田，曰支渠。唐渠以西，淪爲澤國，非溝以宣之不爲功。自杏子湖起，穿溝二百八十餘里，建大小石閘、木閘四十二，石橋、木橋三十三，經始上年九月，至本年八月告成，名曰湛恩渠，約成腴田二十萬畝。是年，東三省總督、奉天巡撫合詞請修遼河，先從雙臺子河隄入手，次年續修鴨島、冷家口工程，並挑挖海口攔江沙，與遼河工程同時舉辦。下部知之。